# ALTAMIRA VISTA POR LOS ESPAÑOLES

## Xurxo Ayán Vila

JAS Arqueología Editorial

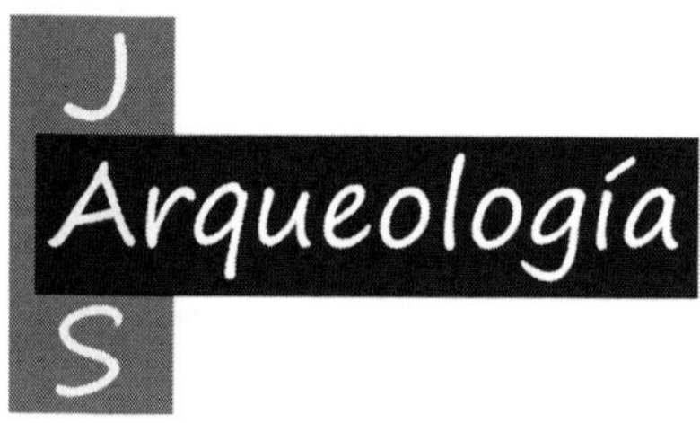



Primera Edición española, diciembre de 2015

© De la edición:
JAS Arqueología S.L.U.
Plaza de Mondariz, 6
28029 - Madrid
www.jasarqueologia.es

Edición: Jaime Almansa Sánchez
Corrección: Daniel García Raso
Agradecimiento especial a: Museo Nacional de Altamira e Incipit-CSIC

© Del texto:
Xurxo Ayán Vila

Imagen de cubierta: KIM
Fotografía del autor: Rui Gomes
Resto de imágenes: el autor

ISBN: 978-84-944368-2-6 (papel) y 978-84-944368-3-3 (pdf)

Depósito Legal: M-39093-2015

Imprime: Service Point
www.servicepoint.es

*Impreso y hecho en España - Printed and made in Spain*

# ALTAMIRA VISTA POR LOS ESPAÑOLES

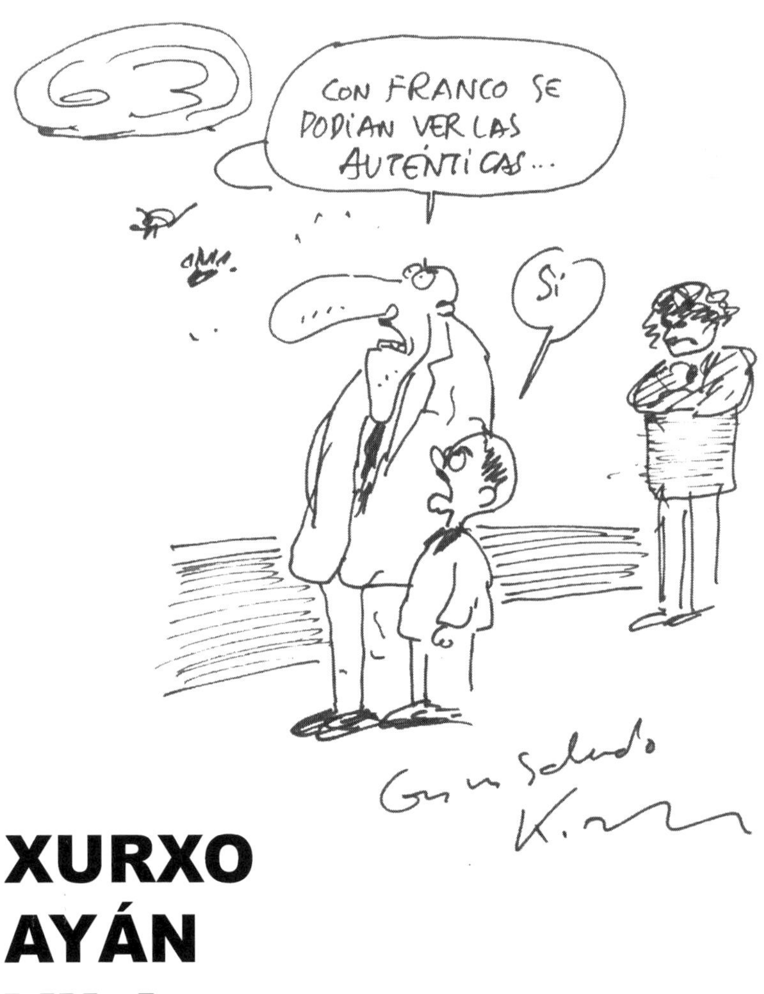


# XURXO AYÁN VILA

*Ens han timat. Anem a veure unes coves del s. XX (XXI) falsificacions de las de veritat x cert... això és el llibre de reclamacions?*
11/6/2003

*Espero que dentro de otros 15.000 años este cuaderno siga estando en el museo*
16/7/2003

*Este libro merece la pena leerlo*
Diciembre de 2006

*Quizás algún día, hasta este libro sea un tema de estudio de aquellos "locos/chalados"*
3/8/2003

*Espero que este libro dure tanto como las pinturas de la cueva*
2004

*Este es un sitio para no poner tonterías*
Agosto de 2009

*A veure si d'aqui 17.000 anys algu troba aquest llibre y es preguntará.... com de freiks eren els nostres avantpassats*
14/7/2010

*Esta escritura ha sido creada para entretener a todos estos vagos tocahuevos que solo saben hacer que leer gilipolleces como estas para pasar el tiempo. P.D.Quien lo lea es... Pon tu opinión.*
30/6/2011

*Quitando a los niños que no tienen culpa de nada más que de ser sufridores del sistema educativo español, ¡qué de incultos han firmado este libro! El Cid*
Diciembre de 2011

# CONTENIDO

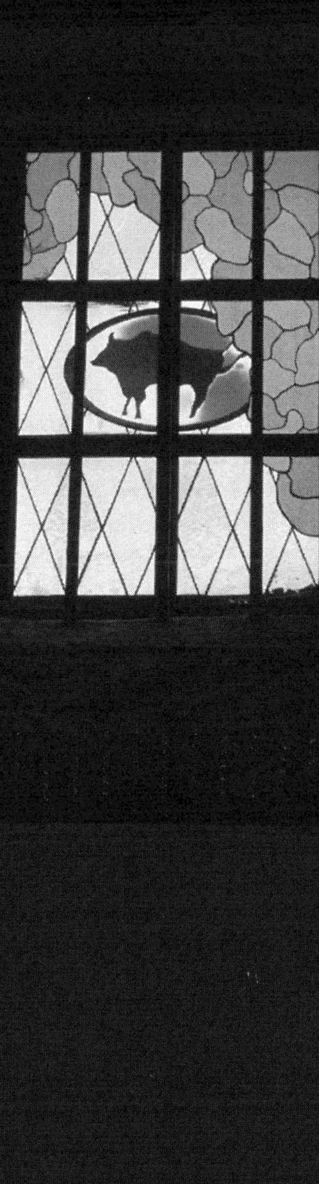

# A MODO DE PRÓLOGO:
## *VACACIONES SANTILLANA*

*Esta es la tierrra de las contradicciones: Santillana del mar ni es
Santa, ni llana, ni tiene mar; y las cuevas de altamira ni están altas
ni se miran ¡VAYA TELA!*
16/8/2003

*¿El pueblo de ahí abajo tiene habitantes o sólo tiendas?*
26/7/2003

*Preguntando se va a Roma y sin preguntar a Santillana*
14/9/2003

*¡Por fin salió el sol en Santillana! Vámonos fuera!*
8/4/2004

En julio de 1987 mis padres, mi hermana y yo nos fuimos de
vacaciones a Cantabria, desde Pontevedra, en un flamante Renault
9 GTD con cuatro marchas y una bonita toquilla multicolor bordada
por mi madre para proteger los asientos traseros. Yo tenía once años.
Era un tiempo aquel en el que la matrícula del vehículo delataba a sus
ocupantes: PO 2354 T. Si uno se cruzaba en la carretera con otro coche
presumiblemente ocupado por paisanos, los padres de familia hacían
sonar entusiásticamente el claxon siguiendo un vesánico y arcano ritual
gregario.

En nuestra microhistoria familiar el paso por Potes en aquel viaje
fue proverbial. La feliz circunstancia de que allí se hiciese aguardiente
a la manera tradicional dio lugar a una tertulia de sobremesa con el
dueño del restaurante de turno, que versó sobre las excelencias de los
orujos gallegos. Al reiniciar la marcha (entonces no había controles de
alcoholemia), nos dimos de bruces con unas obras en una carretera
comarcal. En aquellos años tampoco había artilugios móviles disfrazados

de obrero para señalizar o prohibir el paso. Entonces se manejaba el recurso del palitroque. El peón carretero nos pasó el testigo y se limitó a decir: «Pasadle el carallo este al que está parado de frente». Así llegamos a Santillana del Mar.

Aquel viaje de la familia Ayán Vila había sido preparado con mucha antelación. Mi padre era un entusiasta de la prosa costumbrista de Pereda. Aprendió a amar las tierras cántabras a través de las páginas de viejas ediciones de *Peñas Arriba* o *El sabor de la tierruca*. También sentía un especial amor por el arte románico. Esa cantabrofilia y esa querencia por las iglesias medievales me fue transmitida de manera natural. De hecho, yo mismo colaboré en el diseño de los itinerarios del viaje, guiado por un libro monográfico sobre Cantabria, de la serie DESCUBRA ESPAÑA PASO A PASO (Arozamena, 1986), y que todavía guardo como oro en paño. También conservo un llavero que reproduce en madera la basílica de Santillana del Mar, y que había comprado en una de esas tiendas de *souvenirs* que tanto proliferan en el pueblo más bonito de España.

Y qué decir de mi madre, galaica campesina de la terra de Lemos que se encontraba feliz en este país montañoso. Lo mejor del viaje, para ella, fue beber un vaso de leche en un portal de la calle del Cantón. Por cien pesetas, mi madre viajó a su infancia. Como reclamo turístico, un despabilado ofrecía al visitante leche recién ordeñada de una vaca allí presente, a la vista de todos. En 2014, en estos tiempos de asepsia, de hiperproteccionismo estatal, de normativas europeas de seguridad e higiene y de civilización de costumbres, resulta muy difícil asimilar esa realidad de 1987 en Santillana del Mar.

Aquel viaje me marcó, sobre todo, porque fue entonces cuando se me declaró mi devota vocación arqueológica. De aquellos polvos vienen estos lodos. Por Navidad, los Reyes me trajeron un libro que me marcó profundamente: *Introducción al estudio de la prehistoria y de la arqueología de campo* de Martín Almagro (1980). En sus páginas se recogía un perfil estratigráfico de la cueva de El Castillo en Puente Viesgo. También se explicaba en qué consistían las cuadrículas Wheeler y los métodos de excavación arqueológica. Nuestro viaje a Cantabria se convirtió en todo un campo de experimentación de esta arqueología de campo. Por supuesto, visitamos la cueva de El Castillo, en esos añorados tiempos del vecino-guía que traía la llave de la cueva desde su casa. Ver aquellas manos grabadas me marcó para siempre. También fuimos a Julióbriga, en donde en la década de 1980 la Universidad de Cantabria estaba llevando a cabo intervenciones arqueológicas en área (Iglesias Gil, 2002). Allí pude ver las famosas cuadrículas Wheeler. En el perfil de una de ellas me encontré con un fragmento de cerámica común romana, un cuello estriado que duerme el sueño de los justos en una cajita de mi escritorio al lado del antedicho llavero de Santillana del Mar y una postal con los grabados rupestres de la cueva de El Castillo.

En Cantabria, en julio de 1987, decidí ser arqueólogo de mayor.

Diecisiete años después, he vuelto a Santillana del Mar, no por vacaciones, sino por trabajo. Uno ya no puede beberse un vaso de leche recién ordeñada en sus calles empedradas. Esto no forma parte del *perfomance* y el *marketing* de la Cantabria infinita. Pero sí se puede visitar un museo espectacular, igual a sus homólogos europeos (imposible de concebir en 1987) y una escenogragía única como es la denominada neocueva en la que, entre otras cosas, se simula una excavación arqueológica. Esta vez no me alojo en un hotel decadente, congelado en el tiempo, como era La Gran Antilla de Santander, sino en el Hotel Altamira de Santillana del Mar, todo un caserón que resume en su interior la manera de estar en el mundo de la hidalguía cántabra decimonónica. Esta clase social construyó su propia memoria. Desde sus paredes, nos observan orgullosos ancestros de la familia; una señora con abanico que nos recuerda a Isabel II, un intelectual que posa con periódicos de prometedores títulos como *La Esperanza*, militares engalanados, posibles héroes de la francesada o luchadores legitimistas en las carlistadas... Esta baja nobleza recreaba su pasado, sancionaba sus aspiraciones de clase y era muy consciente de preservar su alcurnia, su origen, su estatus, su patrimonio, su acervo y su memoria. En este mismo contexto mental fue aculturado el propio hidalgo ilustrado Sanz de Sautuola, sin ir más lejos.

En el siglo XXI el viejo caserón lleva el nombre de una cueva solo conocida en su día por anónimos pastores, miembros del campesinado, una clase que seguía siendo subalterna bajo el nuevo estado liberal. El Hotel Altamira (cuya parte trasera linda con la calle Racial) refleja el proceso de patrimonialización desatado desde 1879. El Patronato de Turismo promocionaba ya en la década de 1920 la cueva de los bisontes como fuente de rentabilización económica (Obermaier, 1928; Larrinaga, 2005). La luz que penetra hoy en día por las ventanas del hotel ya no solo ilumina las caras de los ancestros sino que también alumbra las vidrieras con la silueta de los bisontes altamiranos y las láminas de animales rupestres que comparten protagonismo con los antepasados. En la plaza mayor de Santillana, en frente del parador nacional, una escultura de un bisonte se acompaña de una estela que pone: *Santillana al hombre de Altamira.*

El siglo XX dio lugar a una nueva realidad: los restos arqueológicos ya no eran propiedad intelectual de curas, hidalgos y eruditos. La cueva de Altamira emergió como un patrimonio público, propiedad de todos los españoles. Los manuales escolares y la utilización política de las pinturas no hicieron más que remarcar su carácter de signo icónico-visual, de referente identitario para generaciones de españoles (Ruiz Zapatero y Álvarez Sanchís, 1995, 1997). Los ancestros de la colectividad no podían ser, obviamente, los próceres de la Patria de los cuadros de los caserones, los ayuntamientos y los monasterios. El ancestro y el antepasado de todos pasó a ser el *hombre primitivo* de Altamira (Monforte, 2011; Barreiro y Criado, 2015). Un hombre (masculino singular) que retó a la muerte y se acercó a la eternidad firmando, a su manera, la caverna en la que vivía, amaba, lloraba y moría. A través del arte parietal, el hombre de Altamira preservó su memoria. Los grabados en la piedra son un fenómeno universal, propio de la condición humana.

En la colegiata románica de Santillana del Mar los vencedores de la guerra civil española (1936-1939) esculpieron los nombres y apellidos de los mozos del pueblo *caídos por Dios y por España.* Allí siguen. Honrar su memoria fue una de las herramientas performativas que coadyuvaban a legitimar la dictadura (González Ruibal, 2009), sobre todo en una región que había estado ocupada en un inicio por las *hordas marxistas* (Solla Gutiérrez, 2010). Esos petroglifos eran un recurso nemotécnico para recordar en la vida diaria quiénes eran los vencedores, sobre todo a los jóvenes de esa España en la que *comenzaba a amanecer*. Esta epigrafía es, en el fondo, un auténtico libro de firmas, si bien los autógrafos no son tal, ya que los chicos fallecieron en combate. En todo caso la intención de perdurabilidad es la misma que podemos intuir o identificar en todo arte rupestre, en todo tiempo y lugar: ayer, hoy y mañana.

El libro de firmas de los visitantes al Museo de Altamira juega este mismo papel. Después de haber experimentado un auténtico viaje en el tiempo, muchos de los visitantes pasan de una cierta empatía hacia los *primitivos* a una total identificación con su arte, con su intención de transmitir su legado a sus sucesores. Para muchos de los firmantes en el libro de visitas, estampar por escrito su testimonio es un acto similar al efectuado por las gentes paleolíticas:

> *Si en un futuro encontráis esto consideradlo arte (15/5/2009).*

> *Hola soy Oier he estado aquí y me ha gustado mucho y seguramente cando sea mayor volveré y me gustaría ver mi firma aquí (Agosto de 2009).*

> *Me ha encantado. Deseo que mis sucesores vengan a verlo y se encuentren mi firma (Abril 2010).*

> *Dejamos también nuestra huella más moderna en esta visita (11/7/2010).*

> *Soy moderno pero firmo como los antiguos* [mano en un círculo] *(7/12/2010).*

> *Cuando sea famoso esta firma valdrá un riñón (17/7/2011).*

> *Como dentro de 15000 años tengan que hacer un museo sobre nosotros... por si acaso aquí dejamos nuestras firmas (3/8/2011).*

> *Desde Ciudad Real con mucho asombro cómo estos artistas como nos dejaron también sus firmas (junio de 2012).*

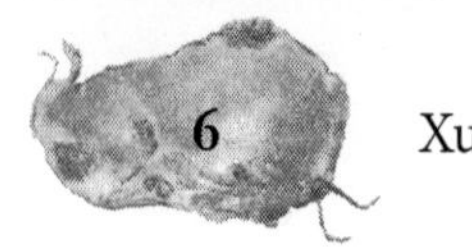

*A lo mejor dentro de otros 20.000 años expondrán ese libro como vestigio de nuestra existencia (6/10/2012).*

*Como mola esto! La pena es que no se pueda ver la verdadera cueva. En fin, puede que en muchos años este libro lo descubra alguien y flipe leyendo esto. (Aunque no creo que siga la especie humana) (14/8/2012).*

*Dentro de 18.500 años alguien o algo leerá esto (13/10/2012).*

*Dejaremos nuestra huella igual que hicieron nuestros ancestros (23/8/2013).*

# A MODO DE INTRODUCCIÓN:
## *ESTE LIBRO ES MÍO*

> *En 1868 ó 1869 un robusto y experto cazador seguía con sus perritos*
> *la pista de un zorro, el cual penetró por un agujero entre las rocas*
> *seguido de uno de los canes, mas éste, al ver el lugar donde se hallaba y*
> *no acertar a salir, comenzó a chillar. Entonces el cazador apartó algunas*
> *piedras y abrió una entrada para sí. La cueva quedaba descubierta*
> Patricio Guerin Betts, *«Centenario del descubrimiento de la*
> *cueva de Altamira» (1967)*

> *Me ha encantado el museo, sobre todo la parte en la que los ciudadanos no-*
> *importantes podemos observar las firmas de las visitas de los ilustres ¡Qué acierto!*
> 2/5/2009

La arqueología de la palabra (sensu Rodríguez Mayorgas, 2010) se ha encargado de demostrar que la escritura, desde sus orígenes en Mesopotamia, es una herramienta al servicio del poder. En las sociedades letradas, la escritura era detentada por la élite para sancionar una determinada imagen del mundo, para controlar a la sociedad, para legitimar una ideología, para transmitir la herencia, para cuantificar la riqueza... Las clases subalternas, analfabetas, generadoras de lo que se dio en llamar la cultura popular, jugaron las bazas de la oralidad, la iconografía y la tradición. Precisamente, a la hora de escribir estas líneas (7 de abril de 2014) nos enteramos del fallecimiento del eminente medievalista Jacques Le Goff, uno de los sabios que desde la Escuela de los Annales francesa potenció el estudio de las mentalidades, de la historia cultural en su larga duración. Hasta la llegada de la Ilustración y la configuración de los Estados nación europeos en el siglo XIX, una inmensa mayoría de la población se hallaba en los pies de página de la Historia, con mayúscula subjetiva.

Otro medievalista, en este caso gallego, Xosé Manoel Sánchez, hizo un curioso descubrimiento en su concienzuda revisión de documentos de época moderna guardados en el archivo de la catedral de Santiago de Compostela. El tiempo que transcurre entre los siglos XVI y XVIII se conoce en la historia de la literatura gallega como los *Séculos Escuros,* los «Siglos Oscuros» (Sánchez Sánchez, 2004), ya que la lengua vernácula desapareció de toda documentación oficial. A su vez, los nombres guardados para la posteridad eran los de nobles, obispos, reyes, frailes y abades. Xosé descubrió una serie de copias transcritas por estudiantes de la universidad compostelana en las que estos anotaron en los márgenes chistes, chanzas, caricaturas y anécdotas goliardescas de su paso por las aulas, tabernas y prostíbulos de la ciudad del apóstol. Como en el caso de las glosas emilianenses, estos grafitis marginales, muchos de ellos redactados en gallego, nos aportan una imagen nítida y cercana de la vida cotidiana en la urbe apostólica, de prácticas y usos que no eran dignos de ser registrados para la posteridad.

Marien González, una amiga restauradora, está acostumbrada a excavar en los estratos antiguos que se ocultan bajo las pinturas de retablos y pinturas murales. En la catedral de Ourense pudo comprobar cómo un vanidoso obispo se situaba icónicamente por encima del propio monarca. Y en una pastelería en Lugo pudo constatar cómo los habilidosos dueños, guiados por su espíritu mercantil, supieron modificar a tiempo el escudo de España en la Segunda República, pues hasta ese momento contaban con un privilegio real para surtir a la corte de suculentos dulces. En otros casos, Marien descubre bajo las capas pictóricas, pequeñas travesuras de los artistas de antaño, como grafitis, caricaturas o dibujos de la cara del diablo. Como aquellos canteros medievales que se recreaban con escenas eróticas en los canecillos de los aleros en las ermitas e iglesias románicas. Todo un discurso de contrapoder y resistencia, reflejado en actos que aparentemente no dejan huellas ni cicatrices, como el perfecto e ideal texto blando: el palimpsesto medieval (Rodríguez de las Heras, 2014). Pero estas líneas de sutura, de fuga, estas cicatrices, como las interfaces en los paramentos murarios de una iglesia, sí existen.

Esta diferenciación entre cultura de élites y cultura popular se mantuvo incólume durante la época contemporánea. Desde una óptica clasista no era lo mismo la voz de Modesto Cubilla, pastor que descubrió la cueva de Altamira (Guerín, 1967), que la voz autorizada del hidalgo y erudito Sanz de Sautuola (1880). La proximidad a quienes detentan el poder confiere prestigio, sino que se lo digan a la familia pastelera de Lugo. Dentro de estas coordenadas se encuadra el origen mismo del concepto del libro de visitas, ya sea en asociaciones, instituciones públicas o empresas particulares. Si la antigüedad era un activo más de la casa comercial de turno para garantizar la calidad de un producto, no lo era menos que un poderoso cursase visita a las instalaciones. Al contar muchas de estas entidades con una larga trayectoria, estos libros de visitas (que hoy denominaríamos VIP) se convierten en un documento privilegiado para registrar los cambios políticos en la larga duración, en la línea del citado Le Goff. Como me comenta Antonio, vicepresidente del Cercle Artístic de Barcelona, el libro de visitas de la entidad es una auténtica joya; desde su fundación pasaron por allí todos los jefes de Estado. Tras la victoria fascista, Francisco Franco sustituye la rúbrica de Alfonso XIII, y toda la élite industrial, económica y cultural catalana (salvo los fusilados o exiliados) firma también rindiendo homenaje a los nuevos dueños del poder.

Los yacimientos arqueológicos convertidos en atractivos turísticos en fecha temprana, como la *citania* de Santa Trega (A Guarda, Pontevedra) (Villa Álvarez, 2004), o la cueva de Altamira, también cuentan con libros de visitas de este estilo, fieles reflejos de las tesituras y vaivenes políticos del siglo xx. Por Altamira se interesaron el príncipe monegasco Alberto I, el monarca borbónico Alfonso XIII, el duque de Alba, el conde de la Vega del Sella, el márqués de Cerralbo. Personajes como estos protagonizan la historia oficial de Altamira a lo largo del siglo xx. Por supuesto, forman parte inalienable del valor social de este yacimiento arqueológico. Es más, es por ellos que también se generó un interés colectivo por algo que no era más que un elemento más del patrimonio nacional. Sin embargo, ¿qué fue de las miles de personas anónimas que pasaron por la cueva durante décadas? ¿Qué pensaban, qué sentían, qué opinaban? La ciudadanía se convirtió, incluso en democracia, en una estadística: numérica y aséptica. Incluso llegó a representar el papel, inconscientemente, de causante real del deterioro del arte rupestre de la cueva. A partir de las primeras denuncias en la década de 1970 sobre la preservación del sitio, se acrecentó la distancia existente entre la gente del común —el pueblo llano— y aquellos que decidían sobre el destino del patrimonio —políticos y técnicos—. Los especialistas dirigieron, monitorizaron y dictaron el camino a seguir, sobre todo desde la declaración de la cueva como patrimonio de la humanidad en 1985. En definitiva, guiaron e incluso diseñaron desde arriba el proceso de patrimonialización altamirano. Su voz se escuchaba y se escucha en comisiones de cultura parlamentarias y en órganos internacionales como la UNESCO. Sus decisiones van a misa. La ciudadanía se resignó con jugar el papel de sujeto pasivo, de mero receptor de un discurso museístico, de simple usufructuario de una oferta turística cultural (Ayán y Gago, 2012).

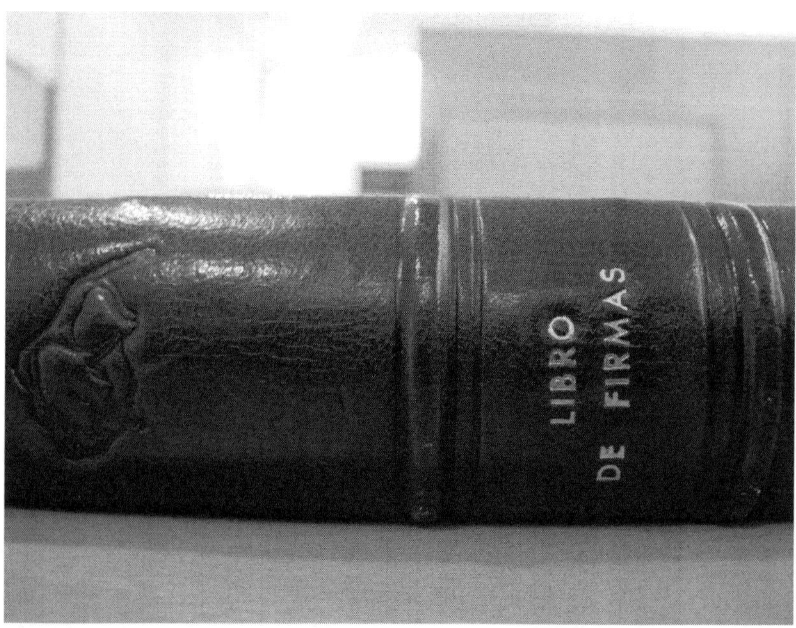

Dentro de este panorama, la puesta a disposición del público de un libro de visitas en mayo de 2003, sin censuras ni cortapisas, permitió acabar con el carácter marginal y subalterno de aquellas personas que se acercaban a Altamira. Ya no se trata ahora de captar al vuelo las emociones. Aquellos que se limitaban a ser márgenes en la historia escrita de Altamira, simples notas a pie, ahora se erigen en protagonistas, son copartícipes en la elaboración de un relato. Un libro que era antes campo de cultivo de los poderosos, ahora se abre a la población en general.

Casualmente, mi estancia en Santillana del Mar con el objeto de elaborar este texto, coincidió con la promoción publicitaria del V Festival Cultural Santillana, organizado por la Asociación Arte Libro, y que fue acogido en abril de 2014 en el Museo de Altamira, entre otras sedes. El lema del evento era *Este libro es mío*. Efectivamente, el libro de visitas es nuestro, de una ciudadanía que es propietaria del patrimonio cultural del Estado español, de una ciudadanía que ya no se resigna a ser un mero convidado de piedra en las políticas culturales. El período que engloba el libro (desde 2003) se corresponde con un momento importante en la historia del país, con cambios fundamentales que han dado lugar a nuevos procesos de patrimonialización, a nuevos modelos de movilización social y a nuevos patrones de apropiación del pasado, de construcción de la memoria. Es por ello que este libro tenía que ser un objeto de estudio ineludible en el marco del proyecto *El valor social de Altamira* encargado en 2013 por el Ministerio de Cultura del Gobierno de España al Instituto de Ciencias del Patrimonio del Consejo Superior de Investigaciones Científicas (Barreiro, 2015; Barreiro y Criado, 2015).

Dentro de esta línea de trabajo, nuestra misión fue excavar papeles, abordar una fuente histórica inédita como es este libro de visitas de la cueva. Nos encontramos ante un *egodocumento* (Fulbrock y Rublack, 2010), un tipo de material escrito utilizado con éxito, por ejemplo, por la nueva historia militar y la arqueología del conflicto. A este respecto, individuos convertidos en soldados dejan su impronta personal en documentación que no tendría que haber llegado hasta nosotros. Este es el caso, por ejemplo, de la correspondencia de guerra que podemos consultar hoy gracias a la desaparición de la censura militar (Davidian, 1996, Ribeiro de Meneses, 2000; Matthews, 2015), o las entrevistas a prisioneros de guerra, transcritas en su día para formar parte de los archivos secretos de uno de los estados contendientes (Neitzer y Welzer 2012). Como en estos casos, el libro de visitas altamirano es un egodocumento, una fuente histórica primaria que no ha sido reconocida como tal nunca. El análisis de esta documentación nos ha permitido recuperar unas voces enmudecidas por el relato hegemónico vigente.

Cabe señalar que este pequeño estudio no es el primero que se lleva a cabo sobre el tema. Contamos como precedente con la valiosa aportación de María Teresa Estrada (2009), quien en el marco de su estancia de investigación como becaria en el museo, durante dos meses, llevó a cabo una primera diagnosis y un acercamiento sociológico a una muestra de los libros correspondiente al período mayo de 2003-septiembre de 2008 (no existen registros para el año 2005). Este estudio exploratorio aborda un análisis cuantitativo de contenido del libro, a partir del diseño probabilístico estratificado del universo de estudio. Este primer intento, de indudable valor metodológico, debe ser continuado con un estudio sistemático y exhaustivo de todo el conjunto de libros de visitas, a realizar por personal cualificado. Ya señalamos de antemano que este vacío no lo va cubrir nuestro texto. Ni yo soy sociólogo, ni las limitaciones de tiempo y presupuesto del proyecto en el que se enmarca este trabajo lo permitirían.

Dicho esto, avanzamos a los lectores el enfoque asumido y la pretensión con que se aborda este trabajo. Durante ocho días hemos revisado sistemáticamente todos los libros de visitas disponibles, desde el 4 de mayo de 2003 hasta el 30 de abril de 2014. Hemos releído un total de 130 libros. Cada libro cuenta por norma general con 100 páginas a doble cara, por lo que el universo de estudio se extiende a las 13000 páginas. Si bien el trabajo de revisión ha sido sistemático, ya que alcanza a la totalidad de libros preservados, con él no pretendemos llevar a cabo un estudio estadístico ni cuantitativo. Nos hemos conformado con elaborar un ensayo en el que vamos definiendo las líneas maestras que hemos detectado en la documentación en lo referente a la percepción colectiva del complejo de Altamira que se ha ido desarrollando desde 2003.

Si los libros de visitas son un verdadero monumento a la libre opinión y la subjetividad, este ensayo también lo es. Por supuesto, no vamos a entrar a enjuiciar si las quejas del visitante son pertinentes o no, si la neocueva transmite o no, si el enfoque museístico es el adecuado o no. Solo intentaremos, desde la arqueología pública que practicamos y, si se quiere, desde la historia de la ciencia, dibujar un cuadro lo más próximo posible sobre el imaginario colectivo reproducido en los libros, remarcando siempre la relación existente entre ideología, política, sociedad, arqueología y patrimonio. En gran medida, reivindicamos para Altamira una arqueología desde abajo (Faulkner, 2000).

Para nosotros, Altamira es un espacio multidimensional que supera su carácter de yacimiento arqueológico. A todas las vertientes que en él confluyen cabe añadirle otro aspecto no menos importante. Como buena cueva que es, en sus paredes resuenan los ecos de muchas voces. Altamira es también un yacimiento multivocal (Hodder, 2003, 2008), en el que se dejan oír las voces de miles personas. Como si de un gráfico de sismología se tratase, el libro de visitas graba la huella mental de estas personas.

Lo que intentamos hacer en las páginas que siguen es ordenar todo el ruido antes de que los bisontes escapen amedrentados por el aviso del terremoto.

Para ello hemos elaborado un relato que intenta englobar esa multidimensionalidad de Altamira: como espacio espiritual, sentimental, material, arqueológico, museístico y político. Siempre y en todo momento, el discurso se fundamenta en citas textuales de opiniones seleccionadas entre los miles de párrafos y dibujos plasmados por los visitantes. Son opiniones que nos parecen que marcan las ideas-fuerza manejadas por sectores amplios de la población visitante. A este respecto, hemos preferido mantener en el anonimato a los firmantes y autores de estos textos. Acompañamos la frase textual con la referencia cronológica (día, mes y año) siempre que sea posible.

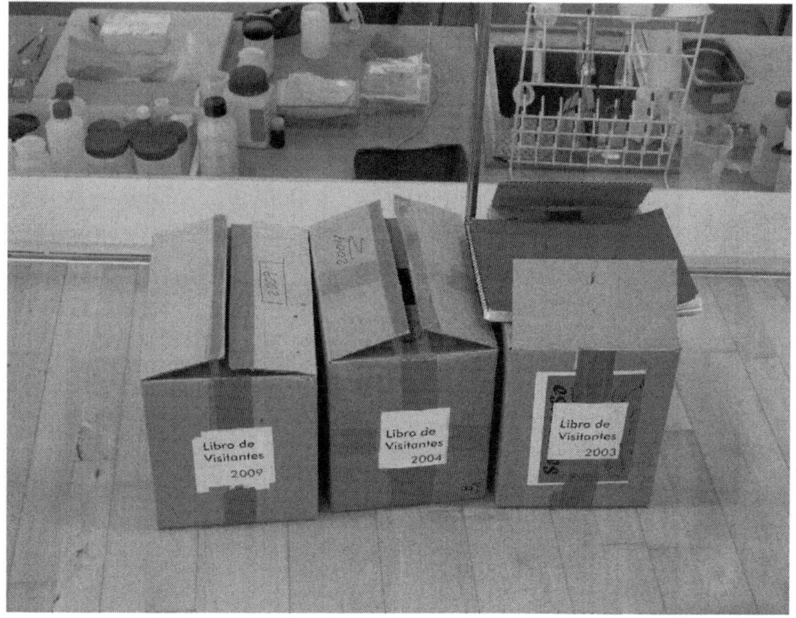


Como decíamos, este no es un estudio científico con pretensiones de objetividad. Es un ensayo personal que recoge toda una serie de inferencias desarrolladas a partir de una copiosa documentación, generada consciente e inconscientemente por miles de personas. Sin duda, muchas de las ideas y opiniones aquí vertidas podrán ser contrastadas con nuevos acercamientos al libro de visitas y complementadas con investigaciones paralelas, como pueden ser los análisis de la población visitante, el estudio etnográfico de los conflictos patrimoniales existentes (Téllez y Parga, 2015) o la valoración de la imagen de Altamira en el mundo de las redes sociales (Gago *et al.*, 2014).

Nuestro trabajo termina con una valoración final (como no podía ser de otra manera, si hablamos del valor social de Altamira) y con un apéndice, a modo de *Bonus Tracks*, en el que hemos incluido citas textuales del libro de visitas que, aunque no las hemos incorporado en el cuerpo central del texto, como justificación de lo allí defendido, sí merecen salir del anonimato. A nuestro modo de ver, estas frases reflejan la tremenda inventiva, la socarronería y la exuberante imaginación popular. De hecho, pueden conformar esos volúmenes (auténticos éxitos de ventas) en los que se recogen ocurrencias de la gente menuda o desternillantes gazapos vertidos en los exámenes por escolares despistados.

Pero no sólo eso. Son una muestra del potencial que los libros de visitas del Museo de Altamira tienen para desarrollar auténticas tesis de los temas más variopintos: el deterioro de la ortografía y la caligrafía en las nuevas generaciones; el impacto de los nuevos modos de transmitir, producto del empleo de las nuevas herramientas tecnológicas; el conflicto entre las diferentes memorias construidas por las distintas y sucesivas generaciones; el desarrollo de una cada vez más creciente arqueología sentimental; la construcción de la identidad colectiva en la España de siglo XXI...

Como los bisontes pintados hace 18000 años, los libros de visitas de la última década son importantes porque nos hablan de nosotros mismos. De todos nosotros, por primera vez en la historia contemporánea de la cueva de Altamira desde su descubrimiento (de las Heras, 2002):

*Espero que este libro dure como las cuevas de Altamira y lo lean las personas venideras (13/7/2006).*

*Si d'aqui 20000 anys algú troba aquest diari segur que nosaltres no hi serem! (17/8/2006).*

*Estas cosas no se ven en Madrid, pudimos comprender los orígenes de la vida misma, y aunque estas firmas se guarden y cojan polvo, siempre se recordara porque seremos parte de la historia (23/8/2007).*

*M. M. deja su huella para ser publicada en un panel dentro de unos años cuando sea una famosa arquitecta. 30/12/2007.*

*En nuestro único día de domingo, dejamos constancia de q hemos estado aqui. Animo becarios si sois vosotros los q archivais esto, porque nosotros en Vitoria si! (6/9/2007).*

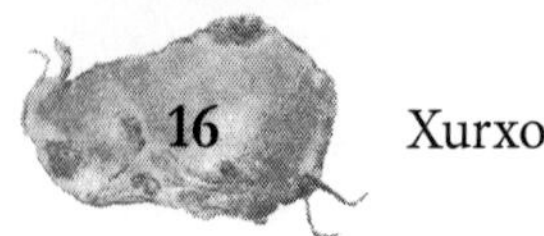

*Espero que se guarden estos libros para la prehistoria nuestra. Año 2007 (junio de 2007).*

*Que pringui es la gente que se aburre tanto y se pone a leer estas tonterías Tú sigue leyendo ¿A qué esperas para dejar de leer? Septiembre de 2006.*

*Los sonidos de la historia nos trajeron hasta aqui el 18 de junio de 2006. Dejamos aquí estas líneas para que nos lean dentro de miles de años y se pregunten por que lo hicimos. N. Y.*

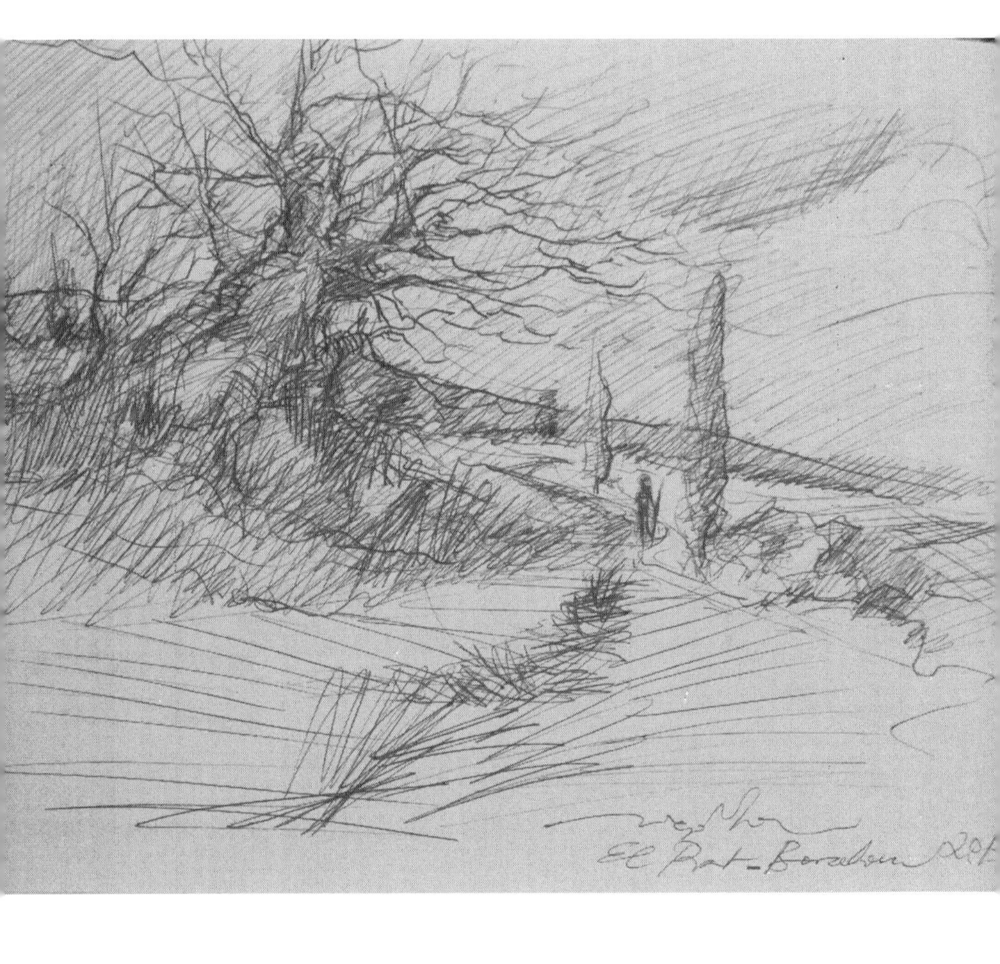

El Prat - Barcelona

# CULTURA ESPIRITUAL DE ALTAMIRA

*No entiendo como por parte de la administración central se puede
hablar de Altamira en términos de: costosos de mantener, muy caro
etc, etc, etc. Altamira es parte de nuestro pasado una parte de ¿donde
venimos? Para entender a ¿donde vamos? No entiendo poque se habla de
dinero cuando se trata de nuestro propio espíritu*
(28/5/2011)

*La vida es una cueva y debemos buscar la luz*
(11/11/2012)

*Un consejo: tenéis que mirar la cueva con el corazón, no con los ojos*
(3/7/2013)

La búsqueda del alma colectiva de las poblaciones prehistóricas y de las comunidades campesinas actuales del norte de la península ibérica fue el objetivo principal de la peculiar etnoarqueología desarrollada en la preguerra en el norte peninsular (Díaz Santana, 2002; Calo, 2004; Marín, 2005; Ayán, 2012). Por aquel entonces, el marco teórico que presidía la arqueología y la etnografía se correspondía con la escuela histórico-cultural alemana, evidenciándose la influencia directa de los postulados de autores como Ratzel y Graebner, de los que se toman conceptos como el de complejo cultural, así como la incidencia del particularismo histórico definido por el padre Schmidt (Alonso del Real, 1988). Este bagaje era manejado por estudiosos germanos que investigaban en España como Adolph Schulten (1870-1960) en Tartessos y Numancia o Hugo Obermaier (1877-1946) (Díaz-Andreu y Cortadella, 2006). Este último, sacerdote formado con Cartailhac y el abate Breuil y catedrático de Historia Primitiva en la Universidad Central de Madrid, tendrá un protagonismo especial en la investigación sobre Altamira y el arte rupestre paleolítico de Cantabria (Obermaier, 1985; Madariaga, 1996; González y Freeman, 1996).

Obermaier creará escuela, con discípulos que liderarán la investigación en la posguerra, como Carlos Alonso del Real, Antonio Tovar, Julio Caro Baroja, Martín Almagro Basch o Martínez Santa-Olalla. Todos estos investigadores utilizarán como herramientas metodológicas el comparatismo etnográfico, el difusionismo y la aplicación del modelo de los círculos culturales. Bajo la influencia de los modelos etnográficos germanos, los etnoarqueólogos del Seminario de Estudos Galegos, del Institut d'Estudis Catalans o de la Sociedad de Estudios Vascos diferenciarán dos ámbitos principales en las formaciones sociales: la cultura material y lo que denominan cultura espiritual.

Obviamente el paradigma histórico-cultural se ha superado hace tiempo. Sin embargo, recuperamos aquí ese concepto de cultura espiritual también como homenaje a todos aquellos investigadores (hombres) que se preocuparon por aquellos hombres (también) primitivos. Considerada cuna del arte y de la civilización, sobre la cueva de Altamira se ha reflexionado a lo largo del siglo xx como lugar de recogimiento, como santuario rupestre y como manifestación del espíritu y la sensibilidad artísticas humanas.

Este enorme potencial místico, mítico y telúrico hubiera convertido este sitio en una suerte de Stonehenge, en un lugar de peregrinaje en donde se diesen cita movimientos pseudoreligiosos, *New Age* o neodruídicos —tan en boga en la actualidad— o incluso se celebrasen casamientos a la moda neandertal. Sin embargo, hasta donde sabemos, no se da este fenómeno de apropiación esotérica de Altamira, sin duda debido en parte al estricto control que ejerce el Estado sobre el monumento desde comienzos del siglo xx. Así y todo, sin llegar a manifestaciones de ese estilo, sí es cierto que el complejo altamirano es un buen lugar para la reflexión sobre la condición humana. En las páginas que siguen intentaremos dar con las claves maestras de toda esta cosmovisión, de esta filosofía popular fraguada en la visita a la neocueva y al museo.

## La sombra de Darwin es alargada:
## creación *versus* evolución

> *¿Puede un darwinista ser cristiano? ¡Claro que sí! [...] ¿Está el darwinista*
> *obligado a ser cristiano? No, pero ha de intentar entender a quienes lo son.*
> *¿Está obligado el cristiano a ser darwinista? No, pero ha de darse cuenta de*
> *lo mucho de lo que hay que abjurar si no se hace el esfuerzo y se pregunta uno*
> *seriamente si se están usando los talentos dados por Dios en toda su magnitud*
> Michael Ruse, *¿Puede un darwinista ser cristiano?* (2007)

> *Akí aprendí a k sino cazas, te kedas...*
> (28/10/2003)

El Museo de la Evolución Humana de Burgos fue inaugurado con pompa y boato en 2010. La comitiva oficial deambuló por la planta baja, esa auténtica sala de trofeos en la que se exhiben los huesos fósiles de los homínidos que han hecho universalmente famoso al yacimiento arqueológico de Atapuerca. En la segunda planta del edificio, los diseñadores del museo decidieron concentrar los recursos en la divulgación del concepto de la evolución. Entre otros recursos didácticos, decidieron incorporar una réplica de los camarotes del Beagle, el bergantín en el que el naturalista Charles Darwin recorrió el mundo entre 1831 y 1836 y en el que comenzó a pergeñar *El origen de las especies* (1859). Según testigos presentes en esa visita guiada inaugural, el arzobispo de Burgos (que hasta ese momento no había mostrado mucha simpatía hacia los fósiles) al llegar a la recreación del Beagle exclamó emocionado: ¡Qué bien os ha quedado el Arca de Noé!

> *¿Donde están Adán y Eva? (Agosto de 2006)*

> *¡Jehová es el hacedor del Ser Humano no el Mono! (26/9/2006)*

> *Eran humanos como nosotros, "no" medio monos Dios nos "creó", diferentes a los*
> *animales (2/1/2008)*

La Iglesia católica española se escudó en el tradicionalismo más ultramontano para combatir la nueva herejía surgida desde los talleres diabólicos de la ciencia. Tras las distintas desamortizaciones, muchos religiosos pensaron que nada peor podría ocurrir. Pero no fue así. Un naturalista comenzó a decir que el hombre venía del mono. A pesar de la tardía recepción de la teoría darwinista en las universidades españolas (Núñez, 1977; Fraga, 2009), los primeros hallazgos prehistóricos en territorio español y la asunción del evolucionismo por la élite intelectual más progresista fueron claves para que los obispos fuesen conscientes del peligro que se cernía sobre el control del relato acerca del pasado humano. Ya no bastaba con que el estado liberal asumiera competencias educativas, sino que se abría la posibilidad de que en las escuelas los niños y niñas aprendiesen que el mundo no fue creado por Dios en el 4004 antes del nacimiento de Nuestro Señor.

En esta lucha discursiva el descubrimiento de las pinturas de Altamira jugó un papel primordial. Eran tan radicales las consecuencias del hallazgo que incluso la comunidad científica internacional se negaba a asumir la posibilidad de que aquellos *primitivos* fuesen capaces de ejecutar obras de arte (Cartailhac, 1902). Pero esta es una historia que analizaremos más adelante. Por el momento, nos interesa remarcar un hecho trascendental: a pesar de los avances de la ciencia prehistórica, la Iglesia defendió con uñas y dientes el creacionismo:

> *Las "cuevas" son realmente dignas de admirar, sin embargo en la exposición permanente se da como hecho provado la "Teoría de la evolución", y eso todavía esta en estudio como bien reconocen científicos de renombre (Agosto de 2007).*

> *¿Que hace un CREACIONISTA como yo en un sitio como éste? ¡¡yo creo en Adán y Eva! (17/5/2006).*

A este respecto, el norte de la península ibérica se convirtió en un campo de batalla del conflicto entre fe y razón (Maier, 2003). Llama poderosamente la atención el predomino absoluto de sacerdotes en el desarrollo de la prehistoria septentrional, ya sean autores extranjeros, como el abate Breuil (Pericot, 1965; Guy Straus, 1994), Hugo

Obermaier (Madariaga, 1996) o Teilhard de Chardin (Meléndez 1964), o investigadores españoles. Así, tenemos la labor de los padres Carballo (VV.AA., 1986-1988) y Joaquín González Echegaray (Lasheras, 1994) en Cantabria, de José Miguel de Barandiarán (Altuna, 2005) en Euskadi o de Juan Antonio Fernández-Tresguerres en Asturias (Muñiz Álvarez, 2012). Auténticos expertos en arqueología bíblica que dirigieron campañas y campañas de excavación en cuevas y abrigos cantábricos exhumando los niveles de las distintas fases de ocupación solutrenses, azilienses o magdalenienses. En el fondo, esta estrategia de investigación procuraba alcanzar datos en la tierra sobre el origen de la espiritualidad de esas criaturas de Dios que eran los seres humanos.

Este acercamiento de egregios representantes del estamento eclesiástico a la prehistoria no fue vista siempre con buenos ojos. El caso de Barandiarán es paradigmático en este sentido. Barandiarán trabajó durante veinte años con Aranzadi y Eguren. Este trío especializado en la excavación de cuevas y el descubrimiento de dólmenes era conocido como *Los tres tristes trogloditas*. La guerra los separó para siempre. Eguren murió en 1942 y Aranzadi en 1945.

Conocido por su integrismo católico, lo que menos se podría esperar uno es que Barandiarán (exiliado en septiembre de 1936 en Iparralde) era un avanzado a su tiempo: construyó una radio de galena en el seminario de Vitoria en 1926 desde la que retransmitió conferencias de etnología, grabó películas de las excursiones por el país e incluso formó parte de una Comisión de Turismo (1929-1931) para la que diseñó rutas de senderismo para conocer el patrimonio de la provincia. Incluso se adelantó a los cerebros de FITUR y aconsejó viajar a las ferias nacionales e internacionales con maquetas de dólmenes, cuevas e iglesias para mostrar el legado alavés como atractivo turístico (Altuna, 2005). Todas sus iniciativas fueron boicoteadas por el obispo y los rectores del seminario. Aquella radio pionera en la divulgación científica fue destruida por orden de la Iglesia. Por supuesto, sus exploraciones arqueológicas a la búsqueda del *hombre primitivo* fueron criticadas por el rector del Seminario de Vitoria en aras de la preservación dogmática del creacionismo.

En 1927, Hugo Obermaier invita a Barandiarán para que forme parte de la comisión científica, que preside él, para la exploración de la cueva prehistórica de Altamira (Altuna, 2005: 493). Ese mismo año, Barandiarán escribe en su diario, tras las críticas de sus superiores eclesiásticos:

> «Pero si yo sé que con estos estudios doy gloria a Dios ¡qué me importa por lo que unas criaturas de este mundo miserable digan de mí? Me cupo nacer en el corazón del pueblo vasco: su vida viví, quise moverme a compás con sus tradiciones. Espigué en el campo de mis padres, peregriné por sus montes y valles, y porque no deseché las flores que en el camino hallé entreabiertas, he sido censurado, despreciado y perseguido».

Barandiarán buscaba tanto la cultura espiritual del pueblo vasco (el *Volkgeist* de los alemanes) como la cultura espiritual del hombre primitivo. Incluso él rechazaba el evolucionismo ya en los años cuarenta del siglo pasado. Podemos imaginarnos, por tanto, lo que pensaría la curia nacionalcatólica al respecto.

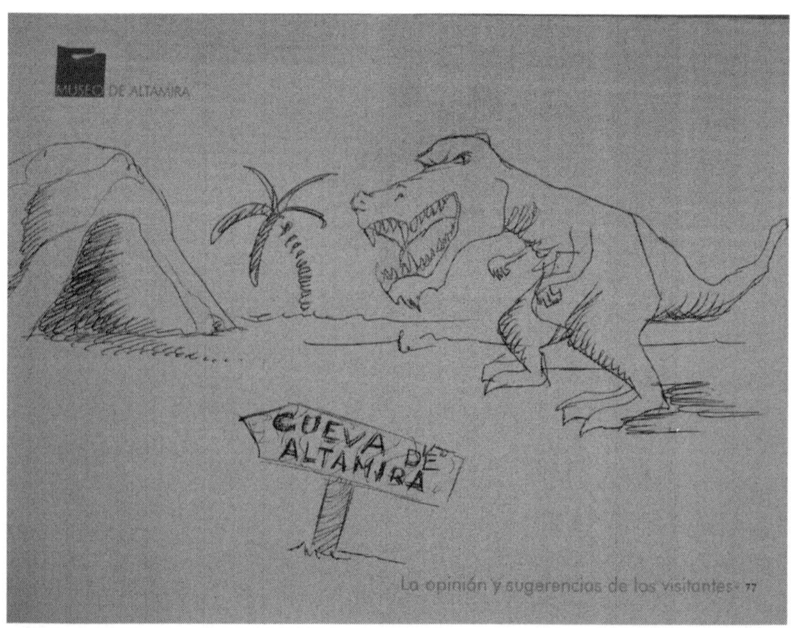

La rehabilitación de Sautuola, el avance de la investigación paleontológica y prehistórica a lo largo del siglo XX, la implicación de manera determinante de sacerdotes católicos en los trabajos arqueológicos y el Concilio Vaticano II no han conseguido mitigar el conflicto entre fe y razón y no han logrado erradicar el creacionismo como dogma. El tradicionalismo ha vuelto con fuerza a la Iglesia española tras los locos años de la Transición. Estamos siendo testigos del regreso de prácticas y discursos que pensábamos habían sido superados por el paso del tiempo. La segregación de niños y niñas en las escuelas religiosas, la tutela católica de funerales de Estado o la defensa de postulados ultramontanos en la educación son ejemplos claros de esta tendencia. En algunas aulas de centros privados y desde algunos púlpitos se pueden escuchar desde insultos a la condición homosexual (que se equipara a una enfermedad, en el mejor de los casos) hasta auténticos alegatos creacionistas.

Este contexto ayuda a explicar algunas de las opiniones vertidas en los libros altamiranos. Personas de fe (ya sea católica o protestante) agradecen con educación una visita que les ha servido para reafirmarse en sus creencias:

*En el principio fue la palabra y la palabra se hizo carne Dios AMOR, ya existia entre los habitantes en la cueva. Que EL, principio y fin de todas las cosas, nos siga protegiendo a todos. AMEN (28/8/2003).*

*Que alegría que ver los demás amigos que saben guardar las riquezas de sus antepasados. Nosotros, africanos, tenemos que aprenderlo. DIOS es grande BAKALA KIMANI (15/7/2003).*

*La admiración y gratitud a los de ayer y a los de hoy por la maravilla humana que hemos visto reflejo del inmenso Amor de Dios (28/6/2007).*

*Aquí desde este lugar que mis hojos no voveran a ver doy gracias a dios por traerme haqui para apreciar tantas maravillas (17/10/2007).*

*Estuvimos aquí un dia de otubre de 2007 porque la voluntad de Dios quiso que fuese así gracias (17/10/2007).*

*Vimos lo que hay para ver gracias a nuestros antepasados y a nuestros presentes, no da conformidad a la obra de la CREACION (4/4/2007).*

*Hoy soy feliz, Dios me ha permitido conocer su gloria (8/10/2006).*

*Un Museo muy guay que nos muestra como el ser humano ha buscado desde su origen respuestas al porque esta aqui ¿Dios? (27/6/2007).*

*De Altamira, retrocediendo hasta Atapuerca ¡Gracias a Dios! (18/8/2009).*

*Venimos desde Santiago, está muy bien, pero aun no me creo que descendamos del mono (8/10/2009).*

*La visita guiada a la Neocueva, esta muy bien, lo explica todo de buena manera y recorriendo Asturias y Cantabria a todo el mundo. Muy bonito, las pinturas de la Cueva pero lo más importante son las manos en negativo y en positivo que en ellas están impresas x q son los artistas VERDADEROS, nuestros antepasados... Pero estoy segura de que no descendemos de monos... Solo Dios puede hacer estas maravillas... Hasta la próxima (25/8/2011).*

*La explicación científica de la paleontología es interesante, pero la explicación de la trascendencia espiritual del ser humano en la Biblia es necesaria (Octubre de 2011).*

*Se me ocurren muchas cosas al ver las cuevas. La principal es la palabra evolución. Otra es que estamos aquí de paso, y con las mismas preguntas de fondo de hace 18.000 años sin resolver. ¿Dios? ¿Vida eterna? (Mayo de 2012).*

*¡Cuanto más conozco al hombre más descubro a Dios! Felicidades por la exposicion (Julio de 2012).*

Nuestra participación en proyectos arqueológicos en Sudamérica y África occidental nos ha permitido constatar el avance de las misiones evangélicas entre las comunidades locales (González-Ruibal *et al.*, 2009; González Ruibal, 2014). En tierras atacameñas unas cuantas emisoras transmiten la buena nueva, el mensaje sagrado de la Biblia y la verdad de la creación. En Guinea Ecuatorial pudimos comprobar la buena salud del creacionismo en un ciclo de conferencias impartido en los Centros Culturales Españoles de Malabo y Bata (Ayán *et al.*, 2011). La charla del paleolitista español Ignacio de la Torre sobre la evolución humana en África dio pie a intervenciones en el debate por parte de pastores protestantes que, evidentemente, esgrimían como único argumento citas de autoridad o referencias textuales bíblicas. Lo mismo ocurrió a otro nivel (laico) con la cueva de Altamira. Sautuola no era una autoridad científica: hubo que esperar a que los popes franceses de la prehistoria se retractasen, como Cartailhac, en 1902. Estas citas de autoridad bíblicas se recogen en algunos casos en los libros de visitas por parte de aquellos visitantes más escépticos y más combativos:

*¿Y por qué según la Biblia el humano vive desde hace solo 6.000 años? (10/8/2003).*

*God bless España y América. I loved your set up, but I wanted to say that evolution is a poor substitution for the Truth: Creation. God bless you and I may lead you to the Truth and to themself (3/11/2003).*

*Muy interesante una vez mas vemos como el hombre fue creado a la imagen de Dios, y refleja los atributos de Él uno de ellos su sabiduría Génesis, 1: 28 (9/8/2006).*

*Vemos una vez mas, y esta cueva lo manifiesta, como Dios es el creador del hombre. Revelación 4:11 (9/8/2006).*

*Hagamos el hombre a nuestra semejanza e imagen y creó Dios al Hombre Genesis 1 (29/8/2007).*

*Está claro que hemos sido creados, no hemos evolucionado. Romanos 1:200 (28/8/2009).*

*Desde Chile admirando estas maravillas parte hecha por el hombre y la gran parte obra de la Naturaleza, obra de Dios, perfección absoluta (15/9/2009).*

*En el principio creó Dios los cielos y la tierra. Génesis 1:1 (julio de 2010).*

*No olvides que somos hijos de DIOS! Hechos a su imagen y semejanza (Septiembre de 2013).*

*En el Principio creó Dios los cielos y la tierra y entonces creó el hombre. Genesis 1.1 Genesis 3:28 6.000 años desde la creación del hombre. (Marzo de 2014).*

Recordemos que estos comentarios se han escrito después de la visita a un museo en el que se ha invertido un notable esfuerzo divulgativo y didáctico. Como señalaban algunos visitantes, cuando menos, agnósticos:

*El hombre tiene más de mono que de ángel... (18/12/2003).*

*No compres bombillas. Dios nos ilumina (Mayo de 2004).*

*Bueno yo sigo buscando por el mundo algun mono que adore a Dios, al Sol o Algo y alguna tribu por perdida que sea que no adore o crea en un ser superior (18/5/2006).*

*Darwin tenía raó? (5/8/2006).*

*This is an excellent exhibiton of human evolution and not as Bible said, we are not made 6000 years ago! (12/10/2007).*

*Y después de ver toda esta fascinante exposición, seguro que aún hay gente que cree en Adán y Eva (9/9/2009).*

*Para que después digan que no descendemos del mono (30/9/2011).*

*Mirabile tempus!*
*Mirabilis primigenius homo!*
*Minus mirabilis homo hodiernus*
*Oh tempora, oh mores!*
*Seneca in Epistolae Morales dixit: "Todo esté sujeto a la razón y la razón a la naturaleza" J. G. Las Rozas, Madrid (13/5/2010).*

## La caverna de Platón:
## metafísica popular

*—Imagínate ahora que, del otro lado del tabique, pasan sombras que llevan toda clase de utensilios y figurillas de hombres y otros animales, hechos en piedra y madera y de diversas clases; y entre los que pasan unos hablan y otros callan.*

*—Extraña comparación haces, y extraños son esos prisioneros.*

*—Pero son como nosotros. Pues en primer lugar, ¿crees que han visto de sí mismos, o unos de los otros, otra cosa que las sombras proyectadas por el fuego en la parte de la caverna que tienen frente a sí?*

Platón, *República*

*Salimos de la cueva con mas preguntas que respuestas ¿Qué hay de nuevo en la evolución del hombre? Qué hemos hecho del misterio? ¿Qué nos queda de la cueva que hay dentro de nosotros?*

Agosto de 2011

Platón desarrolla en el comienzo del séptimo libro de su *República* una alegoría que conocen todos los estudiantes de bachillerato. Este mito de la caverna es un diálogo que mantienen egregios filósofos como Sócrates o Pitágoras para alcanzar el conocimiento de las dos caras del mundo: la sensible y la racional. Como en ese caso, los visitantes a la neocueva de Altamira establecen un diálogo consigo mismos, una conversación que queda reflejada por escrito en el libro de visitas. Este documento emerge como un registro fiel de lo que podemos definir como una auténtica metafísica popular. Como bien planteaba Platón, la opinión es el medio por el que podemos acceder y conocer el mundo sensible:

*Porque la cultura es el cimiento de nuestra existencia. Porque con ella combatiremos a la plaga de ignorantes y masas incultas. Ellos tendrán el poder de la oratoria y el convencimiento pero sólo persuadirán a los tontos, jamás a los inteligentes. Una argumentación del hombre culto destruye todo el sistema del ignorante. Porque somos lo que somos porque fuimos lo que fuimos. Altamira es sólo la cuna de todo el conocimiento. Gracias por haberme permitido acceder a él. Po'zí!! (Noviembre de 2003).*

*Me ha parecido muy interesante. Conocer su vida y su arte es conocernos a nosotros mismos. ¡Pues somos tan similares! Es nuestro deber saber más porque como dijo el templo de Delfos en Grecia "conócete a ti mismo y conocerás el universo" ¿¿No sería esta una buena finalidad? (Julio de 2013).*

Estas opiniones nos transmiten aquellos sentimientos y percepciones que más se prodigan en los visitantes. En primer lugar, cabe destacar el reconocimiento de la insignificancia de la existencia humana en el devenir, en el cosmos, en la evolución:

*Hola soy una mujer de 40 años y pienso que no soy mas que una molecula en la vida (3/9/2003).*

*Viendo el pasado me preocupa más el presente (Abril de 2004).*

*Somos parte de la historia (31/10/2010).*

*Nós somos mesmo só a ponta da linha... (14/12/2010).*

*Poder viajar al futuro de nuestro recuerdo perdido en grietas, en pinturas... nos hace conscientes de nuestra increible condicion humana (30/10/2011).*

*La magnificencia de la prehistoria reflejada en la actualidad ¡Qué pequeño es el hombre ¿o qué grande? Reflexionemos (30/4/2012).*

Aunque somos el punto provisional de llegada de todo este proceso, reina la conciencia de un decadente presente como consecuencia del mal hacer del género humano. Más que de evolución, algunos visitantes hablan de involución, por la tendencia natural del ser humano hacia el horror y la barbarie. Entre el público triunfa, a la par que el poético texto de Alberti, el lema picassiano: *Desde Altamira, todo es decadencia:*

*Desde Altamira todo es decadencia. Me ha impresionado esta frase de Picasso, pero sobre todas estas maravillas, las mascaras de fondo de la cueva (??!!) (2010).*

*¿Seguro que somos nosotros los "homo sapiens"? (16/7/2010).*

*Ha sido muy interesante el viaje a nuestro pasado, es importante concocer el pasado para entender el presente y predecir en su medida el futuro (30/9/2010).*

*El hombre durante este tiempo visto lo visto, parece que no ha evolucionado, nos ha encantado (30/9/2010).*

*La humanidad está en pleno retroceso evolutivo (19/7/2011).*

*Hemos visto algo auténtico, creo que hemos evolucionado en positivo pero sin tener en cuenta que el pasado tampoco es negativo (24/07/11).*

*We must celebrate what makes us human, but remember the darker side of our nature, too... RIP Neanderthal Brothers (23/8/2011).*

*Els abusos del passat repercutixen en el futur, ara no podem veure els originals dibuixos de la prehistòria (24/5/2011).*

*Conocer el pasado es atreverse a soñar con el futuro (6/7/2011).*

Como en el caso del mito de la Caverna, muchos visitantes desarrollan otra alegoría que podríamos definir como *El viaje en el tiempo*. Una metáfora que forma parte de la cultura cinéfila de aquellos que fuimos niños y adolescentes en la década de 1980 y primera mitad de la década de 1990. Películas como *Regreso al futuro* o *Parque Jurásico* nos situaban en aventuras reales y/o virtuales que nos llevaban a otras realidades y a otros mundos en un trasiego incesante entre pasado, presente y futuro. Esta metáfora quizás sea de las más recurridas en el ámbito de la divulgación arqueológica. De hecho, juega un papel primordial en las recreaciones históricas. Una actividad de *Living History* o la construcción de una reproducción exacta son eventos y materialidades que buscan llevar al visitante al pasado (Alonso y González, 2013). Los y las guías de la neocueva emplean este concepto de la ventana al pasado o el viaje en el tiempo para atraer la atención del público. Sin duda, es un medio crucial para emocionar al visitante de escenografías que, como la neocueva, tienen que superar el condicionante (a veces insalvable) de su falta de autenticidad:

*Es un viaje a nuestro pasado, que realmente te hace pensar en las cosas buenas que creamos y también en las malas que estamos creando (Julio de 2003).*

*Lo más curioso es que para poder entender este presente, e imaginar un poquito el futuro, tengamos que recordar las entrañas de nuestro pasado (3/5/2009).*

*El paso que des ahora, causara el siguiente paso que darás y abra sido causado por el que diste anteriormente, mira adelante sabiendo que viniste de atrás (2010).*

*Me he trasladado 18.500 años atrás. He sentido lo que es ser un hombre prehistórico. Me he visto pintando bisontes... y he vuelto un poco más sabio (Abril de 2010).*

*Desde Salou, me encanta esto es bolber hacia atrás en el tiempo (28/12/2010).*

*Es muy bonita la cueva es como viajar al pasado (julio de 2011).*

*Impresionante!1 Magnífico!1 Retrotraerse a nuestros ancestros! (12/7/2011).*

*Al ir a Altamira cambias de tiempo ¡Qué guaay! (Agosto de 2012).*

*Viajar en el Tiempo Imposible?? Pues yo lo acabo de hacer. Gracias (30/8/2012).*

El público visitante asume sin ambages (salvo los creacionistas) el discurso evolucionista, pero sin caer en un determinismo unilineal. De acuerdo con la exhibición en la que se muestra la variabilidad y diversidad de las formas culturales y los modelos de adaptación al medio, los firmantes del libro de visitas son conscientes de las rupturas y continuidades que se dan en el devenir humano. Sin embargo, también se sienten identificados con los hombres y mujeres del Paleolítico, de quienes se sienten herederos directos. Esta empatía esencial lleva incluso al autorreconocimiento de la propia condición humana en los propios artistas de Altamira. Parece como si la consigna del oráculo de Delfos fuese asumida como una verdad revelada: conócete a ti mismo. A través del conocimiento de los habitantes de las cavernas nos conocemos a nosotros mismos. Todo un alegato a favor de la utilidad de las humanidades en un mundo pragmático y utilitarista como el nuestro:

*Es maravilloso. Vivo gracias a esos 18.500 años y más (Mayo de 2010).*

*Al fin he visitado la casa de mis padres (14/8/2010).*

*Un bonito viaje, para  conocer a mis antepasados, quienes me han dejado todo lo que tengo y lo que soy. Manolo (25/8/2010).*

*En todos estos millones de años que han pasado seguimos exactamente igual que antes. Somos lo que eramos, seremos lo que somos (Agosto 2010).*

*Es un honor venir a ver nuestros orígenes, su forma de ver la vida, nuestra historia. Bastante bonito todo y muy interesante. Un gallego de Lugo (8/9/2010).*

*Es único, nos hace sentirnos personas… (19/9/2010).*

*Visito mis antepasados (8/10/2010).*

*Mucho mejor que cualquier Catedral. Hay que estudiar más al hombre, más a nosotros (3/7/2011).*

*Vinimos de nuestra tierra a conoceros y resulta que nos hemos encontrado a nosotros mismos (Agosto de 2012).*

*Hermoso!! Especial para aprender y llegar a la conclusión que los hombres seguimos buscando lo mismo. Argentina (17/10/2012).*

*Porque no hemos evolucionado tanto... Un saludo a nuestros primos del Paleolitico!!*

En nuestra experiencia arqueológica por tierras atacameñas (Antofagasta, Chile) pudimos comprobar cómo las comunidades locales se consideran herederas directas de los habitantes de los poblados fortificados (*pukara*) preincaicos y prehispánicos. A estos antiguos pobladores de los *gentilares* los conocen como los abuelos. El espectacular *pukara* de Turi en donde estuvimos trabajando en julio de 2013 es monumento nacional. Pero esta categoría legal importa poco. Nada se puede hacer allí sin el permiso expreso de la comunidad atacameña de Ayquina-Turi. Los vecinos siguen depositando ofrendas en su visita al gentilar, dominado aún por la grandiosidad de los cerros tutelares y la generosidad de la Pachamama. Como afirmó un vecino en el acto de nuestra presentación a la comunidad de Ayquina-Turi en julio de 2013: *somos los legítimos propietarios del gentilar de Turi* (el sitio de los gentiles) *porque allí están nuestros abuelos, y a los abuelos no se les debe molestar* (Ayán 2014a; Ayán y García, en prensa).

Del mismo modo (aunque salvando todas las distancias posibles empezando por el Atlántico) en el caso del Museo de Altamira podemos hablar de un auténtico culto posmoderno a los antepasados. Los hombres, mujeres y niños que aparecen en los hologramas de la neocueva no son vistos como los *otros*, sino que son conceptualizados como los antepasados, los parientes, los primos, los abuelos...:

> *Cadiz vuelve a Altamira a visitar los cuadros de nuestros parientes ¡Perdón por venir sin avisar, abuelos! Un beso (5/7/2006).*

> *La grandeza del arte es intemporal. P.R. A. Y T. Os felicitan ancestros (5/7/2006).*

> *La cueva de Altamira une el pasado con el presente. Es una mirada en la lejania a la edad del hombre antiguo. Anonimo (5/8/2006).*

> *Incredible, what ancestors we all share!! Thank you for the "New Cave" it is very atmospheric! (24/10/2007).*

> *Me a gustado mucho este sitio te pasas una mañana entretenida y ademas aprendes un monton sobre tus antepasados me gustaria ver la verdadera cueva ¡vivan las familias numerosas! (27/10/2007).*

> *La memoria de las células se ha activado hoy en mi alma. Gracias hermanos (4/11/2006).*

> *El origen y la Evolución del hombre ha demostrado a lo largo del tiempo que podemos ser cada día más grandes y dejar de matarnos los unos a los otros, nuestros Antepasados nos lo han demostrado (11/8/2006).*

> *Mi abuelo nació aquí y era más guapo que yo (Septiembre de 2006).*

*Emocionante encuentro con mis antepasados. Aupa Homo Sapiens Sapiens! (20/8/2006).*

*Nos ha encantado las pinturas y el museo. Por un momento hemos sido prehistóricos. (7/10/2006).*

*La chatilla y el chatillo vieron a sus abuelos más mayores (29/9/2010).*

*Nuestros antiguos familiares, nuestros anntepasados, homo antiguos, artistas magistrales, incomparables. Desde Jaén, la familia Escobar López se siente identificada con sus antepasados (24/8/2011).*

*Es super guay conocer la vida, las costumbres y los rituales de nuestros antepasados MIL GRACIAS (24/8/2011).*

*Un poco mas de entusiasmo por parte de los guías sería de agradecer. Este sitio da para mucho y la visita no llega ni a lo más básico. Nuestros antepasados estarían decepcionados (1/9/2012).*

*¡¡Nos encanto conocer a nuestros ttatataatatataattatraabuelos!! (4/11/2012).*

*Gracias a toda la memoria conservada de nuestros padres (Marzo de 2013).*

Los arqueólogos y arqueólogas estamos acostumbrados a padecer lo que alguien denominó el síndrome de Matusalén (Escacena, 2000: 28-29). Es decir, nos enorgullecemos de tener las dataciones más antiguas, las primeras evidencias de X, el yacimiento más antiguo del período Y. Como comentábamos en la introducción, la antigüedad confiere prestigio, denota autenticidad. Desde hace unos cuantos años se ha desatado toda una carrera entre distintos grupos de investigación por encontrar los fósiles humanos más antiguos de Europa. Esta obsesión es compartida también por el gremio de los periodistas siempre abiertos a recoger información cuantitativa en sus titulares.

Actitudes como estas se han dado desde el inicio mismo de la prehistoria como disciplina científica. Si Darwin se preguntaba por el origen de las especies, una pregunta similar sigue marcando la agenda de la investigación paleolitista: ¿cuándo surgen las primeras evidencias de

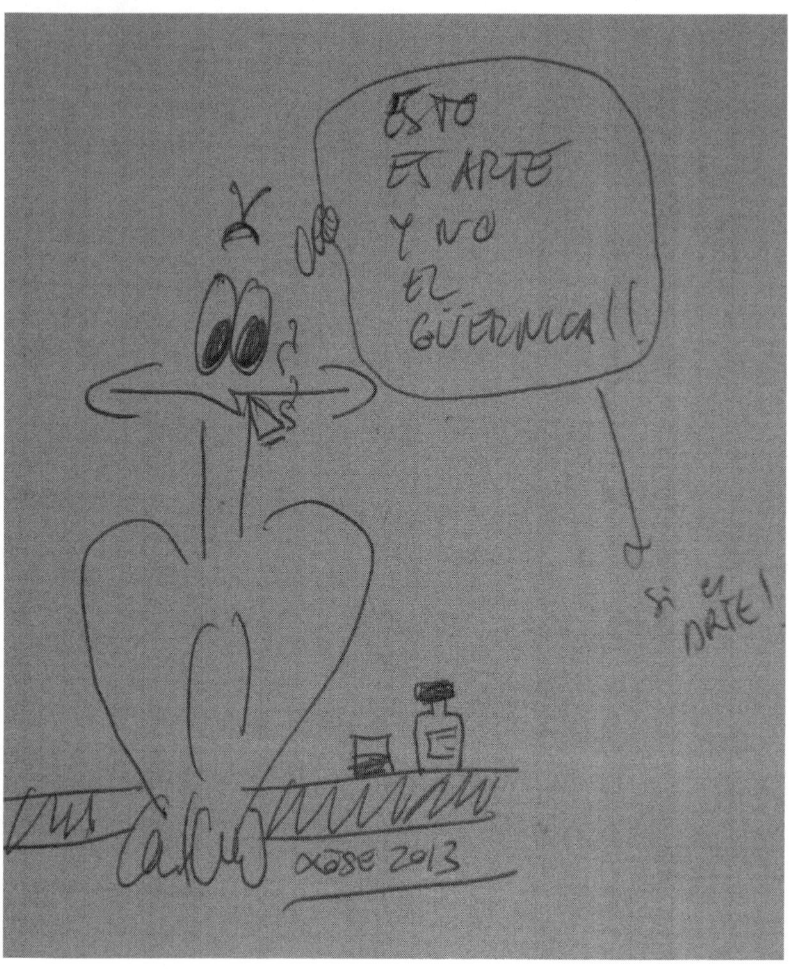


la espiritualidad humana? ¿Cuándo los homínidos comienzan a enterrar con cuidado y a velar a sus muertos? ¿Cuándo surge el arte, que nos diferencia tanto del resto de seres vivos del planeta? La importancia de las consecuencias que conllevan las repuestas a estos interrogantes explica el papel jugado por el arte parietal francocantábrico como objeto de estudio. También ayuda a comprender por qué Altamira es Patrimonio de la Humanidad. A su vez, desde estas coordenadas es fácilmente entendible la inclusión de esta temática en los manuales escolares (Barreiro *et al.*,

2014). Todo el alumnado educado en democracia ha escuchado hablar al profesor en clase de las distintas interpretaciones y significados que se han concedido al arte naturalista de Altamira. Tótems, chamanes, magia, rituales de fecundidad y símbolos de género son todas hipótesis que le suenan al español medio que ha recibido una formación escolar. La expresión artística como cualidad humana desde el origen es señalada por gran número de visitantes. En esto coinciden tanto creacionistas como evolucionistas:

*A vida é a arte do encontro. A arte é a máxima expresión da sensibilidade humana. Altamira é arte (Julio de 2003).*

*El hombre observa la naturaleza y la interpreta según su sensibilidad: ¡NACE EL ARTE! (2006).*

*Estoy euforica!!! Soy artista gravadora en este mundo de arte contemporáneo.... Nada de envidiar a mi amigo artista con su arte rupestre Asi nace.... el mundo del arte. Italia (8/9/2006).*

*El Arte es congelar una imagen o un pensamiento, cuando este es bueno perdura (1/9/2006).*

*De la oscuridad surgió el arte, en la oscuridad que vivimos hoy, el arte ha desaparecido (23/8/2006).*

*Hoy ha habido más arte en Altamira que nunca. Nosotras estubimos aqui (23/8/2006).*

*Gracias por mostrar a todos que el arte siempre existió (Mayo de 2010).*

*En cualquier circunstancia y tiempo el hombre se diferencia por poder crear arte. Que maravilla. Talavera (15/7/2010).*

*El paciente pincel del ingenio pasado "las pinturas de la plenitud" un museo didáctico, un paseo por la quietud, una vigorosa mirada al pasado más cercano (12/8/10).*

*Me siento orgullosa de estos artistas (2/10/2010).*

*Los grandes trabajos nacen de los grandes artistas y esto es una gran obra de arte (8/12/2010).*

*Después de Lascaux... Vamos a Altamira, el arte rupestre es lo mejor! (29/4/2011).*

*Cuando te gusta el arte, siempre hay que ver los comiezos (14/5/2011).*

*El arte nos hace mas personas (6/10/2011).*

*Nos enseña que no se puede vivir sin el Arte (6/10/2011).*

*No es la bestia más infame capaz de cualquier cosa, el HOMBRE, ser sublime capaz de crear sin limite ¡Silencio! Mira al HOMBRE (8/10/2011).*

*Desde la antigüedad nos hemos dado cuenta del valor de la expresión artística, los pintores, los primitivos pintaron con la identidad de sus pueblos y tribus, ahora que he visto estas pinturas creo que no somos tan diferentes, en la esencia humana tenemos muchisimas igualdades a aquellos artistas rupestres. De Badajoz (Octubre de 2011).*

*Sorprende observar el inicio de la imaginación que mas tarde ha diseñado todo lo que nos rodea (enero de 2012).*

## Poesía cavernícola posnovísima

*Montañoso, abrumado, indescifrable,*
*rojo como la brasa que se apaga,*
*anda fornido y lento por la vaga*
*soledad de su páramo incansable.*
*El armado testuz levanta. En este*
*antiguo toro de durmiente ira,*
*veo a los hombres rojos del Oeste*
*y a los perdidos hombres de Altamira.*
*Luego pienso que ignora el tiempo humano,*
*cuyo espejo espectral es la memoria.*
*El tiempo no lo toca ni la historia*
*de su decurso, tan variable y vano.*
*Intemporal, innumerable, cero,*
*es el postrer bisonte y el primero.*
Jorge Luis Borges, *El bisonte* (1975)

*Caminante no hay camino se hace camino al andar... Y Altamira nos da la oportunidad de contemplar el camino que han hecho nuestros antepasados! (Todo lo que he observado aquí me ha hecho sentir como sentían nuestros antepasados... esto es genial) con cariño*
(12/8/2006)

«Todos los hombres, por fin hermanos, se convierten en artistas». Este eslogan acuñado por el escultor alemán Mathias Goeritz resumía la voluntad colectiva de los artistas que se agruparon en 1948 en torno a la denominada *Escuela de Altamira* en Santillana del Mar. En la paupérrima España de posguerra, esta iniciativa heroica procuró retomar los aires de vanguardia que había hecho trizas la guerra civil (Gullón, 1950; Cabañas y Barreiro, 2013). Para ello, en plena autarquía y con el régimen franquista aislado, se organizó en años consecutivos (1949 y 1950) la

Semana Internacional de Arte Contemporáneo, e incluso se llegó a editar un número del portal de este movimiento artístico: la revista *Bisonte*. Esta experiencia, si bien efímera, no hizo más que confirmar el papel de Altamira y del arte rupestre como fuente de inspiración artística y su papel crucial como emblema y referente para el surgimiento y desarrollo de las vanguardias artísticas (Díaz López, 1995: 378-381; Díaz Sánchez, 1998: 231-260; Cabañas y Barreiro, 2013: 17).

Así pues, a comienzos del siglo XX, en una visita a una cueva prehistórica con pinturas en Francia, André Breton mantuvo una acalorada polémica con el guía del sitio arqueológico (Alonso del Real, 1991). Aquel debate trascendió y los arqueólogos académicos se pronunciaron públicamente a favor del guía de la cueva. Pero la discusión tuvo otras consecuencias, sirviendo de punto de arranque a corrientes vanguardistas como el dadaísmo o el surrealismo (Breton escribiría en 1928 *Le surrealisme et la peinture*). La autenticidad, sencillez y originalidad del arte parietal se convirtió en un referente para los intelectuales y artistas vanguardistas que luchaban contra los convencionalismos académicos.

En este contexto se enmarcan las tres citas que se recogen en la exposición del Museo de Altamira y que no pasan desapercibidas para el público visitante. Por un lado, tenemos el maravilloso texto de *La arboleda perdida* de Rafael Alberti, recordando su visita a las pinturas y el poema trágico de Miguel de Unamuno (*En la cueva de Altamira*), y por otro, la afirmación categórica de Picasso: «Después de Altamira, todo parece decadente»:

> *Yo he estado aqui y espero como Alberti sentir los angeles y el bramor de la tierra con las pisadas de los salvajes bisontes (14/10/2009).*

> *El arte alcanzó su esplendor con Altamira a partir de ahí todo fue decadencia Salvador Dalí* [sic] *(6/8/2010).*

Paradójicamente, uno de los lemas dadaístas era el siguiente: *No quiero ni siquiera saber si antes de mi hubo otro hombre.* Justo lo contrario de lo que quieren saber los visitantes del Museo de Altamira. Personas que, como hemos visto, sienten una conexión con sus antepasados y viven una experiencia que trasciende más allá de lo material. Estas sensaciones hacen aflorar en algunos casos una vena poética, no sabemos si oculta… o con solera. Es de sobra conocida la relación existente entre ruinas arqueológicas y poesía. *A Las Ruinas de Itálica*, de Rodrigo Caro es un poema canónico de esta tendencia que maneja una serie de tópicos universales: tempus fugit, la insoportable levedad del ser, el paso del tiempo, la desmemoria y el olvido. Los movimientos regionalistas y nacionalistas decimonónicos se ampararon en el Romanticismo literario para redescubrir los orígenes patrios, los escenarios ruinosos o desaparecidos de las glorias nacionales. El bardo gallego Eduardo Pondal, por ejemplo, cantaba a los dólmenes, túmulos megalíticos y castros como huella del brillante pasado celta de Galicia. Lo mismo hacía Benito Vicetto, a la búsqueda de las ruinas de castillos y fortalezas que albergasen el espíritu de la Edad Media.

En nuestra revisión de los libros de visitas hemos podido registrar pocos textos que podamos denominar poéticos. Casi en su totalidad son producto de la pluma de personas adultas, de mediana edad. No son Borges, Alberti o Unamuno. Pero son poetas y/o poetisas. Todos los poemas, escritos en el  momento, adoptan el verso libre como técnica y adoptan un enfoque intimista. La identidad, la mortalidad o la huella del paso por la vida son temas recurrentes en esta lírica popular altamirana. En algunos casos se emplean metáforas de raigambre arqueológica, como los recuerdos escondidos bajo la tierra que hace falta exhumar para seguir viviendo:

*Para algunos*
*la vida es galopar*
*un camino empedrado de horas*
*minutos y segundos*
*Yo,*
*más humilde soy*
*Y solo quiero que la ola que surge*
*en el último suspiro de 1 segundo*
*me transporte vencido hasta el siguiente.*
(17/7/2003).

*El tiempo pasa*
*y nuestros actos y logros*
*permanecen anclados en la*
*tierra bajo capas de esperanza.*
(2/5/2009)

*El tiempo que se va y viene...*
*una sonrisa y una palabra,*
*un gesto y una mano de agua que da sed,*
*tiempos y leyendas... todos somos,*
*vidas inmortales en la roca...*
*Perfil de Aire,*
*sombras del Futuro,*
*Nadie ESTÁ....*
*y todos somos.*
(Agosto de 2009).

*Evolutivos tiempos de un pasado incierto*
*Erguidos sobre la tupida sabana*
*Del medio dia*
*Pistoletazo de salida en los albores*
*De nuestros ancestros*
*Corriendo de la mano de la*
*Necesidad adaptativa*
*Gracias Altamira por existir*
(12/10/2011)

*Vuelvo a la Cueva,*
*Huyo del incienso*
*Y vuelvo al humo.*
*Cavernosa emoción*
*De aromas y oído*
*Mano en la piedra;*
*piedra en mi mano:*

*el arte en las paredes*
*de Altamira.*
Abril de 2012.

*Onde algún día unha*
*raiola de luz,*
*alumeou a escuridade de*
*miles de anos.*
(Agosto de 2012).

*Por primera vez en los libros de la escuela*
*ahora, después de tiempo pasado*
*piso la tierra de aquellos primeros artistas;*
*apenado me siento por ver un sucedáneo,*
*satisfecho me voy por haber estado,*
*parto de este lugar con más memoria que antes,*
*me llevo en el alma*
*el olor añejo de la humanidad.*
27/6/2007.

*El hombre,*
*Una cueva,*
*De su*
*Interior*
*La luz,*
*El arte,*
*La oscuridad,*
*El Asombro.*
Junio de 2007.

*Hoy es nunca; y llueve despacio.*
*El mañana se disipa; y no lo he mojado.*
*Nací ayer; y me secaron muy rápido.*
29/12/2007.

*Cuando una piedra sin ser*
*Adquiere de pronto "vida"*
*El milagro solo se produce*
*En la cueva de Altamira.*
30/12/2007.

*Con el frío vino la inquietud*
*Buscaron refugio dentro de*
*La tierra hombre y tierra*
*Lloran por luz del sol...*
5/9/2006.

*Los secretos del hombre...*
*inato inercia de comunicacion*
*y constancia hace posible*
*imaginar la magestuosa*
*forma artistica del*
*paraiso perdido de lo*
*que un día fue...*
*Belleza...*
29/9/2006

Los más jóvenes expresan su mensaje a través de otras fórmulas como el grafiti (del que hablaremos más tarde) o en algún caso excepcional mediante el rap, la versión urbana de la poesía contestataria.

## Tótem y tabú:
## los bisontes son buenos para pensar

*Días y noches al fuego de la pintura, a fuego del bisonte imaginado, el que bramaba en la fría roca. Un lugar donde las cabras, los ciervos y caballos trotaban para la historia. Un merecido tributo a aquellos hombres y mujeres que nos enseñaron que no solo el Homo Sapiens sabía expresarse*
16/7/2003

*Desde hace 18000 años echamos en falta los bisontes ¿que echaran en falta los que vengan dentro de 100 años?*
Julio de 2006

*Los bisontes ya reciben en casa*
*El País* (1/3/2014)

La poesía de Alberti, Unamuno o Borges no hace más que recordarnos el papel del bisonte de Altamira como verdadero tótem de la cultura hispanoamericana y universal. A una escala más local, estas representaciones figurativas son un signo icónico-visual perfectamente identificable por todos: niños, jóvenes y mayores. Inciden aquí cuestiones de carácter político que abordaremos con detenimiento más adelante. Desde que la hija de Marcelino Sanz de Sautuola los descubrió, los bisontes son los indudables protagonistas en el imaginario infantil, tanto en la visita a la neocueva como en las manualidades que se llevan a cabo en la exitosa museoteca. Sin duda, los peluches de bisontes son el producto estrella de la tienda de recuerdos. Es más, juegan el mismo papel que las ofrendas votivas zoomorfas en determinadas culturas prehistóricas, solo que en la posmodernidad (Santos Estévez, 2014). La satisfacción del público infantil y su excitación por conocer en persona los famosos bisontes de los libros es una constante en los libros de visitas:

*Toda la vida viendo el bisonte en papel y hoy ¡¡¡por fin!!! LE VÍ!!! (14/8/2003).*

*Los bisontes eran muy bonitos y muy fashions (Octubre de 2009).*

*Me ha encantado el flequillo de un bisonte (Marzo de 2010).*

*Me ha gustado mucho la cueva pero me han dado un poco de pena los animales (12/10/2010).*

*Nos han gustado mucho los bisontes (7/11/2010).*

*En una palabra... ¡GENIAL! Espero volver a tener la misma experiencia ¡VIVA EL BISONTE! 2011.*

*Tener cuidado con los bisontes!Buff  (agosto de 2011).dx*

*Bisontes, bisontes, manadas de bisontes....¡Bisontes! (27/7/2011).*

*Los bisontes son preciosos y también la cierva (27/8/2011).*

*Me llevo el Bisonte mas grande de la tienda y se va a llamar Petti (2/9/2012).*

*Estamos en las cuevas de Altamira. Lo que mas me ha gustado el bisonte porque en sociales he dado mucha historia sobre él (30/8/2012).*

Lo que no consiguieron los cazadores-recolectores de la cueva de Altamira parece que lo asumen sin problema los niños y niñas que visitan el museo. Ellos sí consiguen domesticar a los bisontes, mediante un proceso de (perdón por inventar la palabra) mascotización. El bisonte cobra vida a través del peluche, entra en el terreno de juego buscando su sitio, luchando con otros seres como Calamardo, el entrañable amigo de Bob Esponja. En la tienda de *souvenirs* hemos visto a abuelos verdaderamente desesperados para cumplir el capricho del nieto o nieta.

Pero además de este carácter icónico del bisonte de Altamira, de sus innegables cualidades estéticas, estos animales también son buenos para pensar (Criado, 1986: 241). Tanto el público adulto como el infantil, espoleado por la visita, se atreve a proponer sus propias hipótesis interpretativas:

*Muy bonitos los bisontes, caballos, ciervos... y lo del pasillo de la pared es un cangrejo!!! (Noviembre de 2003).*

*Siempre de pequeña... y ahora de mayor, con mis hijos, he jugado a ver en las piedras, en sus formas animales... luego incluso las hemos pintado con el relieve y las sugerencias que ellas nos trasmitían. Creo, sujiero, apuesto... a lo que los hombres de esas cuevas hacían era lo mismo: juegos de un artista sobre relieves que existian en las piedras (Agosto de 2011).*

*Teoría de Emilio: sencillamente dibujaban porque se aburrían. Al igual que yo miro nubes y me imagino sus formas, ellos miraban relieves de rocas y dibujaban bisontes (21/8/2012).*

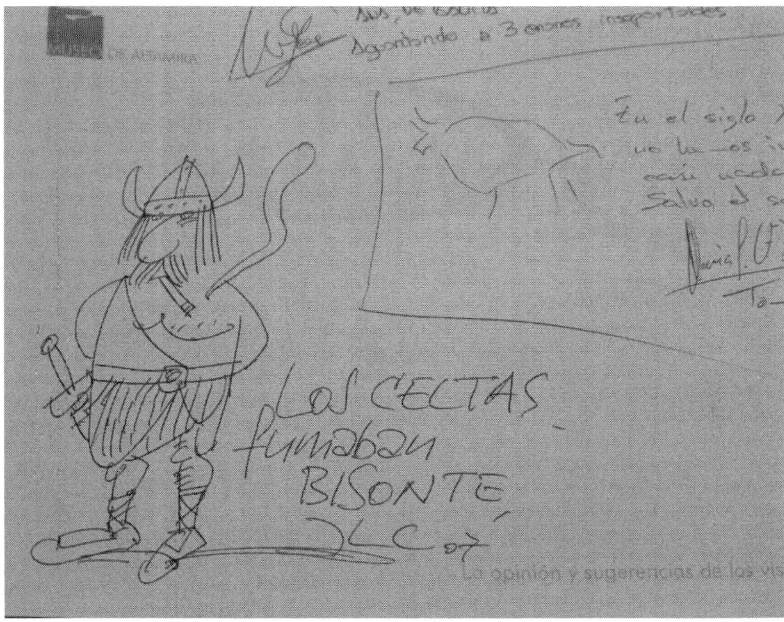


Como vimos más arriba, en algunos casos, el conflicto entre fe y razón sigue vigente en la mente de muchos individuos. Por lógica es un problema que no va a solventar el laico y científico Museo de Altamira. Sin embargo, la visita al museo y a la neocueva, sí ayuda a adentrarnos en los cambios producidos no solo en el género humano sino en el medioambiente, en los espacios naturales, en los nichos ecológicos. Muchos de los visitantes se definen a sí mismos como ecologistas militantes. Es más, han elegido como destino vacacional Cantabria porque para ellos es un auténtico paraíso natural. Las personas con esta sensibilidad hacia el medioambiente (sean creacionistas o no) interpretan el relato museístico y reflexionan sobre el papel del género humano en la paulatina degradación de la tierra. Curiosamente esta gente, que delata estar en posesión de una cierta formación académica, establece una primera comparativa con las gentes del Paleolítico que va mucho más allá de la recreación imaginada de un lazo afectivo con los antepasados.

En la línea ciceroniana de la historia, *Magistra vitae*, estos ecologistas reivindican una realidad demostrada fielmente por la arqueología: la perfecta adaptación de las comunidades de cazadores-recolectores a un medio ambiente cambiante y que jamás sobreexplotaban. Esta idea del equilibrio ecológico como horizonte deseable aparece constantemente en los libros de visitas y podemos considerarla como una de las grandes lecciones del Museo de Altamira:

> *Los neandertales eran + listos de lo que somos nosotros: respetaban la naturaleza.*
> *Una ecologista (5/8/2003).*

> *Grupos paleolíticos que guardaban el equilibrio con la naturaleza. Debemos aprender de ellos (20/3/2004).*

> *Dos leridanos, a los que les gusta ser conscientes de que no somos los reyes del planeta. Hubo anteriormente muchos qe respetaban a los animales y a la naturaleza (3/6/2004).*

> *¡Mas arboles autoctonos y menos eucalyptus! (Julio de 2006).*

> *-15.000 despues de Tchernobyl! (Abril de 2007).*

> *Cuánto más sensibles y cuidadosos con la naturaleza fueron las personas primitivas. A ver si aprendemos de ellos o ellas! (24/3/2007).*

> *Que perduremos durante mucho tiempo en la historia y no destruyamos la naturaleza (Junio de 2007).*

> *Si seguimos así en unos años nos vemos en las cuevas (los que queden) ¡Sostenibilidad! (6/7/2007).*

*Me he llevado una decepcion muy grande. Es una patada al entorno y a lo que eran antes (Diciembre de 2006).*

*Ya eran ecologistas (25/10/2006).*

*La cueva de Altamira sufrió tras su descubrimiento gran deteriorio y transformaciones que hoy vemos como actos atrozes. Si observamos nuestro entorno podemos meditar sobre lo que hoy nos parece normal en la transformación del medio. Una sensación como el caso de Altamira puede repetirse en el futuro. Pensemos en ello (Agosto de 2007).*

*La visita me ha recordado que la sabiduría siempre ha estado presente en la naturaleza y la raza humana (6/7/2007).*

*A ver si somos cada vez más prehistóricos, quizá así consigamos que la Tierra continue con vida (Diciembre de 2009).*

*Un museo y una visita que implica y lleva a la meditación y el reposo. Rastrear nuestros orígenes y admirar a nuestros antepasados no hace sino maravillarnos de la capacidad evolutiva del ser humano. Orgullosos de ser hombres, siempre con respeto a la madre Tierra. Manchegos!! (Septiembre de 2009).*

*Deberíamos aprender de los magdalenienses, que fueron capaces de cuidar el medio ambiente que les daba la vida durante tanto tiempo (24/7/2009).*

*Vine con mi hijo de 1 año desde Pamplona. Es muy bonito y educativo. Lástima que seguramente mi hijo no pueda enseñarselo a sus hijos cuando tenga mi edad (35 años porque por el cambio climático y la locura humana habremos pasado a la historia) (8/9/2009).*

*Ha sido muy impresionante descubrir como "vivíamos" antes, y sobre todo comprobar como, despues de estar tan evolucionados, estamos volviendo a la prehistoria con nuestro comportamiento. La diferencia es que ellos lo hacían para sobrevivir, y nosotros no sobreviviremos mucho si seguimos así. Desde La Rioja, mi más sincera enhorabuena (14/9/2010).*

*Porque aunque haya pasado el tiempo todos seguimos siendo iguales, solo que ellos no provocaron el cambio climático (18/2/2012).*

*Desde Bilbao espero que no nos tengamos que ver pronto haciendo lo mismo, suerte a todos y a reciclar (Febrero de 2012).*

*Impresionante poder asomarse por una ventanita a lo que fue el mundo de los que nos precedieron hace miles de años. Toda una lección de humildad ver su inmenso arte y sus grandes habilidades para manejar herramientas y su entorno (23/8/2013).*

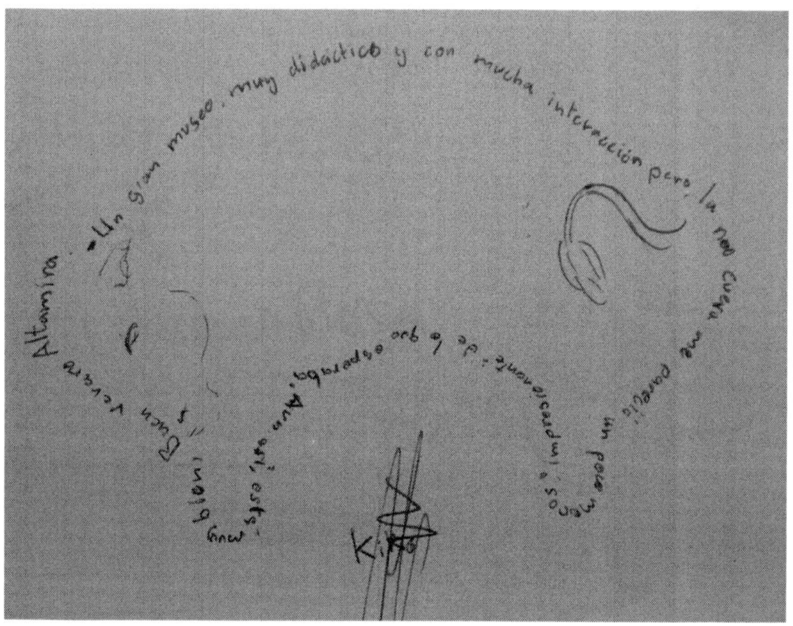


En cierta medida, Altamira se ha convertido en un símbolo del ecologismo, sobre todo en un contexto autonómico que ha visto cómo se ha privilegiado la conservación de espacios y la protección de reservas naturales. Incluso se ha convertido en una seña de identidad y una marca turística del territorio. Gran parte de los visitantes del museo también se acercan al Parque de la Naturaleza de Cabárceno (valle del Pisueña, comarca de Pas-Miera), inaugurado en 1990, en donde se ejecuta toda una política científica de amplia repercusión mediática. Así pues, estos días se ratifica la continuidad de un convenio con la Universidad de León para afianzar la línea de trabajo en la reproducción asistida del oso pardo, por poner un ejemplo que toca la fibra sentimental de amplios sectores de la sociedad española.

*Bisontes en libertad en Cabárceno pero los más bonitos permanecen inalterables en las paredes de una cueva y su replica maravillosa (22/8/2012).*

Como decimos, la protección y promoción del medioambiente se ha erigido como herramienta útil para el desarrollo sostenible de las comarcas rurales. Aquí Altamira juega también su papel como icono, como símbolo, como marcador de identidad. Recientemente, el Centro de Conservación del Bisonte Europeo ha soltado en San Cebrián de Mudá (Palencia) tres caballos de raza prezwalski, la última raza de caballos salvajes de Europa extinguidos en la península ibérica hace unos mil años. Los especialistas consideran que estos caballos son los más parecidos a los que pintaron los artistas de Tito Bustillo y Altamira: estos caballos compartirán el espacio con un sorprendente grupo de bisontes europeos (*Bison bonasus*), donde ya pastan en régimen de semilibertad 15 ejemplares y ha nacido la primera cría. España contribuye así a los esfuerzos internacionales por salvar estas dos especies y, a la vez, recupera con ellas los símbolos del paleolítico pintados en las cuevas hace 30000 años (Palacios, 2012).

*Respetemos el medio ambiente y el entorno natural. POR NUESTROS ANTEPASADOS (7/12/2006).*

Xurxo Ayán Vila

# La vida social de una cueva:
## biografías anónimas de Altamira

*My alternative conception of landscape is thus a network of related places, which have gradually been revealed through people's habitual activities and interactions, through the closeness and affinity that they have developed for some locations, and through the important events, festivals, calamities, and surprises which have drawn other spots to their attention, causing them to be remembered or incorporated into stories. Importantly, the series of places through which people's life histories are threated help them to give account of their own identity. Our personal biographies are built up from located acts. So although we can say that landscapes are constructed out of the imbricated actions and experiences of people, those people are themselves constructed in and dispersed through their habituated landscape*
Julian Thomas, *Archaeologies of Place and Landscape* (2001).

El paulatino desarrollo de la arqueología posprocesual anglosajona supuso, entre otras muchas cosas, la recuperación del individuo como objeto de estudio, la búsqueda del sentido, la reivindicación de lo simbólico y el reconocimiento de la vida social de los objetos. Las puertas giratorias habilitadas para que entrase aire nuevo procedente de los fuelles de las antropologías críticas, dieron paso a estudios culturales que indagaban en la cultura material como marcador de identidad, como herramienta para la construcción de la realidad social pero también de la autoafirmación individual. Desde esta óptica, de la apropiación simbólica de los espacios y la construcción cultural de los paisajes, hemos pasado a hablar en arqueología de la biografía de los lugares. Desde la historiografía se ha dibujado bastante bien la microhistoria de Altamira desde su descubrimiento (para la ciencia) hasta hoy. Sin embargo, no se ha indagado nada en la relación de este lugar con las personas del presente y del pasado reciente, como hitos culturales, emotivos y sentimentales en la biografías de individuos anónimos.

Para ello resulta de sumo interés la aportación teórica de la conocida como arqueología simétrica (Olsen, 2003, 2006; Webmoor y Witmore, 2005; Shanks, 2007). Uno de sus presupuestos básicos defiende la superación de los dualismos cartesianos que condicionan nuestra percepción de las realidades del pasado y del presente: naturaleza/cultura, sujeto/objeto, personas/artefactos, estructura social/agente individual, domesticidad/ritualidad, pasado/presente, significante/significado, representación/representado, diseño/realización... La recaracterización de esta ontología primordial intenta superar la canonización de lo social por parte de las arqueologías posprocesuales que si bien, como decimos, recuperaron a los individuos como protagonistas del discurso, persistieron en la minusvaloración de las cosas como epifenómenos de la comprensión arqueológica, considerándolas como meras portadoras de significados (Webmoor, 2007: 298-299). Este es el segundo aspecto destacado de la arqueología simétrica que nos conviene destacar aquí: la reivindicación de unas cosas que han sido tradicionalmente marginalizadas del discurso idealista de las ciencias humanas y sociales (Olsen, 2007: 287-288) como también lo fue el tiempo en detrimento del espacio (Criado, 1993), el espíritu a expensas del cuerpo o la cultura espiritual sobre la cultura material.

Dentro de este marco teórico, el pasado no es visto como mero pasado. La arqueología simétrica es una actitud que guía el proceso creativo, dinámico y representativo de trabajar sobre lo que queda del pasado (Shanks, 2007: 293). El pasado no es un dato objetivo susceptible de ser utilizado para una explicación positiva, científica, sino que es el resultado de una reconstrucción de las relaciones con la materialidad del mundo. Una red de relaciones que continuamente reconstituyen el pasado en sí. A partir de los objetos-memoria interpretamos y elaboramos narrativas, reproducimos o representamos esas relaciones, y fabricamos el pasado en función de un presente proyectado hacia el futuro. El registro arqueológico, convertido en patrimonio cultural como materialización de la memoria y el olvido (Criado, 2001) se resignifica y se reintegra a nuestra comprensión contemporánea. La arqueología simétrica reconoce la acción simultánea de los pasados materiales en nuestras vidas contemporáneas (Witmore, 2007: 559). Los visitantes de Altamira no son solo individuos en el mundo, sino que interactúan con el mundo, y generan a través de la acción y la percepción paisajes cognitivos. Como señala Olsen (2007: 291):

> «Los paisajes y las cosas no se sientan simplemente en silencio esperando a materializar significados socialmente constituidos, sino que poseen sus materialidades y competencias, propias y únicas, que llevan consigo en su convivencia con nosotros».

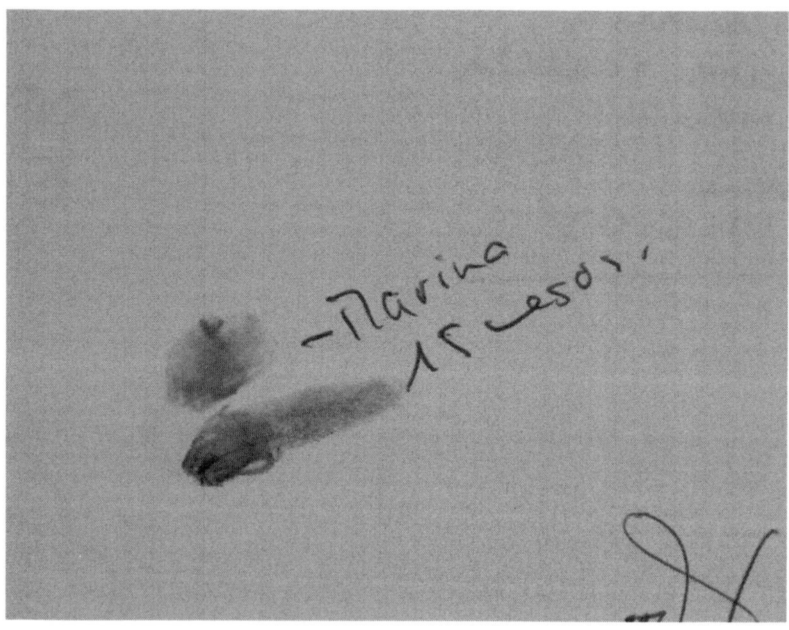

A todas luces, Altamira es un verdadero lugar de memoria (Nora, 1993). Los visitantes contribuyen a modelar el sentido, o múltiples sentidos, de ese lugar. Lo integran en su propia trayectoria vital, como un paisaje referencial en sus propias biografías, como un hito en su autoafirmación como individuos, como un espacio que puede contribuir a preservar su propia memoria:

*Estoy orgullosa de mi apellido ALTAMIRA y ahora más por lo que representa en la historia de mi pais. Gracias por esta maravillosa reproducción (11/9/2009).*

*Por que mis sobrinos sean dos grandes personas y que me recuerden aquí ó en cualquier lugar cuando yo fallezca (18/8/2012).*

Altamira pasa a formar parte de la génesis de los individuos, incluso antes de nacer. En algunos casos parejas de jóvenes eligen esta parte del mundo para buscar descendencia, para hacer futuros artistas. En otros casos, los padres escriben emocionados en el libro de visitas cómo el futuro hijo o la futura hija visitaron Altamira dentro del vientre materno. Los progenitores prometen por escrito volver para que la criatura vea con sus propios ojos y sienta este lugar. En muchos casos, Altamira será la primera visita cultural del bebé en su vida:

*Hola, a día de hoy visitamos esta maravilla en compañía de nuestro hijo "Uxío" de Santiago de Compostela nacido el 13/3/2003 (su primera salida) (4/7/2003).*

*Espero que el hijo que nacerá de mi vientre pueda ver la de verdad (21/3/2004).*

*Cuando nuestro hijo nazca vendrá con nosotros a disfrutar de este entorno y cultura (8/4/2004).*

*La 1ª vez que mi bebe ha ido a un museo ha sido aquí, donde mejor que empezar su vida natural. Desde Mallorca (14/4/2006).*

*A. estuvo viendo con sus padres la cueva de Altamira a la edad de ocho meses siendo su comportamiento ejemplar (Marzo de 2007).*

*Hoy es nuestra primera visita familiar-cultural con nuestro enanito de 17 meses Gabriel y ha sido fantástico (4/10/2009).*

*Mi niña todavía no habla pero sus ojos me lo han dicho todo. Le ha gustado mucho (28/3/2010).*

*Me encanta poder ver parte de la Historia de mi pais en compañía de mi marido y mi hija (Ella lo recordará siempre) (28/3/2010).*

*Eric Cazadro Serrano estuvo aqui el dia 13-ago-2010 cuando tenia 5 meses y estaba en sus primeras vacaciones.*

*Óscar Daporta estuvo aquí en la víspera de su primer cumpleaños (7/11/2010).*

*Somos Luis Alberto y Encarne y espero que dentro de muchos años os visiten nuestros bisnietos (7/12/2010).*

*Jonathan y Patricia estuvieron aquí en el 27 cumpleaños de Jonathan. La próxima visita cuando nos compremos una casa aquí, y nos casemos!! (18/12/2010).*

*Primera visita a un museo de una criatura, ahora, personita en potencia. Volveremos cuando podamos explicarle de donde venimos (17/3/2011).*

*Es mi primer viaje con "posiblemente" la futura madre de mis dos proximos hijos. Algún día volveremos con ellos (6/7/2011).*

*Nuestra hija en este museo podrá ver el pasado. Esperemos que la humanidad le posibilite ver el futuro (23/8/2011).*

*Hola somos de Castiello de Jaca (Huesca) y hemos venido a ver a nuestros amigos Belén y Guti; También nos ha acompañado una criatura que esta de camino, asi que volveremos para que también pueda disfrutar de los que nos brindaron nuestros antepasados (23/8/2011).*

*Aqui estuvieron la familia Lomelino Tirado y se han enterado de que van a tener un nuevo hermanito (1/9/2011).*

*Belén y Pepo y nuestro futuro hijo seguimos los pasos de la especie humana, gestando nuevos artistas para las futuras generaciones (10/11/2012).*

*Desde Madrid, mi segunda visita, me encanta, he vuelto con hijos, y volveré con nietos (espero) (12/8/2013).*

Tanto la generación que se encargó de fabricar el *Baby Boom* como aquellas generaciones que somos consecuencia del mismo, adquirimos desde pequeños un hábito memorialístico. La familia hacía uso de la tecnología del momento (Polaroid, Súper 8) para dejar constancia gráfica de la historia familiar. De la canónica fotografía de estudio que presidía la estancia noble de la casa, se pasó al registro minucioso de la cotidianeidad, de los ritos de paso, de las vacaciones. Cómo olvidar a la familia de la

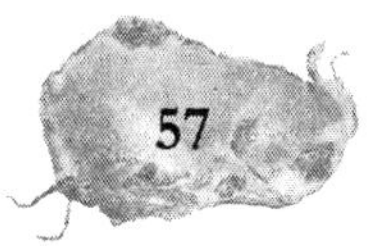

película *El Verdugo* (1963) de Berlanga en la Cova del Drac de Mallorca (Sojo, 2014). Uno de los elementos icónicos que más me gusta de la España cañí (la de la canción «El Turista 1.999.999») es el *souvenir*, que bajo múltiples formas recoge el siguiente mensaje: *Estuve en Villabotijo de Arriba y me acordé de ti*. Como la familia Ayán Vila en su día, lo propio era dejar constancia de la estancia en el lugar. Este impulso lleva a estampar simplemente la firma con una fecha o una lacónica frase del estilo *Los García Rodríguez estuvieron aquí*. Algo tan viejo como la propia escritura. Al fin y al cabo, es un grafiti como otro cualquiera:

> *Familia Díaz González (23-I-2011).*
> *Mamá: muy chulo todo.*
> *Papá: le gustaría haber vivido en esa época.*
> *Carmen: Está chulísimo el Museo.*

Sin embargo, dentro de esta casuística detectamos otro fenómeno historiográfico no menos importante. Altamira es elegida como destino para celebrar determinados aniversarios. Parejas de casados se acercan a recordar el día de su boda (véase más adelante «Altamira *Love Story*»), pero también familias enteras se deciden por el museo para conmemorar el aniversario de padres o abuelos, o el cumpleaños de los críos y no tan críos.

> *Hoy 22 de julio, es mi cumpleaños y lo celebro observando las maravillas realizadas por nuestros antepasados (22/7/2003).*

> *Hemos venido aquí 16 personas a celebrar el 75 aniversario de nuestra abuela. Nos ha gustado mucho. Esperemos que este magnífico proyecto dure muchisimos años más. Felicidades abuela (17/1/2004).*

> *Estamos celebrando el 30 aniversario de nuestros padres (6-12-2009).*

> *El día de la Madre estuvimos en la cueva de Altamira (abril de 2010).*

> *Hoy día 24 del 4 de 2010 cumplo 11 años, he visitado este museo y ha sido un buen regalo (2010).*

> *En nuestro aniversario un estupendo regalo gracias Hijos (25/9/2010).*

Altamira ha sido un lugar que ha entrado por la puerta grande en el imaginario colectivo de la sociedad española, gracias a su presencia en los programas educativos (Barreiro *et al.*, 2014). Como me señalaba una amiga hace poco: «Altamira la lleva la gente en el corazón y eso seguro que se nota en el libro de visitas…» (com. pers. de Ana Rodríguez Mayorgas). Pero también lo ha hecho por el interés de unos padres que llevaron a sus hijos a la cueva cuando eran pequeños. Esta transmisión generacional queda plenamente documentada en el libro de visitas. Personas de mediana edad se emocionan recordando a sus progenitores y se ven en la obligación ética y moral de hacer lo mismo con sus hijos y nietos. Esta plena conciencia de formar parte del engranaje de transmisión de un legado cultural a las futuras generaciones es uno de los aspectos clave, a nuestro modo de ver, del valor social de Altamira.

*Soy palentina, residente en Barakaldo. Mi padre estuvo en la Cueva de Altamira cuando yo era pequeña, siempre me lo contaba, y por fin he podido conocerlo. Muy bonito (24/10/2009).*

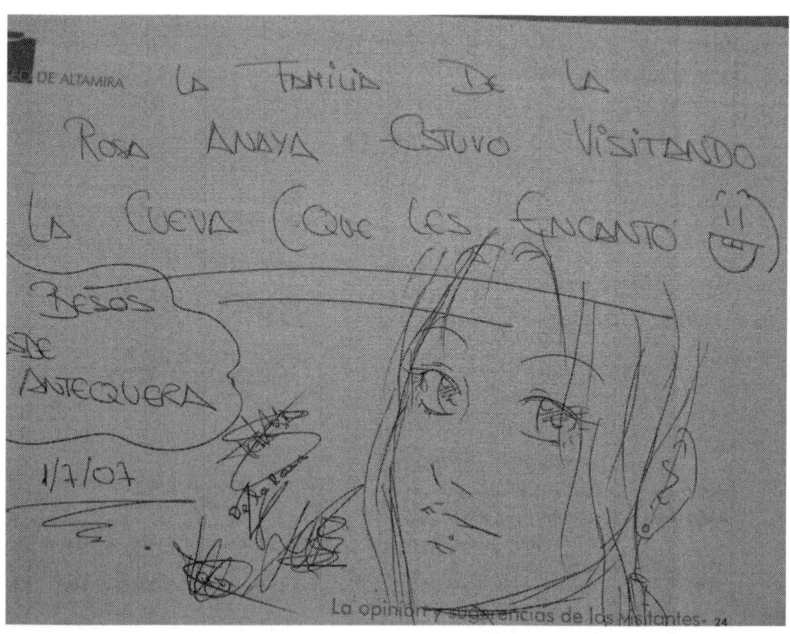

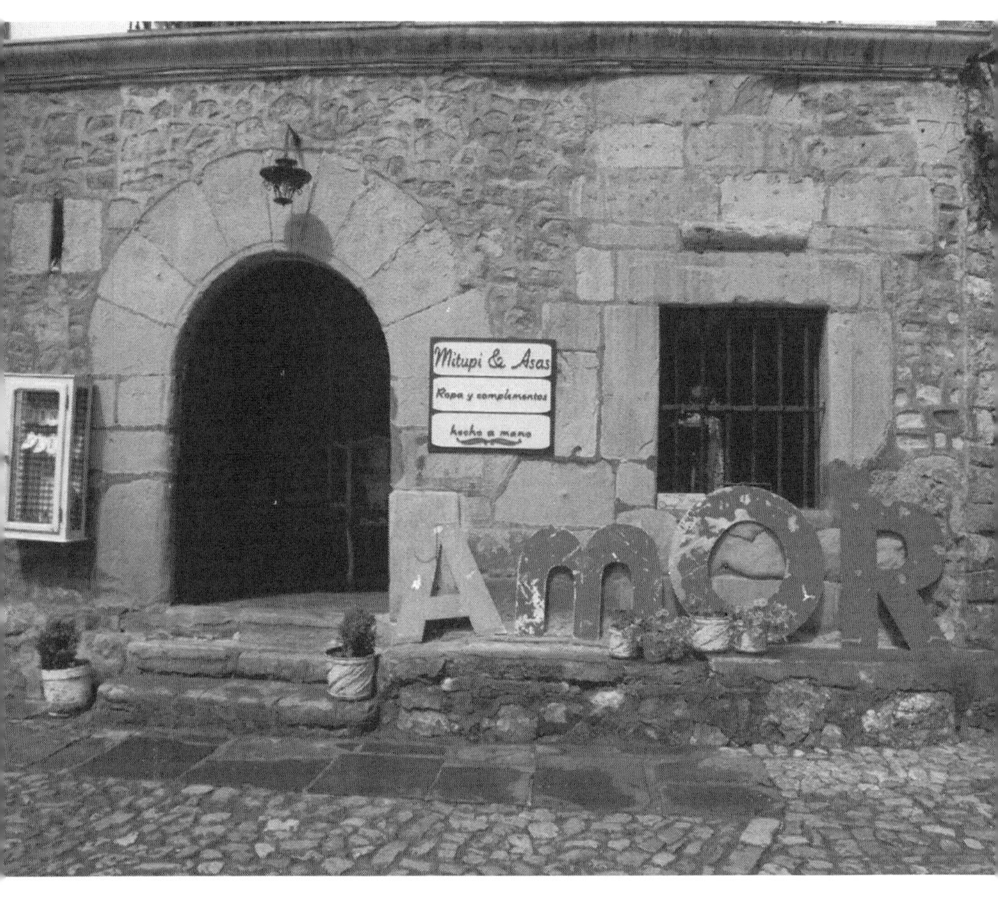

Mitupi & Asas
Ropa y complementos
hecho a mano
AMOR

# CULTURA SENTIMENTAL DE ALTAMIRA

*Tú no sabes quedarte. Llegas, desordenas mi vida y te vas; lo tuyo no es
amor, es turismo emocional*
Juan Ignacio García Hernández, entrada (2013) en A.(R)E.A.
(Acción [R]Evolucionaria Arqueológica)

*I can't write or say anything, but all these paintings give the picture of
ourself living somewhere deep inside us*
29/3/2007

*Made me feel younger than ever*
Septiembre de 2011

Silvia Villaescusa, responsable de comunicación del Museo de
Altamira me regaló una frase que resume perfectamente el potencial
emocional de este lugar: «Aquí aprendes a querer a la cueva». Ya vimos
antes como este sitio, al modo de las ruinas románticas, incita a la reflexión
y al recogimiento. El visitante se convierte en un lord Byron tocado por
las musas o en un anacoreta que medita sobre lo humano y lo celeste
en un santuario de piedra, como si la cueva fuese una iglesia rupestre
eremítica altomedieval o un remedo de la abisínica Lalibela. Últimamente
se ha acuñado un término para definir este estrecho vínculo entre la
materialidad del pasado y la emotividad, entre el recuerdo del pasado y el
afecto: arqueología emocional (López, 2012).

*Una inmensa emoción de contemplar restos del pasado-presente de todos nosotros
los homos no tan sapiens. Abril 2007. Chile.*

Este concepto de uso común y generalizado en bitácoras personales
se emplea para recordar la infancia, las experiencias vividas en el
pasado a través de lugares y objetos. Mudanzas, limpiezas de armarios
o fallecimientos dan lugar a un reencuentro con la memoria material.
Esta tendencia probablemente tenga algo que ver con la moda *vintage*,

con la tendencia *hipster* y con la rehabilitación de la *Second Hand* en un contexto de crisis económica. Esta arqueología sentimental también se encuentra imbricada con una tradición psicoanalítica que siempre jugó con la metáfora arqueológica: psicoanalizarse es como excavar en el pasado de cada uno (Bermejo, 1982). Al fin y al cabo, se trata de toda una arqueología de la memoria. Esta arqueología emocional ha sido desarrollada recientemente en la psicología anglosajona como terapia en dinámicas de grupo y como herramienta para recordar en la asistencia a enfermos con demencia (comentario personal de Martina González).

> *Todo muy cuidado y espectacular la presentación pero en la cueva real los techos estaban mas lejos y quiero recordar que nos tumbábamos para verlos sobre una roca, o parecido?? Me engaña la memoria? (1/2/2008).*

La profesora Sarah Tarlow, promotora de una línea de investigación en arqueología de la emoción y el afecto se pregunta si es posible que los arqueólogos sean capaces de excavar, de sacar a la luz los sentimientos y las sensaciones del mismo modo que exhuman artefactos (Tarlow, 2012). La paleontología y la prehistoria siguen intentado inferir y/o deducir a partir del registro las conductas de los seres humanos neadertales y sapiens. ¿Qué sentían los y/o las pintoras de los bisontes de Altamira? Esta es una cuestión que se plantea todo aquel que visita la neocueva. Lógicamente, contestar a este interrogante es un asunto peliagudo. Lo que no resulta tan complicado es indagar en las emociones y sentimientos de las personas del presente y del pasado reciente que vieron las pinturas originales y ven hoy la réplica y el museo de Altamira:

> *No he podido sino llorar de emoción por el hecho de ver tan cerca la huella impresa de nuestros padres. Ahora que soy madre valoro enormemente la efímera y grandiosa que es la vida del hombre independintemente de la época en que viva... (28/10/2007).*

Tarlow ha analizado la experiencia emotiva colectiva generada por las excavaciones llevadas a cabo por la Universidad de Leicester para exhumar el esqueleto del rey Ricardo III. En nuestro caso, no nos encontramos ante una intervención de arqueología de urgencia, pero sí podemos utilizar la documentación del libro de visitas como una excavación en área en la que somos capaces de registrar la cuarta dimensión de este paisaje cultural que es Altamira. Un paisaje que, como todos, se encuentra constituido por cuatro dimensiones o niveles distintos (Criado y Villoch, 1998: 64).

El espacio en cuanto entorno físico o matriz medioambiental sobre la que los hombres realizan sus actividades. Ahí están los niveles de ocupación del Paleolítico Superior documentados en la entrada de la cueva (González y Freeman, 2012) o la inmensa área de captación económica del siglo XXI que es el propio museo, con su tienda de recuerdos, su cafetería y sus tiques.

El espacio en cuanto entorno social o medio construido por el ser humano en el que se producen las relaciones entre individuos y grupos. Ahí están las interpretaciones de determinadas cuevas como lugares de agregación social para bandas de cazadores-recolectores por toda la cornisa cantábrica, y el museo como espacio de sociabilidad de grupos heterogéneos de gente: excursiones de escolares, pandillas de amigos, miembros de comités científicos, congresistas, grupos del IMSERSO, asociaciones culturales y deportivas… El complejo de Altamira es toda una inmensa red social, real y virtual. El espacio en cuanto entorno simbólico o medio pensado que ofrece la base para comprender la apropiación humana de la naturaleza. Ahí está el arte parietal paleolítico. El espacio en cuanto entorno percibido por las comunidades que lo habitaron y por las personas que lo visitan. Las apreciaciones y posiciones de estos individuos, tanto los del Paleolítico Superior como los del siglo XXI, sus percepciones, están determinadas por contextos, códigos y sistemas sociales concretos.

El paisaje no es únicamente una porción de terreno, ni mera naturaleza ni un simple espacio (Ingold, 1993: 153). El paisaje es tiempo materializado; ambos, tiempo y paisaje, nunca permanecen incólumes, siempre son realidades subjetivas (Bender, 2002: 103). Altamira es un paisaje vivido, conformado por una red de lugares (cueva, neocueva y museo), de sitios social e históricamente construidos, dotados de significado, sitios *interactuantes* en una red relacional en la que tiene lugar la acción social.

El libro de visitas es un medio magnífico y excepcional para acercarnos a la percepción popular de Altamira, y para esbozar una arqueología emocional de un paisaje que ha marcado la biografía sentimental de muchísimas personas (hasta el momento, anónimas). Los propios visitantes se preguntan por las emociones y los sentimientos de los antiguos habitantes de la cueva, mientras ellos mismos experimentan sensaciones inolvidables:

*Me gustaría ver las originales, están mejor aunque preferiría arrastrarme por el suelo para ver las guenas (20/3/2004).*

*Mi segunda visita a las cuevas de Altamira parecía algo real, pero lo que vi cuando era adolescente me hizo sentirme en la misma prehistoria (14/8/2010).*

*Desde Extremadura me marcho con los ojos llenos de visiones y experiencias rupestres gracias (Octubre de 2010).*

*Un estremecimiento no puede fragmentarse y menos un temblor. Si pudiera hacerse esto seria el preludio; yo sentí, más bien, un deslumbre o un vislumbre: o sea, abrir los ojos y no ver ¡Soñar! ¡Soñar! (21/11/2010).*

*Something you dream about four years -to see with your own eyes- nothing compares to this... (31/7/2011).*

*Well done, this is a great experience. I have been teaching about the caves of Altamira for 30 years in Ireland to primary school children. I can't believe I have seen them (17/8/2011).*

*Solo el pensar, la historia, sus vidas y costumbres, me hace estremecer de emocion "viva la piedra" (Septiembre de 2011).*

*Hace muchos años, en la etapa de restricciones a las visitas, pernocté en la explanada para visitar la cueva original. Nunca olvidaré aquella sensación (Marzo de 2012).*

*Espero que pronto pueda volver a ver las cuevas originales. Ésta está bien para aprender, pero para sentirlas... Ojalá podamos volver a verlas (Abril de 2014).*

Esta cuestión es crucial para comprender el escepticismo y/o apatía de parte de la población visitante hacia la réplica de la cueva de Altamira. Aunque trataremos con detalle este tema más adelante, cerramos este apartado con tres reflexiones que señalan de manera tajante, ya no sólo la falta de autenticidad de la neocueva, sino su incapacidad para generar sensaciones, emociones… magia:

*Me parece perfecto que no se visiten las cuevas originales pero… ¡a ésta le falta toda la emoción! Saludos desde Navarra y La Rioja (28/8/2007).*

*¡Nos hemos quedado igual que estabamos! No hay sensaciones (5/4/2007).*

*Una conservación y museo excelentes pero ya no hay magia (17/11/2007).*

## Altamira revisitada

*Visité estas cuevas –las "auténticas"- en 1934-1935 cuando tenía 7 u 8 años (soy nacido en II/1921) lo hice con mis padres y hermanos. El guarda de la cueva (creo que eran de un particular) venía con las llaves del candado para abrirnoslas y visitarlas. Era fascinante. Pero en años posteriores, las he vuelto a recorrer en 1950 y 1954, y cada vez me parecieron más alucinantes y extraordinarias. Lo hago ahora con mi familia, en los finales de mi vida*
5/7/2012

La puesta en valor del patrimonio está dominada por la implacable dictadura de las cifras. Los responsables de las aulas didácticas, de los museos y de los centros de interpretación se aferran a lo cuantitativo para defender la viabilidad, rentabilidad y calidad de su oferta turística, cultural y de ocio (Vives y Ferrer, 2014; Ayán 2014b). Unas buenas estadísticas siempre son una herramienta útil para saciar el gusto por los números que tanto entusiasma a los medios de comunicación. Los récords de visitantes son una garantía para captar fondos externos, ya sean subvenciones o mecenas ávidos por subirse al carro de la socialización del patrimonio, a poder ser aquel que sea patrimonio de la humanidad. Y la cueva de Altamira lo es.

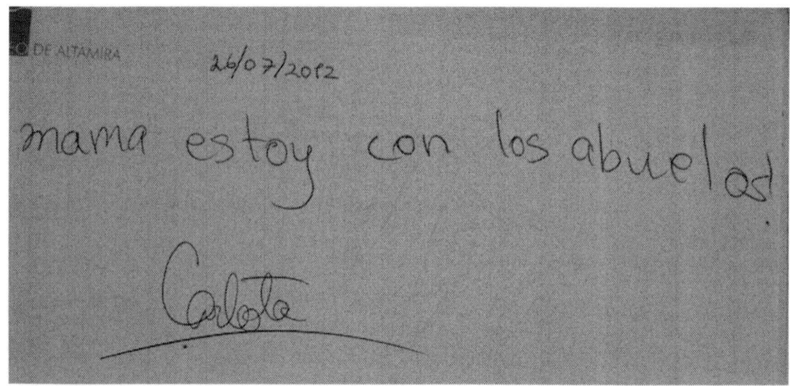

Obviamente no somos quién ni este es el lugar para abordar los flujos y reflujos de visitantes al Museo de Altamira desde su inauguración en 2001. Sin profundizar mucho en la cuestión, pero después de haber revisado doscientos libros de visitas, es evidente para cualquiera el tremendo éxito de público de esta infraestructura cultural. Altamira comparte protagonismo con otros recursos emblemáticos del patrimonio histórico-artístico español, garantía de afluencia masiva, como la catedral de Santiago de Compostela, la Alhambra de Granada o la Sagrada Familia. Sin embargo, Altamira no tiene rival dentro del mundo de los yacimientos prehistóricos españoles. Bien, supongo que al lector o lectora le viene enseguida a la cabeza Atapuerca y el Centro de la Evolución Humana de Burgos, espacios que nada parecen envidiar a nuestra cueva, neocueva y museo. Con todo, la comparación no es pertinente por un simple motivo. Los yacimientos de la sierra de Atapuerca solo eran conocidos por las comunidades locales y unos cuantos especialistas hasta comienzos de la década de 1990. El *boom* de Atapueca tuvo lugar a raíz del descubrimiento en la Sima de los Huesos de Miguelón (1992), de la pelvis Elvis (1994) y de la concesión del Premio Príncipe de Asturias en 1997. En esa época comenzaron las visitas guiadas a las excavaciones arqueológicas. El Museo de la Evolución Humana de Burgos fue inaugurado en 2010.

Por el contrario, el complejo de Altamira (cueva original, neocueva y museo) es un caso realmente excepcional, por tres motivos:

1. Es uno de los pocos sitios arqueológicos de España que ha estado abierto al público a lo largo de prácticamente todo el siglo XX, formando parte de las primeras campañas de promoción turística del país tras ser declarado monumento arquitectónico-artístico en 1924 (Heras y las Heras, 1997: 363).

2. Hasta su cierre temporal en el período 1979-1982, la cueva fue visitada por sucesivas generaciones de españoles, familiarizados con Altamira a través de la educación escolar. Este carácter emblemático e icónico del yacimiento, identificado por la inmensa mayoría de la sociedad es realmente un único en el conjunto del patrimonio prehistórico del país.

3.  La neocueva de Altamira, inaugurada en 2001, incrementa la
    excepcionalidad del sitio arqueológico. Existe una gran cantidad
    de yacimientos que cuentan con aulas didácticas, centros de
    interpretación e incluso actividades de *Living History*, pero muy pocos
    disponen de una réplica exacta (Lascaux en Francia, por ejemplo). La
    neocueva ha heredado el papel de las pinturas originales, su papel de
    polo de atracción turística.

La confluencia de estos tres factores dará lugar a un fenómeno
perfectamente constatado en los libros de opiniones y sugerencias del museo
de Altamira y que lo convierte, probablemente, en uno de los yacimientos
más revisitados de Europa. Recordemos que estamos en unos tiempos de
patrimonio-espectáculo en el que se valora tanto el rigor científico como
el grado de satisfacción del visitante. Los gestores culturales, las empresas
de *marketing,* que velan por el uso social de los sitios arqueológicos y
diseñan imágenes de marca, elaboran estudiados cuestionarios para
analizar y cuantificar el poder de reclamo y atracción del bien cultural de
turno. Como en el caso de los productos promocionales para incrementar
el apetito sexual, o de las campañas publicitarias de restaurantes y casas
de comidas, los y las estrategas del turismo cultural están obsesionados
con una pregunta: ¿los visitantes repetirán? ¿Funcionará el boca-oído y
aconsejarán la visita a otros? A día de hoy hay gente que se gana la vida
gestionando comunidades en Internet y limpiando el nombre de negocios
en las redes sociales. Un clic a *Me gusta* o un comentario determinado
puede influir en el éxito o fracaso de un negocio en el ámbito del ocio.

Durante décadas —con precariedad de medios, nula tecnología, una
llave y un guía— la cueva de Altamira consiguió engatusar a miles de
visitantes. Gente que vivió una experiencia única y que guardó en su
memoria un recuerdo imborrable:

*Recuerdo al viejo Simón que siendo niño me explicó esta cueva (11/5/2003).*

*Conozco las cuevas originales y el recuerdo no lo olvido. Algo que no se
puede describir. Francisco Javier Altamira Duque de Altamira. Felicidades
(17/3/2012).*

*Vi las cuevas cuando era niña y me quedo grabado. 40 años. Junio de 2012.*

*He venido hace 50 años, cuando fui atendido personalmente por un tal Simón y ahora en la Neo-cueva me han atendido igual de bien... Bariloche, Argentina (31/3/2013).*

Es por ello que décadas después se acercan con sus seres queridos a revisitar la cueva en la que por unos instantes fueron felices, en la infancia o en la juventud. Muchos de ellos señalan en el libro de visitas el haberse sentido unos privilegiados por haber podido ver las pinturas originales, a diferencia de los miles y miles de turistas que se tienen que conformar con la neocueva. A su vez, la inmensa mayoría de estas personas entienden perfectamente el cierre temporal de la cueva con vistas a preservar ese legado a las futuras generaciones. Asimismo, se valora positivamente el esfuerzo realizado con la neocueva:

*Vine por primera vez en 1974, he vuelto en el 2003 y el museo y la replica de las cuevas me han parecido estupendas (11/7/2003).*

*Así cualquiera aprende prehistoria. Es más fácil que en el 77. Gracias (Julio de 2003).*

*Yo tuve la suerte de ver la cueva original allá por 1970 (estarían dando la segunda mano) y me encantaron, espero que me guste la copia (26/7/2003).*

*Visité las cuevas originales en 1960. Les felicito por la fidelidad de la reconstruccion. La explicacion de la guia ha sido magnifica: clara y sencilla (7/10/2003).*

*Visité la cueva en 1965 con mis padres, gracias por conservarla (11/6/2004).*

*Hace 48 años visité las cuevas "originales" quedé impresionado de por vida hoy regreso al "pasado" desde Puerto Rico con mi esposa y mi hija (2/5/2004).*

*Yo estuve hace años en la original con mucha gente y humo. Fue una gran idea hacer la Neocueva y preservar este legado prehistorico para las siguientes generaciones (28/11/2009).*

*He visto las originales en el año 1980. Muy logradas. Enhorabuena. Un ferrolano (2/2/2010).*

*Está todo muy bien, mejor imposible y lo dice un privilegiado que ha visitado las cuevas originales 3 veces (6/6/2010).*

*Soy uno entre tantos privilegiados que visite la auténtica en el año 1969. Jubilado catalán. (7/6/2011).*

*Estuve en el año 1973 en la cueva original seria casi de los ultimos afortunados en ver esta maravilla. Soy de Guipuzoa (25/10/11).*

*Estuve en las Cuevas en el año 1965 y me parecieron una MARAVILLA DEL ARTE. Ahora vuelvo con mi señora Loli a ver las replicas y tengo que darle un DIEZ (nota máxima) Entiendo las restricciones en las visitas a la cueva original ¡Cuidénlas! ¡Por el bien de la Humanidad! (16/6/2012).*

*En el verano de 1963 vine a Altamira. Hace 50 años. En esta vuelta me ha impresionado mucho el gran trabajo realizado. Felicitacion a todos. (Agosto de 2013).*

Como dirían los tecnócratas-gestores estamos ante un *target* esencial para comprender el valor social de Altamira. Evidentemente no son un *target*, sino personas maduras que se sienten unas privilegiadas por haber visitado una de las cunas de la humanidad. Sin duda, en sus apreciaciones confluyen diferentes prácticas memorialísticas. En gran medida, nos encontramos ante un recuerdo idealizado de la primera visita realizada en la infancia o la adolescencia. El contraste con la neocueva lleva a algunos visitantes a opinar sobre la calidad y exactitud de la réplica como si tuviesen en mente todavía una idea clara del relieve y la microtopografía de la cueva. En esta línea se enmarcan los pocos casos de desencanto y frustración en este tipo de visitantes. Citamos aquí unas pocas citas textuales ya que esta actitud se encuentra íntimamente ligada a lo que analizaremos detenidamente en el siguiente apartado («La insoportable levedad de la neocueva»).

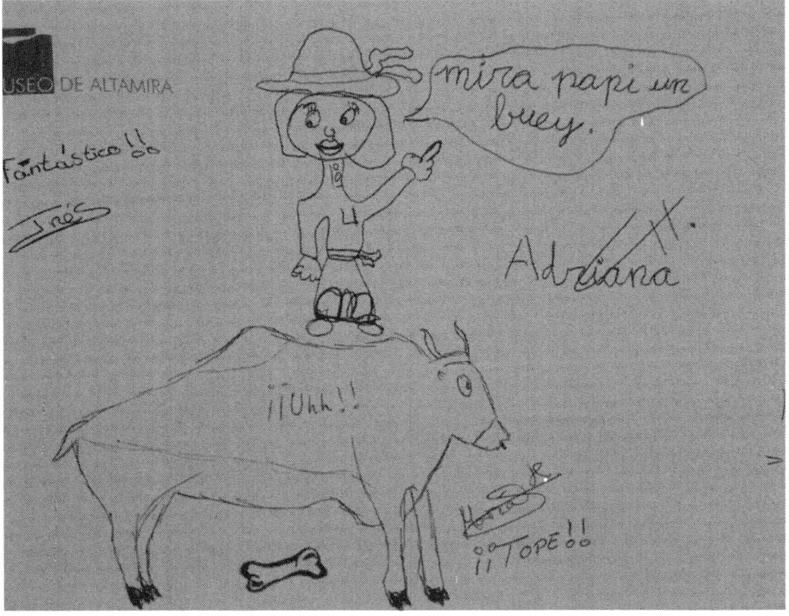


*La neocueva no es lo que me esperaba. La copia íntegra de los que tuve la suerte de ver en 1965. La exposicion y explicaciones. perfecto! (7/10/2003).*

*Hace 40 años vi la Cueva. Hoy la vuelvo a contemplar aunque sea de plástico y se pueda respirar. (27/5/2004).*

*Un grupo de Coruña que venía entusiasmado a ver la cueva ha quedado decepcionado por la falsa (necocueva). No se parece a la original que vimos en 1973 (20/8/2009).*

*Muy cambiado desde mi 1ª visita en oct. 1971. Mejorado, nostalgia por no poder ver la autentica (29/10/2009).*

*Estuve de pequeño viendo las cuevas y es una pena que ya de mayor las tenga que ver en una replica de un museo (4/4/2010).*

*Precioso museo. He echado de menos las autenticas cuevas. Las vi hace más de 40 años. Valladolid (Mayo de 2010).*

*En el 1975 conocí la original ¡¡vaya!! Desilusión P. A. Todo está muy bien hecho (23/4/2011).*

*Desde Vitoria. Qué pena. Cuando la vi hace 50 años me dejó un recuerdo inolvidable. Muy diferente (14/8/2012).*

*Yo estuve en las cuevas originales y claro no tiene nada que ver. En las cuevas se aprecia el tiempo... (2/7/2013).*

Entre las personas de mayor edad que revisitan Altamira ya en la fase final de su vida, nos encontramos con emigrantes y/o exiliados españoles que se fueron a América en la inmediata posguerra. En un acto de gran trasfondo simbólico vuelven a Altamira acompañados de sus familias. La cita expresa de la presencia de los nietos nos señala de manera rotunda el carácter de legado de este bien cultural. Estos abuelos reconocen el valor patrimonial de la cueva, el esfuerzo realizado en la reconstrucción para que las generaciones venideras puedan disfrutarlo. En la senectud, la conciencia del paso del tiempo y el necesario relevo intergeneracional son dos realidades que cobran peso en la conciencia. Los antepasados de Altamira y los nietos de cada cual se encuentran en la misma línea cronológica, son protagonistas del devenir humano.

Esta estrecha conexión familiar es excepcional en el conjunto del patrimonio español. En otros casos, los bienes culturales gozan de un aprecio similar, pero solo a nivel local. Las comunidades que allí viven sienten algo parecido por determinados elementos del paisaje cultural. Sin embargo, el caso de Altamira supera ampliamente lo local. Hombres y mujeres de todos los rincones del Estado revisitan Altamira no porque se vean obligados o hayan sido integrados en paquetes turísticos del IMSERSO. Lo hacen porque quieren conscientemente hacer partícipes a sus seres queridos y a sus sucesores de algo para ellos muy importante.

*El dia de San Fermin 7 de juliol i, després de vint-i-un anys, he tornat a visitar-les, amb la meva filla Carmen i la meva dona Mari (7/7/2010).*

*Hace unos 40 años que no venía por aquí. La vez anterior vine con gente que quería, y ahora con gente que quiero. Luego os cuento a ver si ésto mola (14/5/2011).*

*Me ha encantado. Volveré de mayor (16/10/2011).*

*Hoy he visitado el museo junto a mi familia: mi hija Sofía, mi esposo y yo. Yo las había visto, la cueva original, cuando tenia más o menos 10 años, años 70. Otra vez ha sido impresionante. ¡Ánimo y seguir con la investigacion! (6/7/2012).*

*Visité la cueva siendo un bebé, y ahora, por fin, he disfrutado con mis hijos y mi marido de esta obra de arte impresionante (1/9/2012).*

*Yo, Isabel de Hamburgo, visité la cueva original con unos 7 años. Esto fue en el año 1970! Hasta hoy no volví. Me hizo mucha ilusion volver con mi hijo de 10 años y disfrutamos mucho la visita de la neo-cueva, hecha con mucho esfuerzo y amor al detalle (30/10/2012).*

*Mi 1ª visita fue hace 60 años y no borré mi impresión de las autenticas pinturas. Hace 11 años volví a ver la réplica y hoy vuelvo con mis nietos (5/4/2013).*

*Que volvamos siendo una familia dentro de muchos años (30/4/2013).*

*Estuve en 1982 con mi profesor de Historia del Arte autóctono de Santander. Hoy he vuelto con mi familia (2/8/2013).*

## La lengua de las mariposas (¿o de los bisontes?)

*Con el constante recuerdo a mi padre, que me contaba la historia de la niña de Altamira. Emocionada*
25/2/2011

Nuestro compañero David Barreiro se ha centrado en este ámbito de Altamira en la educación escolar en el marco del proyecto en el que se integra nuestro texto, por lo que no vamos a incidir en este tema (Barreiro *et al.*, 2014). No obstante, debemos destacar la enorme importancia de la experiencia escolar sobre todo en aquellos visitantes de más edad. La presencia de Altamira en la educación desde la más tierna infancia es un factor clave para comprender las emociones y sentimientos experimentados en la visita a la neocueva y al museo:

*Lo que estudie de pequeño lo he visto de mayor (20/8/2006).*

*Más de 30 años viendo en los libros de Historia "la Cierva" y "el Bisonte" de Altamira, hoy por fin los veo y "toco" casi casi respiro Hª; Precioso! (14/7/2007).*

*Soy maestra y quiero daros las gracias. Porque hay lecciones que ningún aula enseña (20/7/2007).*

*Desde mis tiempos de estudiante (hará unos 40 años), tenía ilusión de visitar estas cuevas y ver sus pinturas ¡por fin lo he hecho realidad! Me voy con un grato recuerdo pero... ¡aún espero algún día poder visitar las autenticas! (16/8/2006).*

*Por fin he podido ver lo que aparecía en los libros de historia de la escuela; y no me ha decepcionado (26/8/2006).*

*Dejamos constancia de nuestra visita una pareja de Sevilla con su pequeña perrita. Entretenida, amena e ilustrativa vista. Aquello que estudiamos en el cole es bueno verlo en vivo. Con mucho cariño (17/10/2007).*

*Al final he podido tener al alcance de mi mano lo que tanta curiosidad me producia en los libros de historia (26/8/2006).*

*Desde que comencé mi andadura estudiantil con 8 años comencé a saber de las cuevas de Altamira. Miraba las fotos fascinada. Hoy se ha hecho realidad mi sueño de verlas en persona. Una valenciana (12/5/2007).*

*Tuve la suerte, como alumna de 8º EGB de visitar la cueva en 1975. Ahora he vuelto con mis hijos y la experiencia de ver el museo y la neocueva ha sido "alucinante", respeta bien el original. Una manchega de Tomelloso (1/4/2007).*

*Ahora entiendo la técnica Levallois. Gracias por explicarme lo que mi profesor no pudo. Atentamente, una estudiante de Arqueologia (Diciembre de 2013).*

*Desde pequeña sentía curiosidad por las cuevas de Altamira. Hoy se ha visto gratamente satisfecha (3/12/2006).*

*Tantos años estudiandolas y ahora las puedes ver (7/12/2006).*

*El despertar de mi Historia particular comenzó en una diapositiva, ahora se ha hecho realidad (27/9/2006).*

*¡Por fin he visto lo que aprendi en los libros de pequeño! 70 años señor del Puerto de Santa María (Cádiz) (17/9/2011).*

*Hoy 5 de Junio de 2011 he visto las replicas de las Cuevas que tanto me gustaron cuando las vi grabadas las pinturas de los Bisontes en los libros cuado yo tenia 7 años.*

En los textos de algunos turistas podemos entrever bonitas historias familiares e incluso la labor de docentes que dejaron una huella imborrable en sus alumnos, entre ellos profesores españoles exiliados en Sudamérica:

*No lo olvidaré nunca mi profesor de Arte Jorge Salomó nos hablaba mucho sobre esto incluso yo hice un trabajo sobre las cuevas de Altamira simplemente maravilloso. C. Chile. (Abril de 2007).*

*Tengo 43 años, suspendi Geografia de 8ª EGB por culpa del lugar sito de las cuevas, no se me olvidará nunca. Esto es precioso "Santander". Valencia (junio 2009).*

*Desde que estaba en el instituto, mi profesor de Arte nos cautivaba con las fotografías y libros de la Cueva de Altamira, ya era impresionante en aquella época. Magnífico, bello, inolvidable, experiencia gratificante y lo mejor en réplica. Gracias y saludos desde la isla de Fuerteventura Canarias (26/8/2012).*

*Después de casi 50 años he podido ver (copias de) las imagenes que decoraban la frente de mi texto para aprender español. ¡Qué placer! (Octubre de 2010).*

Si bien no encontramos reacciones tan sentidas en la población escolar más joven, la de la asignatura Ciencias Sociales y Conocimiento del Medio, y podemos apreciar como la cueva de Altamira sigue siendo *Trending Topic* en la educación primaria y secundaria en España:

*Somos 4 almerienses wapiximas k hemos venido desde Almería para ver Santillana, Cabezón de la Sal etc. Y hemos venido ilusionadas para ver las cuevas porque lo hemos dado en conocimiento y en sociales porque somos de distintos cursos del colegio (Agosto de 2007).*

*En el colegio hemos dado este curso la prehistoria. Cuando dimos la parte de las pinturas rupestres nos dijeron que Altamira era un lugar lleno de pinturas a mi me gustaron y les pedi a mis padres que me llevaran. Me ha gustado mucho Hemos venido de Ibiza (Baleares) (11/8/2007).*

*Si te quieres matar no te tires por un puente abre el libro de sociales y te mueres de repente (25/5/2007).*

*Me gusto mucho el techo parece de verdad y esta bien explicado lo de las eras lo entendi mejor que en el colegio (7/9/2006).*

*Es lo que he estado dando en el instituto (13/7/2011).*

*Un tanto perfecto para un mundo que es tan antiquísimo (14/7/2011).*

*¿Si digo que he estado aquí me aprobarán historia? (19/7/2011).*

*A mi me a gustado mucho y con el libro que me han mandado leer en el colegio "el bisonte magico" lo entiendo mejor lo que más me a gustado de altamira es el holograma (6/12/2013).*

Altamira todavía sigue siendo un templo del saber revisitado por docentes jubilados que, con nostalgia, todavía conceden una última lección:

*Vengo como jubilada. Al ver los dibujos de los niños, me acuerdo cuando venia con ellos de profesora (4/11/2012).*

*No son bandas, son hordas, que separadas formaban tribus. Eso enseño a mis alumnos durante 27 años. Este año me jubilo (26/3/2011).*

*Todo estupendo pero poner antes del presente es muy indefinido, lo correcto es poner antes de Cristo que está más que experimentado (Enero de 2010).*

Xurxo Ayán Vila

## Altamira *Love Story*

> *Con mi amor todo es mejor. Incluso Altamira*
> 10/10/2009
>
> *Cinco meses juntos y los mas bonitos. Por la cultura y el amor*
> 12/12/2009
>
> *Diez años de relación con Eli son casi tantos como los de las cuevas*
> (12/11/2011)
>
> *El amor es una flor cuya miel es el bisonte*
> 9/12/2012

En la España rural de finales de la década de 1960 y comienzos de 1970 se desató todo un proceso de desestructuración del modo de vida tradicional a raíz de la emigración masiva y la introducción de hábitos y materialidades propios del mundo urbano. Esta llegada de la modernidad dio lugar a cambios profundos en la organización del espacio doméstico y en la ejecución de determinados ritos de paso (González-Ruibal, 2003; Falquina, 2011). En el caso gallego, en las aldeas se introdujeron elementos como el baño moderno o el salón-comedor, un sitio amueblado que se habita únicamente en la fiesta de la parroquia y en el que se expone la memoria familiar (retratos) y bienes de prestigio como trofeos de caza, premios deportivos, *souvenirs* y libros. En este contexto las bodas dejan de celebrarse en casa y se introduce la moda urbana del banquete en un establecimiento de hostelería (la terraza setentera). A su vez, se introduce un elemento novedoso. El registro fotográfico tradicional no se ciñe únicamente al retrato colectivo, propio de sociedades campesinas en las que prima la familia y la comunidad por encima del individuo, sino que los novios emergen como individuos protagonistas que merecen un trato específico. Se desarrollan ahora los reportajes fotográficos de la pareja en entornos naturales e históricos. Siguiendo el modelo romántico, tan propio para estos casos, las ruinas emergen como escenario predilecto: monasterios abandonados, castillos en ruinas o incluso castros comienzan a ilustrar estas historias de amor. El paso del tiempo no ha cambiado mucho estas prácticas. Basta con acercarse a cualquier tienda de fotografía para ver a los novios en interminables escalinatas de palacios renacentistas o en los jardines de casonas solariegas.

Los yacimientos arqueológicos que perviven son aquellos que conservan su uso como espacios sociales y simbólicos. Muchos de ellos se encuentran abandonados, o en sitios periféricos y alejados, espacios óptimos para que sean elegidos por los adolescentes para disfrutar de su tiempo de ocio y materializar su espíritu contestatario (Ayán y Gago, 2012). En los castros gallegos, los arqueólogos y arqueólogas hablamos siempre de la existencia de un último nivel de ocupación adscribible a la fase *condoniense*. El sexo y el amor no están reñidos con el patrimonio, y esto no tiene que ver en muchos casos con el vandalismo juvenil.

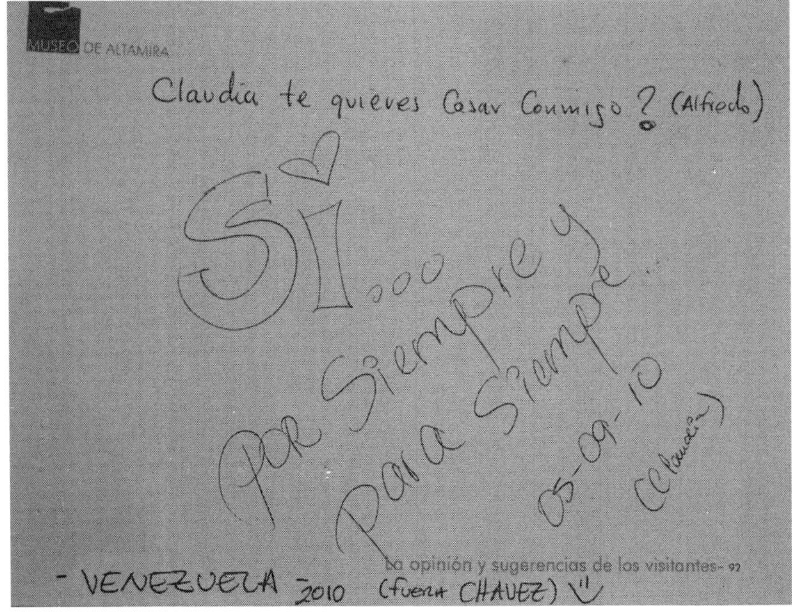

Como ejemplo maravilloso de esta relación afectiva entre patrimonio, biografías y sentimientos, traemos a colación el caso del parque de A Ravella de Vilagarcía de Arousa (Pontevedra). Este lugar de esparcimiento se habilitó en el período de posguerra. Se proyectaron una serie de bancos con baldosa de dudoso gusto. El ayuntamiento decidió recientemente reformar este espacio y destruyó los bancos (Gago, 2011). El vecindario comenzó a protestar colgando de las vallas de obra fotografías familiares con los bancos como fondo; retratos de infancia y adolescencia. El proceso terminó con la dimisión del concejal de turno (arqueólogo para más señas), y la restitución de unos bancos en los que se fraguaron relaciones amorosas durante décadas. Todo un ejemplo de la arqueología emocional de la que hablábamos antes.

Altamira juega este mismo papel. Podemos reconstruir toda la cadena técnico-operativa que genera una relación amorosa, dentro de los códigos manejados por nuestra formación sociocultural, por nuestro específico patrón de racionalidad. No podemos olvidar esta faceta amorosa del complejo altamirano si queremos rastrear el verdadero sentido del lugar.

Como si se tratase del fondo fijo que los fotógrafos feriantes ponían en los mercados para retratar a los paisanos, el museo es el escenario en el que dan los primeros pasos relaciones que nadie sabe cómo acaban pero sí cómo comienzan, al estilo de los procesos evolutivos. Todos sabemos que las excursiones de bachillerato eran una buena ocasión para ligar o que la visita a sitios con una magia especial es un buen recurso para conquistar a alguien.

*Nuestro primer fin de semana juntos (11/10/2010).*

*Por una visita especial acompañada de alguien que la hizo aún más. Gracias Altamira. (Yo soy éste) (16/10/2010).*

*Parejas que indican su procedencia. Conexión prehistórica: desde el Abrig Romaní a Altamira (9/11/2010).*

*Soy Noelia, me ha gustado mucho (he regañado a mi novio porque se ha quejado de que los niños hacen ruido). Me ha encantado.*

*Hola soy Javier, el novio gruñón. Excepcional la visita, aunque me encantaria poder visitar la autentica. Gracias por todo (Julio de 2011).*

La segunda fase, la del compromiso, también se ve reflejada en los libros de visitas. Contamos con un caso extraordinario en el que el novio elige el libro de visitas para formular la pregunta decisiva a la chica. No sabemos si hay anillo de por medio, pero en nuestros días proliferan las pedidas de mano, ya sea en los intermedios de los partidos de la NBA o en lugares históricos, bucólicos, idílicos y mágicos. En otros casos, como en los grafitis urbanos, la pareja se jura amor eterno:

*Aquí estubieron de viaje de novios R. B. R. y J. G. M. y ademas juraron amor eterno (10/9/2010).*

*Soy gallego y he visitado este museo con una princesa, por lo que ha sido una de las mejores experiencias de mi vida. J y B siempre (14/09/2010).*

La ilusión y la excitación previa a la boda hacen que en ocasiones el firmante se venga arriba y llegue a invitar a todos a la celebración:

*Uno y mil años más la querré y cada segundo de su felicidad hace mi vida. Te quiero para todos aquellos que el 4 de agosto de 2012 estén en Pamplona, están invitados a nuestra boda (21/11/2010).*

*Visita de la Pepona y del Chinín desde ALICANTE (nos casamos...) (6/12/2010).*

Como hemos dicho, entre los numerosos visitantes contamos con parejas que se acercan a este sitio durante su luna de miel o a celebrar su aniversario de bodas. Esta tercera fase es quizás la más emotiva. Parejas que ya han cumplido las bodas de oro se acercan nuevamente a la cueva:

*Me he casao con un hombre primitivo por eso estoy de luna de miel en Altamira (2003).*

*En nuestra luna de miel. Nos queremos antes de que estas cuevas existieran (10/9/2003).*

*En nuestro primer gran viaje y luna de miel de esto que acabamos de empezar. A. y B. (4/4/2010).*

*Aquí estuvimos Lucia y Alfredo dos enamorados en luna de miel permanente (7/7/2010).*

*María y Carmen han vuelto a ver la cueva, en su viaje nupcial. Es bueno que la cueva sea preservada (13/8/2010).*

*Aqui estuvieron María y (Sevilla) y Vª del Ariscal celebrando su primer aniversario de bodas (8/10/10).*

*Somos Marga y Enrique, dos novios que llevamos 60 años juntos (21/12/2010).*

*Hoy es mi aniversario cumplo 10 años con mi pareja y la visita ha sido increibe para aprender y ver todo esto que tanto nos gusta a los dos (1/9/2011).*

*Somos una pareja de Cáceres que hemos venido a celebrar nuestro primer aniversario de casados y nos a encantado mucho la zona y conocer la historia de hace años (16/8/2013).*

*Dos madrileños que visitaron la cueva hace 36 años en el viaje de novios (17/9/67, 10/10/2003).*

*El día de nuestro primer aniversario mi bella Raquel decidio devolverme a mi época y yo tan encantado. La amo como el hombre de neandertal lo hizo al fuego y a la caza. 14/8/2011 (A.C.).*

*Qué bonito es ver lo que alguien dibujó hace miles de años con el corazón y que este mismo lugar la persona que te acompaña haga que el tuyo lata con más fuerza (9/9/2011).*

*Enhorabuena por este magnífico museo de parte de un recién casado con otro magnifico museo (29/7/2012).*

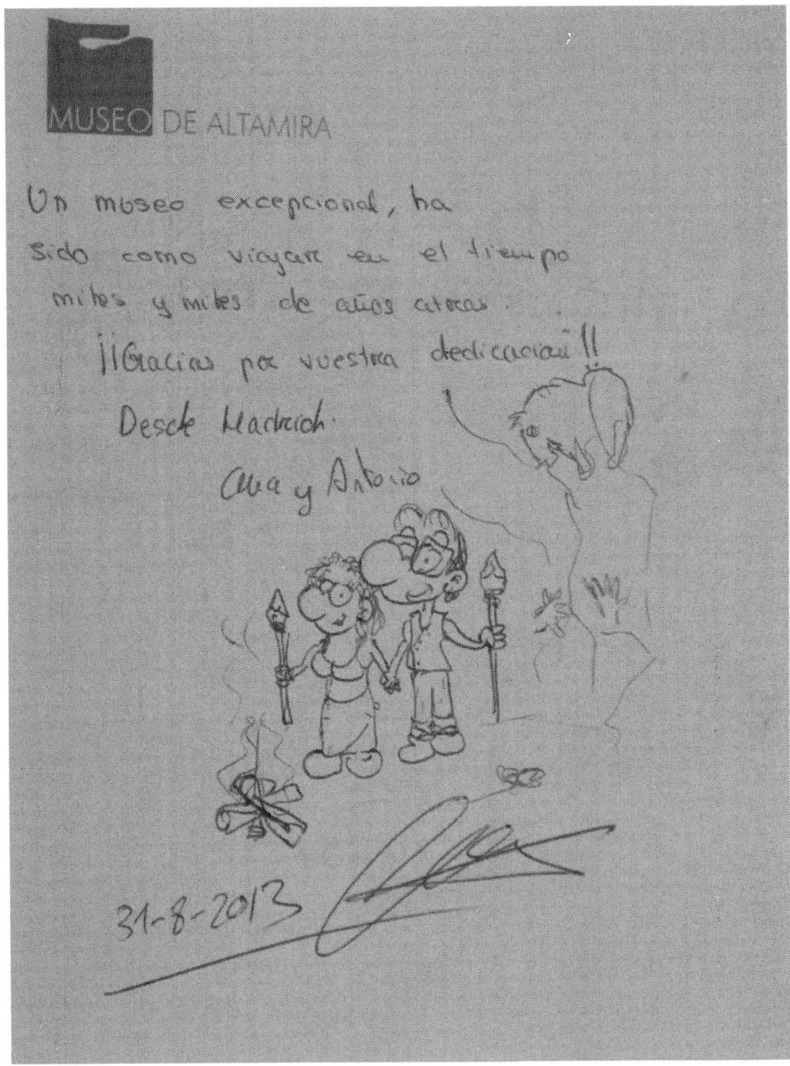


Pero cuando hablamos de amor no solo nos referimos al sentimiento hacia una persona. Muchos visitantes se acercan a Altamira por amor a una tierra en la que nacieron o vivieron, por amor a un paisaje o por amor al arte. Altamira es Patrimonio de la Humanidad. El libro de visitas nos demuestra que en ocasiones es un regalo, un sueño cumplido.

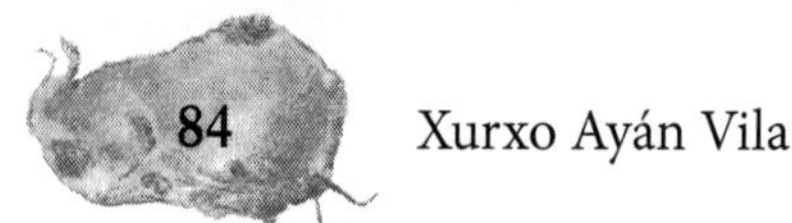

*MI AMOR HA HECHO POSIBLE UNO DE MIS SUEÑOS
TRAERME A LAS CUEVAS GRACIAS MI VIDA TE QUIERO
(8/12/2010).*

*28-9-10. visitamos las replicas de las cuevas de Altamira desde que las estudie
en el colegio ha sido una de mis metas, hoy las he visitado gracias a mi pareja
(28/9/2010).*

*Una ecuatoriana pasó por este maravilloso lugar. Se hizo por fin realidad un
sueño forjado entre libros y planos. Estoy feliz de estar en este santuario del mundo
(10/10/2010).*

## Vacaciones y vocaciones

> *E ti que vas ser de maior?*
> *Arqueólogo, dixo el. Talvez. Lera un tratado e atraérao, máis que o propósito*
> *mesmo de atopar algo, o método. Era un traballo silencioso. Ese preámbulo de*
> *cuadricular un espazo e facer a escavación. Era un método que servía para todo*
> *tempo. Non só para as ruínas do pasado*
> Manuel Rivas, *Os libros arden mal* (2006)

> *Yo intentaré mejorar este museo con más descubrimientos*
> (Julio de 2006)

> *La visita a la necoueva es magnifica y emocionante te hace viajar al pasado y sentirte*
> *como entonces. Me encanta esto, sales con ganas de ser arqueologo!!*
> (Agosto de 2006)

Cojamos un pequeño desvío en el camino para volver al principio del presente texto. Yo soy arqueólogo gracias a la biblioteca del despacho de mi padre en Pontevedra, a su interés en darme a conocer desde pequeño el patrimonio cultural de Galicia, a las excursiones que hacíamos por castros de la tierra de Lemos y a la cultura popular transmitida por mi madre. Mi acercamiento a la arqueología científica se enriqueció con cuatro experiencias fundacionales: una charla extraescolar impartida en mi colegio por el arqueólogo del Museo de Pontevedra Antonio de la Peña Santos, una visita a las excavaciones en el castro de Penalba (Campolameiro, Pontevedra), el citado viaje a Cantabria visitando la Cueva de El Castillo y Julióbriga y la lectura de dos libros que me regalaron mis padres: *La Arqueología. El pasado a nuestro alcance* (Bendala, 1981) y el ya dicho *Introducción al estudio de la prehistoria y de la arqueología de campo* (Almagro, 1985).

*Soy Aída tengo 5 años y soy del planeta tierra (7/12/2006).*

*Soy Pablo y de mayor quiero ser arqueólogo y también soy del planeta Tierra. Me han gustado las excavaciones de Altamira (7/12/2006).*

*De mayor quiero ser arqueologo como mi amigo Pablo. Soy del planeta Tierra (7/12/2006).*

La Arqueología en la que creo, paradójicamente se sitúa en las antípodas de los dos libros que acabo de citar, defensores de la vertiente más cientificista, aséptica y positivista de la disciplina. Por el contrario, yo siempre he defendido la importancia de lo que Manuel Chamoso Lamas llamaba el *factor pasión* en la arqueología (Chamoso, 1987). Mis inquietudes personales, mi historia familiar, mis posicionamientos políticos, son todas variables que condicionan y ayudan a comprender mi práctica arqueológica. Como historiador, soy el autor de un discurso, de una narrativa, de un relato sobre el pasado sí, pero que se escribe desde el presente. No creo en el carácter meramente cientificista de la arqueología ni en el deber positivista de generar inalcanzables narrativas asépticas y falsamente objetivas. Pero sí creo en el poder evocador de la literatura y de la historia. Por eso he iniciado este ensayo altamirano con un ejercicio autobiográfico propio de la arqueología emocional.

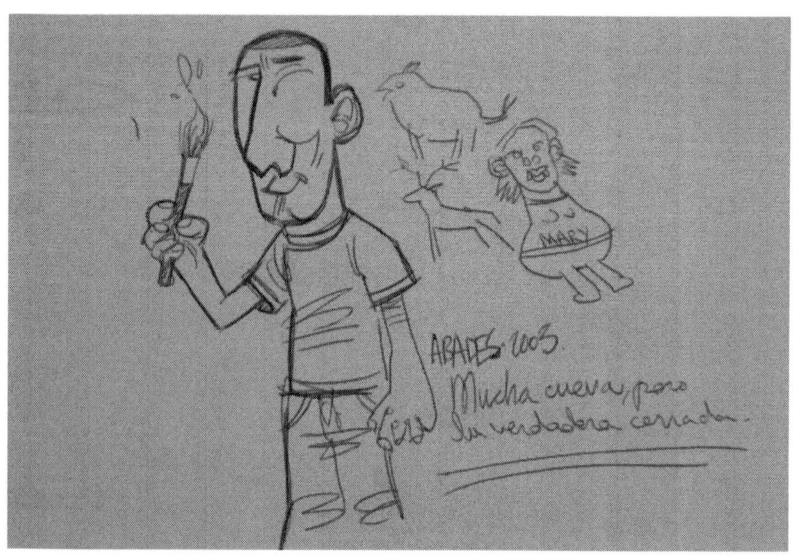

*La Neocueva me ha gustado mucho me ha parecido una muy buena obra al hacer una réplica exacta de la verdadera cueva. .P.D. De mayor seré arqueóloga (Abril de 2014).*

*Ha estado bastante interesante, sinceramente me ha gustado mas la parte de la necocueva. He disfrutado mucho de esta visita porque yo de mayor quiero ser arqueologo! (20/4/2007).*

*Hoy soy A, tengo 9 años y soy de Almonte (Huelva). De mayor quiero ser arqueólogo me a gustado mucho el museo (Agosto de 2007).*

*Visitando las cuevas de Altamira desde Lugo me ha gustado porque de mayor me gustaría ser arqueologa (29/4/2007).*

*Me ha gustado mucho la cueva, el que ha pintado la cueva ¡es Picasso! De mayor quiero ser arqueologo de un museo como este (Agosto de 2006).*

Todos los arqueólogos y arqueólogas que conozco no se metieron en esto para forrarse (parafraseando textualmente a un insigne político español) sino que lo hicieron por vocación o más bien por invocación (Comendador, 2011: 65). La lectura de un libro, una excursión familiar en la infancia, un hallazgo fortuito, la visita a un museo o una excavación arqueológica fue la chispa que prendió la llama de la vocación arqueológica. El contacto físico con el pasado tenía lugar, sobre todo, en las familias que se lo podían permitir, en los períodos vacacionales. Yo conozco amigos y amigas que son arqueólogos por experiencias que no quedaron registradas por escrito en ningún sitio, porque no se estilaban los libros de visitas: una excursión al monte, la excavación arqueológica al pie de una playa… quedaron grabados en su memoria como la muerte de Chanquete en *Verano Azul*.

*Despues de ver esta cueva quiero ser arqueologa (3/9/2003).*

*Esto es muy bonito. Me parece mentira conocer una cueva de hace 18.500 años. Conservarla asi, tiene que ser dificil, de mayor quiero ser Arqueologo (Junio 2009).*

*Me ha gustado mucho, muy interesante todo. Ya vendré de nuevo esta es mi segunda vez voy a estudiar arqueologia. Desde Venezuela y Bilbao (2010).*

*El museo muy bien montado espero venir algún día a la cueva verdadera como ARQUEÓLOGA lo prometo (12/3/2010).*

*Me hubiera gustado más ver la cueva de verdad pero me ha encantado "Quiero ser arqueologa" (Agosto de 2010).*

*Sergio: Me gustó lo del Arqueologo (23/1/2011).*

*Muy bonito e imaginativo voy a ser arqueologa esto es otro mundo fantastico (31/10/2011).*

Aunque podríamos haber incluido esta digresión en otro apartado («La vida social de la cueva»), creemos que este fenómeno vocacional forma parte esencial de la arqueología sentimental de Altamira. Porque los libros de visitas del Museo de Altamira sí recogen esos chipazos vocacionales como si de una caja de plomos se tratase. Emociones y experiencias que pueden definir la vida profesional de un individuo. Niños y jóvenes que viven el presente y apenas han comenzado a desbrozar el futuro, quedan impactados por la visita. Algunos parece que ya encaminaban sus pasos hacia las humanidades. Otros ingenuamente declaran amor eterno a la arqueología, en un acto de entrega que sin duda será efímero. Pero también los hay que sí parecen encontrar su verdadera vocación. Sin duda, parece que Altamira contribuye a forjar los superarqueólogos del futuro (González Álvarez, 2013). El tiempo lo dirá.

*Ojalá que Manrique mi hijo (el eterno arqueologo) pueda venir algún día a esta maravilla. Costa Rica (1/6/2003).*

*El mejor museo que he ido, me ha gustado mucho. Espero, que, quando sea historiador pueda venir (2/8/2006).*

*Pues a mí me gusto mucho pero me gustaria ver la original pero será cuando sea arqueologa. Saludos (3/8/2006).*

*Me ha gustado mucho las explicaciones de Begoña. De mayor quiero ser arqueologo (Agosto de 2006).*

*Hola yo soy de Madrid. Me han dicho que las cuevas están muy bien. Yo no las he visto aún pero seguro que estarán tan bien como dicen. De mayor yo quiero estudiar las cuevas (13/10/2006).*

*Enhorabuena por el museo. Espero regresar más veces, pero ya convertida en historiadora o arqueologa (21/4/2007).*

*A partir de hora mi hijo quiere ser paleontólogo!! Bueno! (Mayo de 2007).*

*A ALEXIA DE 3 AÑOS YA LE HA ENCANTADO ESTO DE LA ARQUEOLOGIA. Veremos a ver que nos sale como oficio (29/4/2007).*

*Esto está genial, yo pensaba que la arqueología, etc. Era un rollo, pero al ver esto, he cambiao de opinion. Asturias (25/8/2011).*

*A mi me ha gustado mucho, sobre todo las manos. Espero que la visita guiada de esta tarde me gusta mucho mas. Espero que cuando sea mayor, haya aún mucho por descubrir porque allí estaré yo para descubrirlo. También me han gustado mucho las postales me encantaría comprarlas todas (29/10/2011).*

*Me a gustado las cuevas la replica porque de mayor quiero ser arqueologa (7/4/2012).*

*Venimos de Castilla-La Mancha más concretamente de un pueblo que se llama Argamasilla de Calatrava. Nos parece que es un sitio privilegiado y he decidido que voy a estudiar prehistoria (29/08/2012).*

Nos resulta llamativa esta fiebre arqueológica porque se desata tras un aluvión de información que conlleva cierta confusión. No se distingue bien entre arqueología y paleontología y se rompen viejos esquemas académicos en los que las humanidades se vinculaban claramente a lo que tradicionalmente se conocía en España como LETRAS, de hecho la ciencia arqueológica se imparte en numerosas universidades dentro de las facultades *de letras*. La labor de divulgación del Museo de Altamira rompe con esa imagen hasta el punto de que los chavales identifican la arqueología plenamente con ciencia y tecnología:

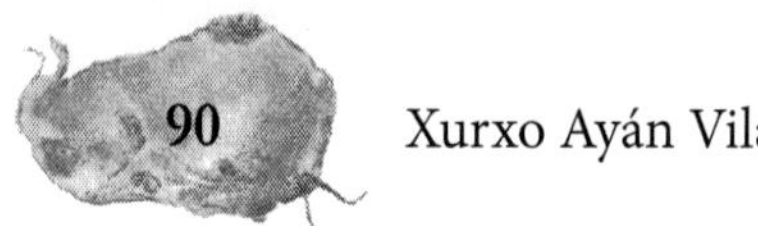

*Esta visita ha descubierto la vocación oculta de mi hermana por la arqueología, y eso que iba por las letras!! Muchas gracias (10/4/2004).*

*Me encanta la ciencia creo que ya se lo que seré de grande (8/8/2010).*

*Me lo e pasado muy bien y desde que yo recuerdo quise ser paleontologo o arqueologo (Agosto de 2012).*

*Gracias a esta visita Fran quiere estudiar los huesos (14/8/2013).*

*También cabe reseñar que la llamada vocacional no tiene porqué centrarse en la Paleontología o la Arqueología. El contacto con el mundo de los ancestros no sólo permite descubrir el hombre de Altamira, sino también el mundo animal en general o las cualidades biomecánicas de los seres humanos.*

*Hola soy Pablo y me han encantado las cuevas. De mayor voy a ser o arqueologo o gimnasta para venir a ver las de verdad. ¡Y sino cuando me muera me teletransportare allí (7/9/2012).*

*C. 8 años. quiero ser arqueólogo (2/5/2007).*

*P. 6 años quiero ser veterinaria (2/5/2007).*

A su vez, este impulso vocacional no sólo afecta a los niños y niñas, sino que también embriaga a adolescentes que ya han elegido de antemano los estudios superiores que quieren seguir. En estos casos, la visita al museo confirma sus expectativas e incrementa la ilusión para embarcarse en el proceloso mundo de la universidad y la investigación:

*Somos lo que fuimos y seremos. Magnífico museo. Una futura antropologa (7/9/2010).*

*Desde Vitoria-Gasteiz de la facultad de Filo, Geo e Historia futuros arqueologos esperamos encontrar otro Altamira o mejor! y poder excavarlo. Está muy bien pero decepciona un poco. Queremos ver la original! (31/10/2003).*

*Ahora ya no sé si seguir mis estudios hacia la criminalística o mejor irme hacia la antropologia. ES FASCINANTE ESTE MUSEO. México (19/7/2003).*

*Espero que esta experiencia vivida en vuestro museo me sirva para mi inicio en la Licenciatura en Historia que voy a iniciar (4/7/2006).*

Finalmente, la neocueva y el museo se convierten en un auténtico lugar de peregrinación para aquellos amantes de la arqueología, que han tenido un contacto directo con la disciplina gracias a su participación como voluntarios en campañas de excavación, exhumaciones de la guerra civil, arqueocampos, etc.:

*En un suspiro de eternidad, recorres el amanecer de lo tiempos. Con cariño de una voluntaria de Sociedad de Ciencias Aranzadi que intervino en las excavaciones de la cueva Aitzbitarte II-III (Landarbaso, Gipuzkoa) y se maravilló con la Arqueología (25/8/2006).*

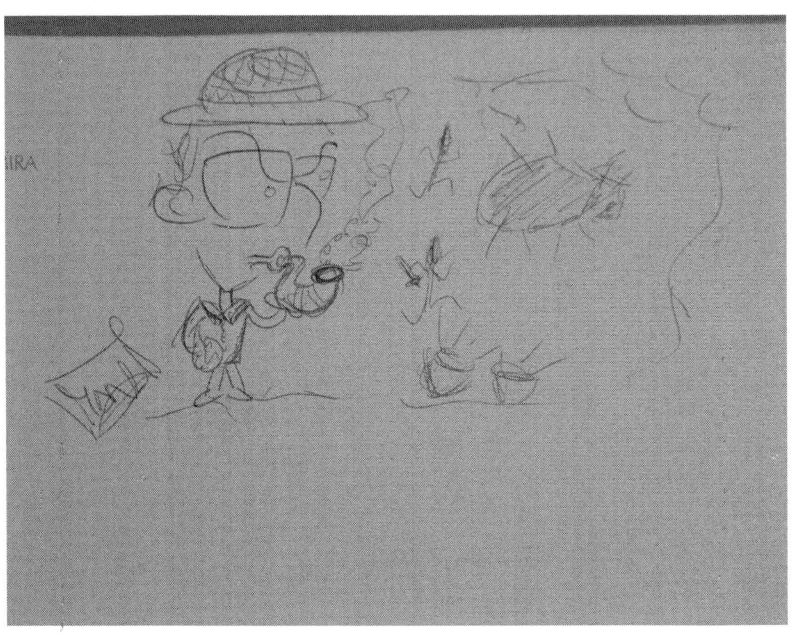

(Catedrática de Paleontología)
Josean
Urbieta
Nos ha gustado mucho.
Donostia. 15/7/07.

# CULTURA ARQUEOLÓGICA DE ALTAMIRA

*17 de septiembre de 1927. A las 8 de la mañana salimos para Santillana.*
*Va con nosotros el P. Oleaga. Visitamos la cueva de Altamira. Junto a la cueva*
*se halla la casa del guía. En ella existe un pequeño museo formado con objetos*
*procedentes de las excavaciones hechas por el Dr. Obermaier en la cueva: Son objetos*
*del Magdaleniense, del Solutrense, del Aurignaciense (?) y del Musteriense: cuchillos*
*de sílex, buriles, raspadores, compresores (cantos alargados), puntas de hueso,*
*bastones de mando, puntas de flecha solutrenses, etc. Hay también huesos de bisonte,*
*trozos de cuerno de reno, huesos de caballo, del oso de las cavernas, etc.*
José Miguel de Barandiarán, *Diario* (en Altuna 2005)

## Sus grafitis y nuestros grafitis

*The past can be defined as some thing as ephemeral as those things that happened*
*minutes ago or simply just happened. If we can access to such past through images*
*(Graffiti) or material culture, then we can make the study of this recent relative*
*past possible, that is, we can make an Archaeology of Modernity, in this case*
*Urban Modernity. Using Graffiti Archaeology, which we believe to be based on the*
*recognition of structural changes of social context through photographic register*
*and time-space analysis of the walls with representations of such art, we will try*
*to re-interpret concepts linked to the social character of the being, such as power,*
*control, territoriality, State policies, tribal relationships (urban relationships),*
*among others; and, thus, we will recognize how certain transgressions (and non-*
*transgressions) of established social norms are produced and reinforced*
Víctor Valentín, "Archaeology of graffiti: relations of power,
gender and control" (2008)

Durante años hemos excavado en castros de la costa gallega que se
convirtieron durante siglos en auténticos enclaves comerciales, desde
la Edad del Hierro hasta la romanización. De entre todas las piezas

Xurxo Ayán Vila

arqueológicas exhumadas solo algunas jugaban un papel primordial para reconstruir los ciclos de intercambio. Nos referimos a los pivotes de ánforas que conservan grafiti y los fragmentos de la cerámica de lujo conocida como *Terra sigillata*, ya que los artesanos o artesanas incorporaban el sello de fabricación (*sigillum*). Este material epigráfico, camuflado en productos industriales empleados en la vida doméstica cotidiana, es primordial para reconstruir aspectos clave de la sociedad galaicorromana (López, 2004; Fernández Fernández, 2013). Desde luego, estos sellos no son tan espectaculares ni conocidos como los grafitis urbanos preservados en las paredes de las calles de Pompeya. Los autores y autoras de estos grabados no estaban llamados a pasar a la posteridad. Su mensaje no gozaba de los auspicios de un poder que preservaría las *Églogas* de Virgilio, los discursos de Cicerón o cualquier manifestación literaria o artística procedente de la clase senatorial. La lava volcánica del Vesubio conservó, contra todo pronóstico, estas voces subalternas que nos hablan de resistencia al poder, de sexo, de amor… de temas, en definitiva, que siguen siendo interesantes y cercanos para la gente de a pie del siglo XXI.

*Bah! Un graffiti es un grafitti por muchos cuernos que tenga, o muchos años (Agosto de 2007).*

*La edad grafitera no ha pasado de moda (6/7/2007).*

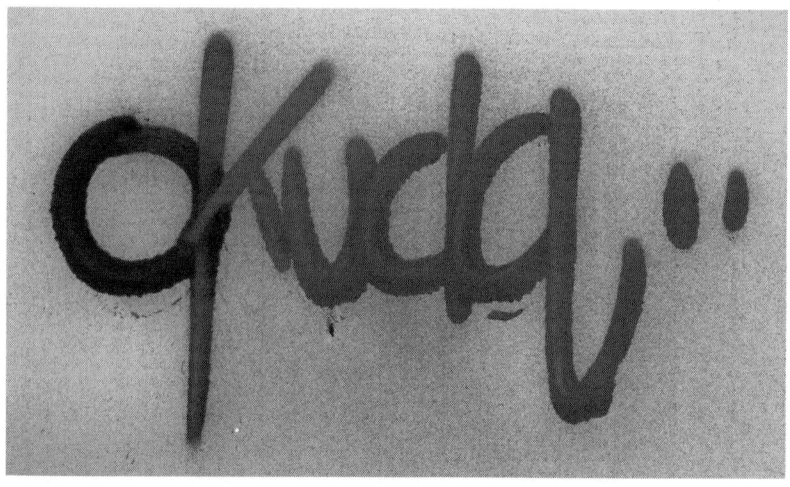

El desarrollo de la historia de las mentalidades, la microhistoria y la historia cultural permitió recuperar documentación, hasta el momento marginal, en la construcción de los grandes relatos. El estudio crítico y la publicación de las cartas enviadas a casa por soldados desde el frente en la Primera Guerra Mundial amplió nuestra visión de un conflicto que parecía únicamente protagonizado por políticos, monarcas, banqueros y generales. La carne de cañón que vivía y moría en las trincheras también sabía transmitir su experiencia. A su vez, la reciente arqueología del pasado contemporáneo está comenzando a prestar atención a los textos que perviven en las ruinas arqueológicas (Hale, 2015). Como las cartas de los soldados, los grafitis de presos en cárceles y campos de concentración del franquismo (Ballesta y Rodríguez, 2008) o de combatientes en el frente de la guerra civil española empiezan a ser considerados como objeto de estudio. Incluso cuentan, en algunos casos, con una protección oficial como elementos patrimoniales a preservar. Este ha sido el caso reciente de la inclusión en el Inventario del Patrimonio Cultural de Asturias del conjunto de dibujos y grafitos de las celdas de los juzgados de Cangas del Narcea (BOPA, 2014).

En nuestros trabajos de arqueología del conflicto nos encontramos frecuentemente con grafitis de soldados, ya sean jóvenes chilenos apostados en la década de 1980 al pie de los volcanes que separan la puna atacameña chilena de Bolivia (Prieto y Ayán, 2014), o jóvenes españoles enfrentados en los Picos de Europa o en la Alcarria en 1937 o 1938 (González-Ruibal, 2013: 93-101). Independientemente de su ideología, de ser de un bando o de otro, estos hombres grabaron en piedra con la intención clara de dejar constancia para el futuro de su propia existencia, de su presencia en el combate, de los motivos de su lucha, de sus ansias de victoria, de su amor por alguien... Muchos de ellos eran analfabetos que dejaron dibujos y caricaturas como legado. Muchos de ellos no volverían a casa. Muchos de esos grafitis son verdaderos epitafios, como los de aquellos presos que grabaron las celdas de la cárcel del fuerte de San Cristóbal en Pamplona durante la guerra civil.

Es tremendo el poder testimonial de estos textos humildes, desestimados durante mucho tiempo como fuente de información histórica. Del mismo modo, el fenómeno del grafiti como arte urbano no ha sido valorado hasta hace escasos años. En este sentido, no es casual que los grabados antiguos y modernos convivan en las ruinas arqueológicas. Las paredes de las instalaciones militares abandonadas por todo el país, como las baterías de costa del siglo XX, albergan en su seno distintos estratos caligráficos. Sobre las letras, frases y dibujos de los chicos que hacían el servicio militar se superponen las obras de grafiteros que *okuparon* con su arte espacios hoy marginales y periféricos en la mayoría de los casos. También las cuevas con arte rupestre fueron visitadas en época moderna durante generaciones por personas que dejaron sus sellos por encima de las pinturas prehistóricas.

Hoy en día se constata todo un proceso de patrimonialización del arte grafitero. Artistas urbanos exponen en los museos más prestigiosos del mundo. Los alcaldes de las ciudades organizan concursos multitudinarios para ilustrar y embellecer espacios urbanos al albur de campañas a favor de causas benéficas como la protección del medio ambiente. En ciudades como Vitoria-Gasteiz, en donde yo vivo, se ha regenerado el

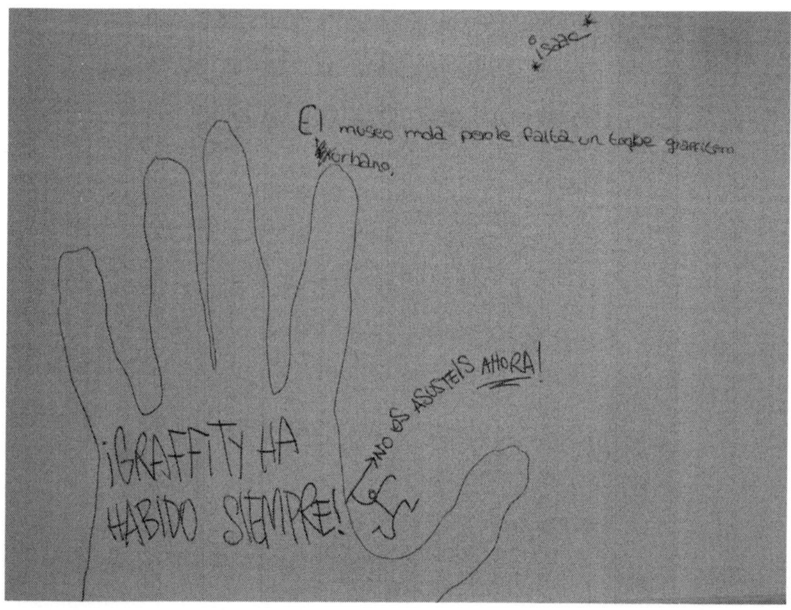

casco histórico con murales monumentales cuya elaboración está abierta a la participación de la ciudadanía. Todo este fenómeno no deja der ser paradójico. Como el dadaísmo en su día, esta vanguardia artística nació como herramienta contestaria: el grafiti y el rap son dos géneros artísticos que reivindican la lucha contra el orden establecido, contra los convencionalismos sociales. A este respecto, como ha ocurrido con todas las vanguardias, se ha generado todo un proceso de domesticación de esos francotiradores pacientes (Pérez-Reverte, 2013), a la par que ha sido asumido por el poder y la sociedad en general.

> *Antes la gente, pintaba en las cuevas y los ponen en museos, ahora pintamos en la calle y nos meten en la carcel (Madrid) (30/8/2003).*

> *¿Quién dijo que los graffitis eran un nuevo arte urbano? ¡¡Si ya lo hacían antes de que naciéramos!! (8/8/2003).*

> *De arte urbano. ¿¡Esto es evolución!! Pero sobre todo bandalismo (Abril de 2004).*

> *A inspiration for us all to continue the art of grafitti! (16/7/2006).*

> *Esto es el New York de la prehistoria ¡Menudos grafitteros! Julio de 2007.*

> *Un Grafitti en un Museo TRANSGRESIÓN, ME GUSTA (4/5/2003).*

> *Muy chulos los graffitis de la batcueva (23/8/2012).*

El Museo de Altamira es un gran ejemplo de este fenómeno. Unas de las páginas más protegidas del libro de visitas VIP son dos firmas del artista Michael Okuda, el diseñador gráfico de Star Trek. Lo que tradicionalmente no ha sido considerado arte (o en el mejor de los casos arte menor) es hoy en día una referencia mundial, sobre todo para aquellas generaciones que se han educado en el mundo de los videojuegos, las 3 dimensiones, la animación digital, los efectos especiales, la revolución audiovisual y el arte urbano. Como ha señalado Rodríguez de las Heras (2014) los profesores y padres en la inmediata posguerra privilegiaban la cultura escrita, hasta el punto de retirar los cómics y las novelas ilustradas de la circulación hasta la llegada de las vacaciones. Hemos pasado de la condena de la imagen como recurso educativo a su conversión en un elemento central de nuestra existencia.

Esta dictadura iconográfica va ligada a la revolución digital y la irrupción del mundo virtual. Las nuevas generaciones han perdido la costumbre de escribir a mano. Cada vez contamos con menos documentos autógrafos. Un escolar solo escribe sobre papel en algunos exámenes. A este respecto, el libro de visitas de Altamira es un documento único y excepcional, ya que recoge la escritura de personas que normalmente vierten sus opiniones, quejas y sugerencias a través de las redes sociales, el telefóno móvil o *tablet* en ristre. Pero esta realidad también juega a favor del Museo de Altamira. Cualquier visitante, independientemente de su edad, relaciona inmediatamente el arte parietal con el arte urbano, las manos en negativo con la firma de un grafitero:

*El graffiti, más o menos que los bisontes de la cueva. Aupa la tierruca!!*
*(4/10/2003).*

*Muy interesante, merece la pena venir, si que molan los grafitis :) Un besito cariñoso*
*(2010).*

*No hay mejor recuerdo que el grabado en la memoria de las imágenes y formas de vida aquí reflejadas (12/2/2010).*

*Si son graffitis! Alex. Hechos por un chavalín que se aburría en su kelo-cueva (26/8/2010).*

*Querido dueños de las cuevas mas bonitas: los grafitis han molado pero casi no se entendian. Besitos J. (26/08/10).*

*Y después de tantos años hay gente que dibuja igual que los neandertales jee (mayo de 2011).*

*Muy bonita Réplica de la cueva real. Pd: Eran los graffitis de la Prehistoria (11/7/2011).*

*Lo que más me ha impresionado: que no se encuentre una pintura de otro y pinta al lado respetando esa pintura. Hoy en dia no sucede, se llena de grafittis ¿quién es más mono? ¿ellos o nosotros? P.D. Y otra cosa: la aparición del lenguaje "coincide" con el cuidado de los enfermos, ancianos, enterramientos.... "curioso" ¿no? (24/8/2012).*

Así pues las manos simples o entrelazadas son el motivo más reproducido en los grafitis del libro de visitas. A este respecto, en nuestra opinión, la oferta didáctica del museo ha sabido explotar perfectamente esta faceta. Los talleres de grafitis y las actividades de la museoteca son sin duda de lo más y mejor valorado por los visitantes. Evidentemente aquí juega a favor la pasión infantil por el dibujo y su atracción fatal de los bisontes. De lo que no estamos tan convencidos es de la satisfacción paterna y materna por esta actividad que genera nuevos grafitis en la ropa de los niños:

> *La proxima vez que venga que la pintura del graffiti no manche tanto*
> *(17/11/2009).*

> *El museo podría ser guiado y es spray "grafiti" ¡No se quita! (2009).*

> *La próxima vez que la pintura no manche y que se quite con agua sola*
> *(17/11/2009).*

> *Me han encantado los grafitis pero no me vuelvo a pintarme las manos ¡porque*
> *no se quita! (2010).*

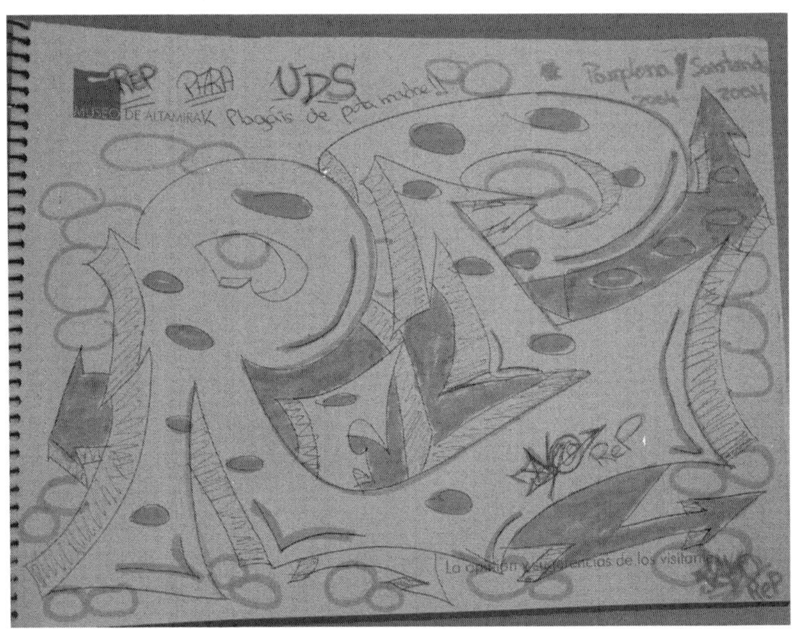

# *A pesar de ser prehistóricos*:
## la pervivencia del *hombre de Altamira*

*¡Qué bonito! Pero ¡qué bien vivimos ahora! Pese a la crisis*
31/10/2011

*Soy un cavernícola peludo y me gustan los ñus!*
Septiembre de 2012

*Ahora entiendo porque todos los hombres quieren su propia cueva. Muy interesante y enormes gracias. Puerto Rico*
7/5/2013

Entre los años 2001 y 2006 nuestro equipo de trabajo diseñó para el Programa de Espazos Naturais de la Xunta de Galicia una serie de rutas aplicando una perspectiva propia de la arqueología del paisaje. El objetivo era acercar a la ciudadanía el modelo de ocupación del espacio de las comunidades pre y protohistóricas asentadas en Galicia. A este respecto, definimos cuatro rutas en áreas del país en las que habíamos desarrollado proyectos arqueológicos de larga duración: la Ruta Megalítica de Barbanza. Un retroceso en el tiempo (A Coruña), Xistral. Ruta de los cazadores del Paleolítico (Lugo), Ortegal, caminos del Norte (A Coruña) y Leiro. Ruta de los castros (provincia de Ourense). En todas ellas aprovechamos la potencialidad didáctica de la actividad para analizar no solo el grado de conocimiento sobre la prehistoria de Galicia sino también la percepción que la ciudadanía tiene del propio patrimonio arqueológico (González Veiga *et al.*, 2007; Ayán *et al.*, 2010). En este sentido, diseñamos una breve encuesta que todos los participantes de las rutas debían cubrir al llegar y al irse, y que contemplaba tres preguntas genéricas: ¿qué imagen tienes de la gente de la prehistoria? ¿Qué es lo que conoces de la prehistoria? ¿Qué conoces del patrimonio arqueológico gallego?

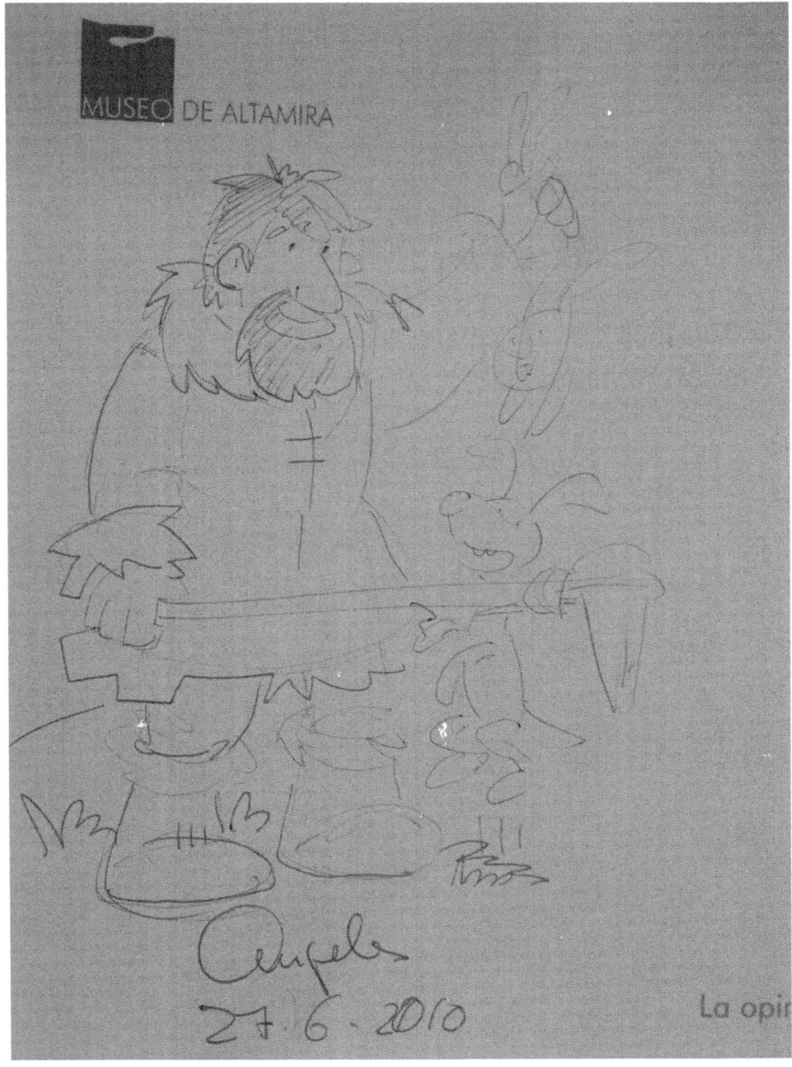



Como en el caso del libro de visitas del Museo de Altamira, las páginas
de los cuestionarios se llenaron de dibujos, de caricaturas y de frases
antológicas. La actividad, realizada durante seis años, estaba dirigida a jóvenes
de entre 18 y 30 años, por lo que este universo de estudio fue una excelente
muestra para analizar la imagen que sobre la prehistoria predomina en una

población juvenil con formación universitaria. El resultado final del análisis sociológico de esta documentación nos remite a una realidad idéntica a la que documentamos ahora en Altamira (Ayán, 2015). En ambos casos nos encontramos, ante tres realidades sociológicas: un gran desconocimiento de la prehistoria, la generalización del arte parietal como referente icónico visual en la imaginación protohistórica de la sociedad española y la vigencia de un enfoque primitivista a la hora de pensar el modo de vida de la gente prehistórica. Predomina esa visión de hombres peludos, encorvados, armados con un garrote, sufridores, luchando constantemente como alimañas por la supervivencia en competencia con los animales salvajes. La empatía con los antepasados (de la que ya hemos hablado) lleva a algunos visitantes a adoptar una actitud paternalista hacia aquellos cavernícolas de bajos instintos, antiguos y primitivos, cantando las excelencias de su carácter y de su hombría.

*No se como podian vivir en cuevas  en abrigos naturales. Vivir sin play, ni tu. Y comer esa comida rancia y cruda (8/8/2009).*

*Hace un frío increible para ser agosto. Pobres los del Paleolítico se extinguieron de este frio (8/8/2009).*

*Es mui bonito cuanto sufrieron, pobres (17/10/2009).*

*Doy gracias a todos mis antepasados por su valor y crudeza¡¡resitieron!! gracies en leones (noviembre de 2009).*

*En algunos pueblos del Señorio de Molina (Gudalajara) y de la Sierra de Albarracín (Teruel) aún se vive así (2010).*

*Qué cojones tenían (Abril de 2010).*

*Gracias por mostrarnos como la gente pasaba hambre y con las moscas en los ojos como follaban y todo (Julio de 2010).*

*La familia Alonso estuvo en 2010 aqui y se sorprendio, por lo laboriosos trabajadores y gran supervivientes de nuestros ancestros (Julio de 2010).*

*Lo que me maravilla, mas aún que las obras de arte, es que en tiempos en los que lo sustancial era sobrevivir a tantos peligros y dificultades, a alguien se le ocurriera iniciar la pintura, más aún teniendo en cuenta lo incomodo que debió ser hacerlo en los techos. Córdoba (7/10/2010).*

*¡Impresionante, cuanto nos quejamos de esta vida dura. Aquello si que era duro (13/10/2010).*

*Nos han gustado mucho las cuevas. Hemos visto las armas tan peligrosas que usaban. Pero nos gustarían ver las cuevas de verdad (30/10/2010).*

*A sido una experiencia inolvidable junto con mis compañeros. Muestra lo que sufrieron nuestros antepasados y refleja los hechos de nuestros ancestros. Además pienso que la idea de visitar el museo de "Altamira" puede resultar como beneficiosa. Esperando seguir visitando este excelente museo de maravilla empírica... Cordialmente. Y. L. (11/5/2011).*

*Mañana estaría de fiesta pero estoy aquí... Se hace lo que se puede como los paleolíticos estos (3/8/2011).*

*Los cabernicolas vivian en cuevas. Atacaban a los animales y hacian con su piel abrigos y ellos crearon el fuego (17/8/2013).*

Por lo tanto, sigue predominando una visión primitivista y salvajista del pasado prehistórico de la humanidad. Esta evidencia por sí sola justifica la necesaria existencia de museos como este para acercar la ciencia a la sociedad y romper con estos anquilosados prejuicios y tópicos. La visita al museo hace su efecto si tenemos en cuenta las opiniones que hacen hincapié en lo aprendido en la neocueva, los talleres y la exposición.

*Antes de venir aqui los prehistoricos me parecian un poco tontos pero ahora me parecen muy listos (9/9/2003).*

*Es todo muy preistorico y me cuesta creer que vivieramos asin muy bonito (8/8/2010).*

*Pues serán primitivos, pero qué bien pintaban... qué gran conocimiento de las formas animales (30/9/2010).*

*Hay muchas realidades del "cómo fue". No eran tan tontos como cree la mayoría (14/11/2010).*

Xurxo Ayán Vila

*Me parece algo fabuloso e increible su forma de superviviencia son unos ases como luchaban (Julio de 2011).*

*No he sido capaz de dibujar lo que hace 15.000 años hicieron (6/7/2011).*

*No sabíamos que los primitivos comian bistec a la pimienta, que diseñaban su ropa y muchas cosas mas que hemos aprendido en este nuevo museo. Gracias (Agosto de 2011).*

*Eran antiguos pero no tontos y muy habiles (26/5/2012).*

*Cuánto tenemos que aprender de ellos (12/10/2012).*

*Hola, soy J. el museo de la prehistoria me ha gustado mucho y he aprendido cosas como las edades o los hombres a lo largo del tiempo. Las pinturas me han parecido increible lo bien que pintaban a pesar de ser prehistóricos. Me he comprado un libro de la prehistoria de recuerdo. J. P. (2/4/2013).*

*Muy interesantes los dibujos que hacían. Eran inteligentes (aunque no lo parezcan). Diverchachi (2/8/2013).*

*C. y J. M. también estuvieron aquí. Esto es impresionante, hace muchos años había cultura y técnica y hoy día no somos capaces de hacer la "o" con un canuto (Abril de 2014).*

Cabe señalar también que la recepción de los contenidos del museo lleva a determinado público a cosificar las gentes del pasado, como en aquellas exhibiciones de salvajes en las exposiciones universales de finales del siglo XIX (Sánchez Gómez, 2002).

*Me han gustado mucho las cosas de los hombres primitivos sobre todo las pinturas (dibujos) (12/8/2010).*

*Me han encantado los hombres primitivos. D. A. (7 años) (24/08/2010).*

*Un recuerdo para esos hombres!! (Junio de 2011).*

*Me a gustado ver a los hombres de antes (Julio de 2012).*

Otras veces, el impacto emocional de la visita lleva a conformar visiones extremadamente idealizadas del modo de vida prehistórico, el cual se compara con los problemas que experimenta el género humano en el siglo XXI, sobre todo en estos tiempos de crisis económica.

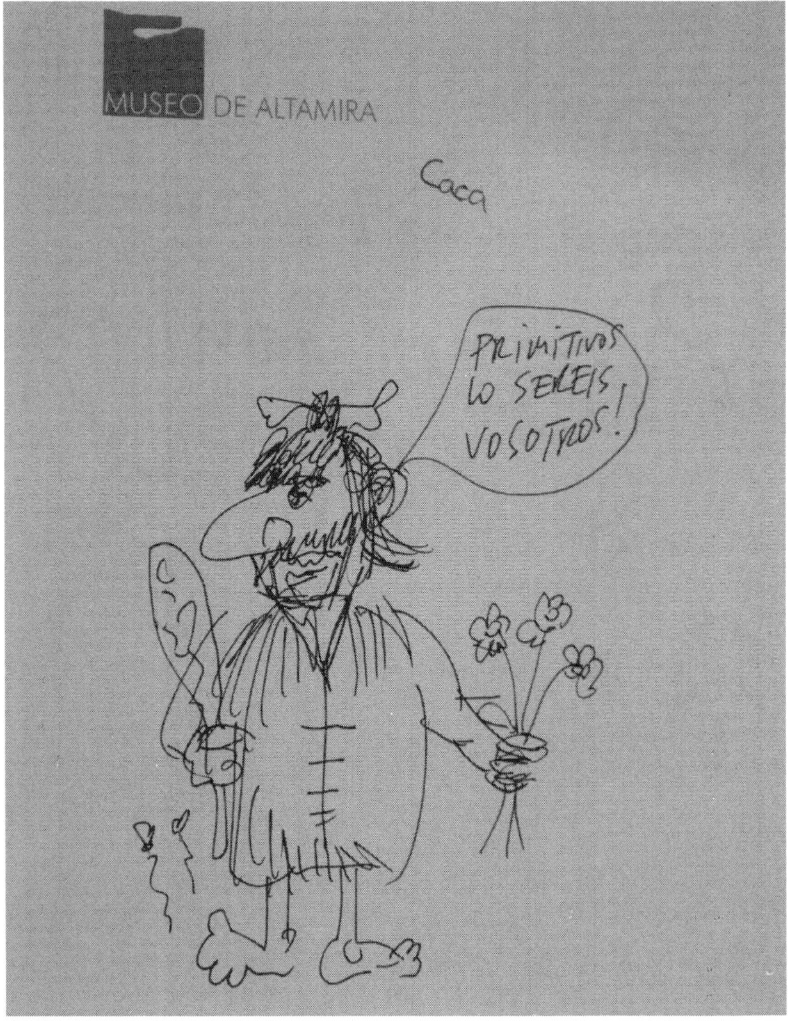


*No tenian lavavajillas pero si un piso mas grande que yo (9/8/2003).*

*En esa época sin estrés (9/8/2003).*

*Fiona y Shrek tambien tienen su propia cueva de Altamira donde viven tan felices como los hombres y las mujeres que habitaban esta cueva hace 18.000 años (Agosto de 2009).*

*Hace 18.000 años habrian flipado (octubre de 2009).*

*Yo no habría nacido el 20.000 a. C. Pero me ha encantado me hubiera gustado pintar con ellos (2010).*

*Sería bueno que tratasen a todos los jóvenes visitantes de colegios, con la misma generosidad del hombre primitivo (Mayo de 2011).*

*Eh qué pasa Neandertales! Qué  bien viviáis eh!! Anda que hoy tenemos TV playstation y móviles. Pero yo me quedo con la cueva y las hogueras para matar el fresco. Un saludo de PABLITO (picapiedra). Mayo de 2011.*

*Lo de estos si que era vida y no lo de ahora con tanta tecnología (4/9/2012).*

En todo caso, el enfoque salvajista y primitivista es compartido por sectores amplios de la población. Entre los factores que dan lugar a este fenómeno debemos destacar, en primer lugar, el peso del discurso ideológico primitivista decimonónico en el que se asentó la educación y la historia académica oficial. A este respecto, la fase de la historia romántica y fantástica (1880-1920) señalada por algunos autores (Ruiz Zapatero y Álvarez-Sanchís, 1997: 267-271) se corresponde con una reivindicación del hombre primitivo de Altamira del que se destaca con orgullo su faceta artística. Es señalado entonces como ancestro de los españoles; para lo demás se indica la crudeza de la vida cotidiana en ilustraciones de cavernas y trogloditas. La prehistoria de España únicamente es vista como el germen étnico de la nación y la espiritualidad hispánica, con unos pueblos (celtas, íberos y celtíberos) que son nuestros antecedentes directos, y que sufren el impacto de las colonizaciones de los pueblos mediterráneos. Esta aproximación etnicista se desarrollará plenamente en la segunda fase (progreso, evolución y raza: 1920-1936), en la que apenas se actualiza el discurso a raíz de los avances científicos; incluso los íberos, celtas y celtíberos seguían siendo desconocidos arqueológicamente, si exceptuamos la reproducción en los manuales escolares de la Dama de Elche y poco más (Ruiz Zapatero y Álvarez-Sanchís, 1997: 273).

Durante el nacionalcatolicismo esta visión esencialista primitivista perdurará en la escuela, con unos textos en los que la prehistoria ocupa un espacio prácticamente anecdótico a modo de introducción en la que

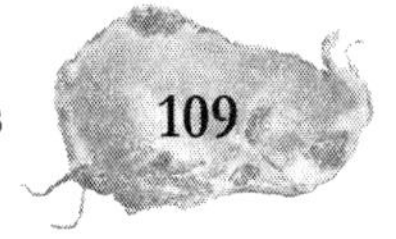

se reflejan escenas de los hombres primitivos de España, como así se explicita en la archiconocida *Enciclopedia Álvarez*. Los libros escolares siguen reproduciendo estampas idealizadas de la vida en las cavernas, de la llegada de los colonizadores y del sitio de Numancia, acompañadas de mapas con la distribución de los pueblos citados en las fuentes clásicas.

Esta didáctica arcaizante e hipernacionalista perdurará hasta la reforma del programa escolar de 1975 aprobada por el Ministerio de Educación y Ciencia. Las ciencias sociales irrumpen con un discurso actualizado en muchos aspectos, tanto a nivel teórico-metodológico como didáctico, si bien se mantendrán inercias del pasado como la desconexión entre el conocimiento arqueológico académico, oficial, y la visión enraizada en la cultura popular (Vizcaíno, 2015). Tampoco debemos olvidar que ese primitivismo era moneda de uso corriente en la propia historiografía de los años setenta y ochenta. Si en los manuales escolares se ha mantenido la idea estraboniana de los arcaicos montañeses del Norte hasta comienzos del siglo XXI, qué decir de los habitantes de las cuevas cantábricas.

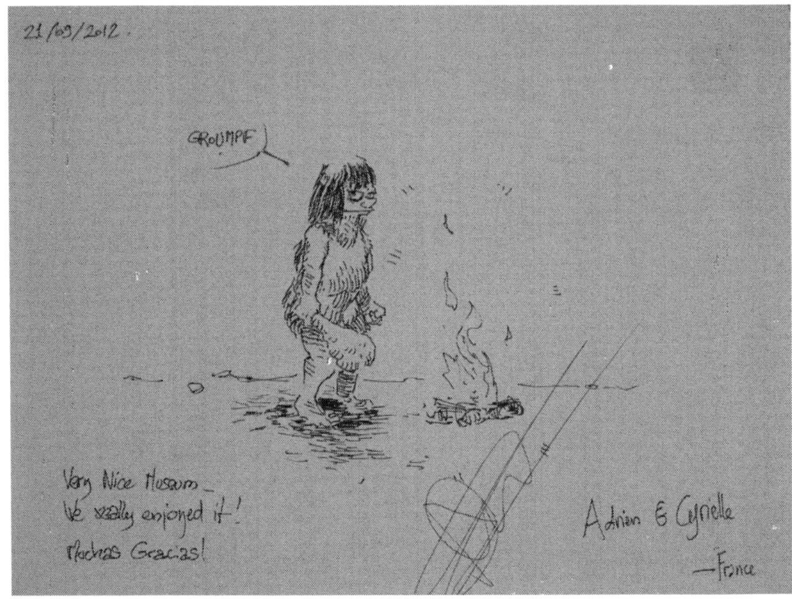

Tampoco ha ayudado nada para superar esta visión primitivista la ausencia de propuestas didácticas serias en la mayor parte de museos del país, entidades en las que se siguen reproduciendo enfoques expositivos aburridos y anquilosados. Finalmente, el escaso papel que juega el tema de la prehistoria en el programa educativo de las enseñanzas primaria y secundaria es un condicionante más para la transmisión al alumnado de perspectivas sobre el pasado que superen esa imagen basada en objetos mudos y burdos maniquíes.

Además de la educación escolar, la percepción social de los habitantes de las cuevas está muy influenciada por la imagen transmitida por el cine, las series de televisión, los dibujos animados, el cómic, las novelas históricas y los juegos virtuales ambientados en la prehistoria. No olvidemos que igual que se creó Pedro Picapiedra y allegados, la cueva de Altamira contó con su propio personaje de cómic: Altamiro de la Cueva, creado por Joan Bernet para el *TBO* en 1965 (Ruiz Zapatero, 1997).

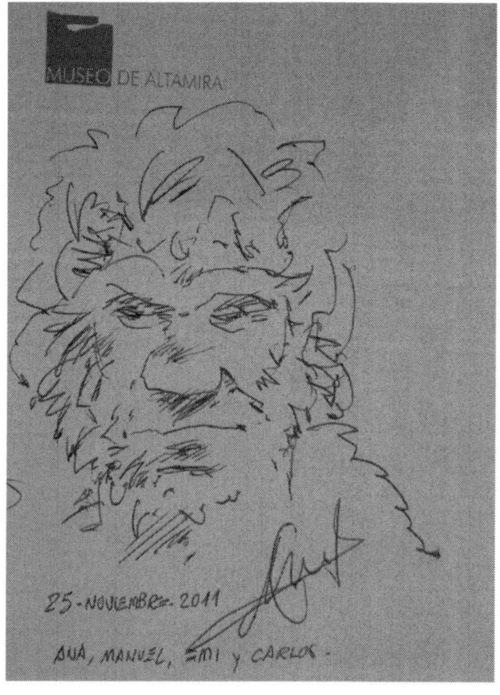

## *The Atapuerca Connection:*
## el hombre de Altamira versus Miguelón

*Los de Atapuerca vienen a ver a los de ALTAMIRA. Se dan la mano*
(Septiembre de 2009)

*Por la Ciencia y el Patrimonio Nacional* fue el lema de la Expedición Científica al Pacífico (1864-1866). La política cultural centralista que caracterizó al Estado español hasta la llegada de la democracia en 1978 hizo concentrar en Madrid todas aquellas escenografías museísticas que mostrasen el glorioso pasado de la nación. El recientemente remozado Museo Arqueológico Nacional (MAN) podía y puede presumir de tener en sus vitrinas objetos arqueológicos que son auténticos iconos, como la Dama de Elche, por poner un ejemplo emblemático. Son las ventajas del patrimonio mueble. Sin embargo, las cuevas con arte parietal del Norte, son patrimonio inmueble y sería bastante costoso intentar un traslado a la villa y corte. Esas cosas se podían hacer con las iglesias románicas que eran trasladadas piedra a piedra ante el avance de los embalses durante el franquismo. Pero las cuevas eran otro cantar. Para verlas había que ir a la cornisa cantábrica. En 1964, el alemán Erich Pietsch llevó a cabo en el jardín que adorna la entrada al MAN, una reproducción de parte del techo de polícromos de la cueva de Altamira:

*Que clausuren por favor el aborto de cueva de Altamira que enseñan en madrid. Es una blasfemia comparado con esta hermosura de aquí (31/10/2003).*

*Pese a estar desde las 10 de la mañana me voy sin ver la cueva porque no hay entradas me confomare con ver la replica de Madrid en el Museo Arqueologico. Octubre de 2006.*

*Desde Granada habíamos visto la reconstruccion en Madrid en el arqueologico y pensabamos ver las cuevas de Altamira (3/8/2007).*

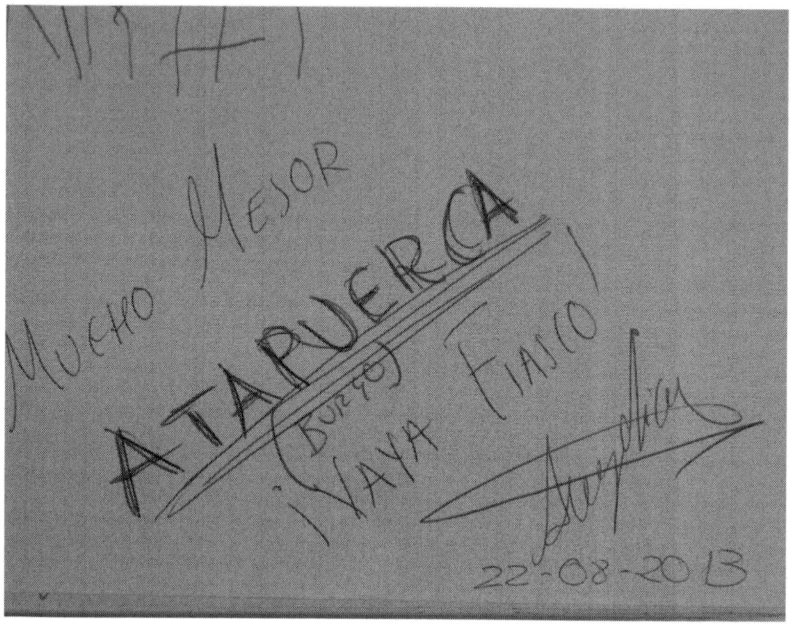


Esta réplica permitía cubrir el expediente sobre el Paleolítico español, ámbito en el que la arqueología española no contó con mucho empuje ni financiación hasta la década de 1990. El punto de inflexión en este largo proceso de letargo fue el estallido del *boom* de Atapuerca en los medios científicos y de comunicación internacionales. De la noche a la mañana España pasaba a coliderar la investigación en paleontología y a convertirse en una potencia a la hora de hablar de hombres fósiles (Hochadel, 2013).

Si Obermaier levantara la cabeza no se lo acabaría de creer...

La labor de comunicación del equipo de investigación de Atapuerca contribuyó sobremanera a la popularización de esta temática y a crear la necesidad de una inversión estatal en la divulgación del conocimiento sobre la prehistoria (Ruiz Zapatero, 2013). En este contexto tan favorable se enmarca la creación del Museo de Altamira en 2001. La realización de la neocueva, con la ayuda del Instituto Geográfico Nacional, se vendió como un símbolo del avance de la ciencia y la técnica españolas. Atapuerca y Altamira parecían coger el testigo, nunca mejor dicho, del despliegue modernizador que había supuesto la organización en 1992 de la EXPO de Sevilla y los Juegos Olímpicos de Barcelona 1992. Si el embalse de Belesar (Lugo) fue inaugurado por Franco en 1965 bajo el lema de *El Orgullo de España*, ahora los descubrimientos de Atapuerca y la neocueva de Altamira servían para entrar en el siglo XXI por la puerta grande. Dentro de este panorama Atapuerca y Altamira se complementaban…

> *Hola somos burgaleses, comparando estas cosillas con nuestra Atapuerca…*
> *(agosto de 2003).*

> *Aupa! Qué pasó? Aquí desde Burgos venimos las Poyo-Power a ver si vemos algún chico prehistórico. Vivan los peludos!! Salud! Psd. Id a Atapuerca (8/10/2003).*

> *Guillermo de Burgos ha estado aquí, lo ha disfrutado mucho e invito a todos a visitar el proximo museo de Atapuerca en Burgos (29/7/2003).*

> *Muy bonitas, y os invitamos a que conozcais las de Atapuerca en Burgos. Vivar del Cid (Agosto de 2006).*

> *Este museo no está mal, mejor que Atacerda (Atapuerca) ¡Viva Tudela de Duero! (Mayo de 2004).*

> *Desde Altamira hasta Atapuerca. Burgos (11/10/2009).*

> *Aimara. Despues de Atapuerca, hoy en nuestro viaje al pasado toca Altamira (22/05/2010).*

> *Muy chulo. Ahora nos toca ver el Museo de la Evolución de Burgos (14/11/2010).*

> *Gran experiencia que completa a Atapuerca (5/8/2011).*

> *31/11/11 Burgos. Nos ha gustado mucho tambien podéis ver el museo de Atapuerca (Burgos).*

Desde Atapuerca
a Altamira
1.000.000 años de historia
Compañeros del mayor viaje del hombre

Nuestro pasado, nuestro presente
Un sueño, una realidad.
Desde Atapuerca, muchísimas gracias.

07/02/2013

Hasta que llegó la inauguración del Museo de la Evolución Humana en Burgos (2010)... En el mundo de la rivalidad interautonómica, en la cruda lucha por el turismo cultural, en una coyuntura de crisis económica, los dos museos estaban condenados a competir entre ellos, queriendo o sin querer. En el libro de visitas vemos reflejado este fenómeno. 2010 ya no es 2003. A comienzos del siglo XXI la neocueva es una virguería técnica y el Museo de Altamira alcanza las mayores cotas de innovación a nivel expositivo y didáctico. Sin embargo, en 2010, en esta realidad de acelerados cambios tecnológicos y recortes presupuestarios, el Museo de Altamira ha quedado rezagado con respecto a la novedad del centro burgalés. A mayores, Altamira cuenta con un condicionante clave para una gran mayoría de visitantes: no hay nada auténtico en la neocueva. Este argumento, junto con el despliegue tecnológico y didáctico, es esgrimido por aquellos que comparan y defienden la opción de la vieja capital castellana. Evidentemente, huelga decir que en muchos casos se trata de ciudadanos y ciudadanas oriundos de Burgos. En la cultura política de Altamira analizamos este proceso de patrimonialización a raíz del desarrollo de las autonomías:

*Hemos venido de Bilbao y es muy bonito aunque Atapuerca es mejor (29-9-2010).*

*Burgos! The best Atapuerca! N. (27-X-2010).*

*Deberían aprender de Atapuerca (agosto de 2011).*

*Museo de la Evolución de Burgos, mucho más didáctico (febrero de 2012).*

*Muy interesante y la visita muy bien explicada, pero nada que ver con el Museo de la Evolucion Humana de Burgos y los yacimientos de Atapuerca (3/8/2013).*

*Esta muy bien, pero... ¿dónde están los originales?. Visite Atapuerca (Unos de Burgos). (20/8/2013).*

*Muy bonito todo aunque echamos en falta alguna referencia más amplia al Hombre de Atapuerca (4/9/2013).*

A día de hoy, el MEH burgalés cuenta con un enorme potencial. Convertido en un auténtico repositorio espectacular de fósiles de homínidos, a la altura del Museo Nacional de Etiopía, forma parte del engranaje de un proyecto de investigación con un impacto mediático sin rival. A su vez, se complementa con la visita al yacimiento arqueológico de Atapuerca y a las excavaciones durante las campañas de verano. Todo ello se enmarca en un megaproyecto mediático que alcanza todos los ámbitos de la cotidianeidad. Como ha dejado escrito el profesor Gonzalo Ruiz Zapatero en un párrafo antológico (2014: 230):

«De mi último viaje a Atapuerca me traje una caja de bombones con forma de bifaz, dos libros nuevos del EIA, otro de ficción para niños, un puzle con escenas del Pleistoceno y una figurita de Heidelbergensis. Antes de abandonar Burgos capital, me encontré a un chico de la Gran Dolina gigante con una hamburguesa en la mano que anunciaba una taberna proclamando «¡Evolucionamos! La otra forma de comer», y cuando más adelante paré a echar gasolina me encontré montones de folletos de la Fundación Atapuerca, en español e inglés, al lado de la caja. Comprobé que el folleto, que imaginao fue repartido por todas las gasolineras de la región, cuenta con la colaboración de la Asociación de

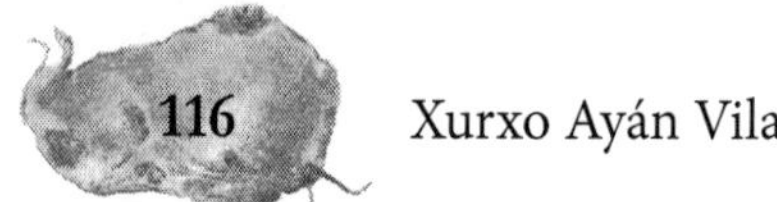

Vendedores al por menor de Carburantes y Combustibles de Castilla y León. Quizás en detalles como estos reside también el éxito siempre perseguido de Atapuerca: llevar la investigación a todos los rincones posibles de la sociedad y ¡parece que siempre descubren rincones nuevos!».

Por el contrario, el Museo de Altamira cuenta con una cueva cerrada para el común de los mortales y una réplica. En el caso burgalés todo se divulga, todo se da a conocer, todo parece ser auténtico. En el caso cántabro, los condicionantes son enormes. Sin embargo, Altamira conserva incólume su valor social, el atractivo universal de lo escondido y lo oculto. A la hora de escribir estas líneas aún palpita en la Red el notición: «Los bisontes reciben en casa», como titulaba *El País*. Unos cuantos afortunados podrán acceder a la cueva original, experimentar una sensación exclusiva al alcance de los VIP. Pero por el momento, el Museo de Altamira se lo sigue jugando todo a una carta: la de transmitir emociones y experiencias únicas, la de contribuir a preservar el patrimonio, la de incentivar, insinuar, motivar e instruir.

En nuestra opinión, por eso es tan importante que los y las responsables del complejo altamirano tomen nota de lo que los ciudadanos dejan por escrito en los libros de visitas. El futuro del museo depende de ello.

*Faltan referencias a la importancia de Atapuerca y los descubrimientos hechos allí por muy importantes antropologos españoles (Agosto de 2006).*

*Donde esté Atapuerca... que se quite todo esto! (Agosto de 2006).*

*Me ha gustado mucho, sobre todo las ruinas romanas del final y el hombre de Atapuerca (Agosto de 2007).*

*Esto me aburre ¡Es mejor Atapuerca! (11/8/2007).*

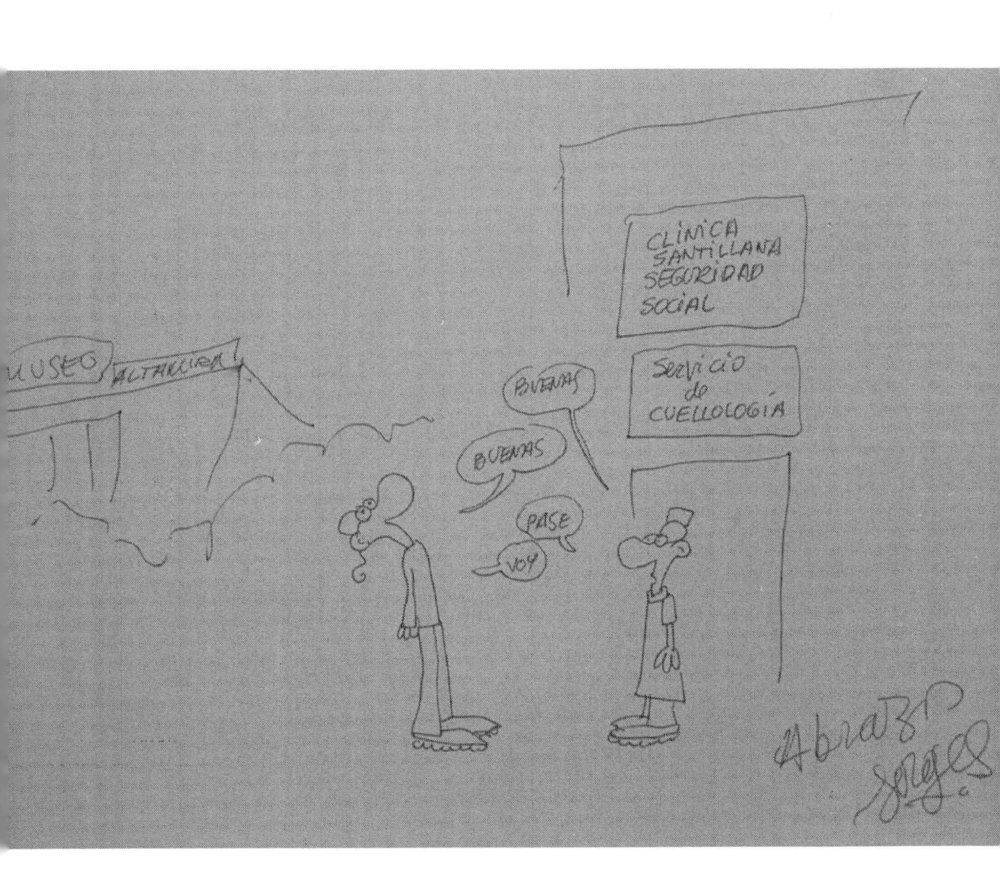

MUSEO ALTAMIRA
BUENAS
BUENAS
PASE
VOY
CLÍNICA
SANTILLANA
SEGURIDAD
SOCIAL
SERVICIO
de
CUELLOLOGÍA
Abrazo

# CULTURA MUSEÍSTICA DE ALTAMIRA

*Gracias a la insistencia de Iker Jiménez en sus programas, estamos hoy aquí*
*Felicitadle por su lavor divulgativa*
(24/7/2012)

El castro de Santa Trega (A Guarda, Pontevedra) es el segundo sitio más visitado de Galicia después de la catedral compostelana. Este espacio es gestionado desde la década de 1910 por la Sociedad Pro Monte Santa Trega, fundada por indianos de A Guarda emigrados a Puerto Rico. Mirador natural sobre la desembocadura del Miño, en él confluye la devoción popular por la santa venerada en la capilla que corona el castro, su importancia como signo icónico-visual del pasado celta de Galicia y referente identitario en el presente. Promocionado turísticamente desde el primer tercio del siglo xx (Villa Álvarez, 2004), el modelo de visita a Santa Trega es el siguiente: cada día llegan autobuses y autobuses de jubilados, sobre todo portugueses, a los que los responsables del *trip* conceden 10 minutos de esparcimiento en total. En este tramo temporal, el visitante puede hacer una de estas cosas: tomar una consumición en el bar, comprar esos *souvenirs* entre *kitsch* y *gore* (triunfa mucho algo tan típicamente gallego como las castañuelas flamencas), visitar a la santa en la capilla, sacar fotos en el mirador, observar el Atlántico por esos míticos catalejos fijos sesenteros, miccionar, visitar el pequeño museo local o bajar incluso a ver el espacio doméstico del castro. Dentro de este panorama el anecdotario es amplio y variado; mucha gente piensa que las casas circulares de la Edad del Hierro son un laberinto creado recientemente. Incluso se ha dado el caso de dos señoras mayores que se equivocaron y acabaron rezando, arrodilladas, delante de una vitrina del museo en la que se exponía un ídolo de piedra castreño (com. pers. de Leonardo González). A veces el sueño de la razón produce monstruos, y el turismo cultural no iba a ser menos. Muchas veces una visita es satisfactoria no por el rigor científico y el tratamiento didáctico, sino por materializar aquella máxima rockera: el *show* debe continuar. Cosas del patrimonio-espectáculo, del *marketing*, de los yacimientos arqueológicos convertidos en *malls* y parques temáticos.

> *Me ha sorprendido gratamente la neocueva y el Museo. Excelente la exposicion de todos los elementos. "No es un parte temático". Enhorabuena (3/7/2011).*

> *Ahora que Altamira es de cartón piedra (septiembre de 2011).*

> *De parte de una familia de ORDES (a Coruña) muchas felicidades y muchas gracias por este espectáculo (15/7/2012).*

Estas son las coordenadas generales en las que se mueve la inmensa mayoría del público visitante y eso lo debe contemplar todo modelo teórico de gestión del patrimonio. Las personas acuden llamadas por múltiples motivos que en muchos casos nada tienen que ver con la prehistoria y la arqueología: por el valor ecológico del lugar, por su trasfondo simbólico o religioso o por ocupar horas de ocio o porque los han metido (obligados o no) en un autobús, vehículo que llega a transformarse en un marcador de identidad:

> *Somos un Autocar de Vera (Almería) todos con ganas de comer en el Hotel Torrelavega lo pasamos muy bien nos vamos contentos (19/10/2010).*
> *El Jefe Grupo.*

Asimismo, el efecto llamada puede cursarse por vías al margen de la ciencia, como lo demuestra la cita introductoria que hemos elegido para encabezar este apartado. En estas circunstancias y en sitios tan multitudinarios como Santa Trega o Altamira es difícil calibrar lo que podemos denominar la cultura museística de la gente. Por eso es tan importante contar con el libro de visitas. En sus páginas podemos estimar la formación académica previa del firmante, sus prejuicios, su percepción de la prehistoria y la arqueología, sus expectativas y el grado de satisfacción de la visita. La propia microhistoria del museo se puede reconstruir a partir de este registro. Así, por ejemplo, vemos cómo el anuncio del Gobierno de España de prescindir de visitas guiadas en 2007 tiene unas consecuencias inmediatas en la valoración que la gente hace:

*Muy bonito, pero ¿dónde están los guías? (21/4/2007).*

*La cueva no tiene sentido sin guías es una injusticia que solo alguno los tengan (6/4/2007).*

*Sin guías, no se entiende ni se disfruta igual. Es el 3 año consecutivo que venimos de Madrid. Este ha sido una decepción (2/4/2007).*

*Todas las visitas tendrían que ser guiadas. parece increíble que el Ministerio de Cultura quiera que sean libres (21/6/2007).*

En las páginas que siguen centraremos nuestra atención en tres aspectos que nos parecen clave de la crítica museística popular volcada en el libro: la reivindicación de un tratamiento del género en la exposición, las diferentes valoraciones del proyecto de la neocueva y la defensa de una gestión del patrimonio más inclusiva, participativa y democrática.

# Prehistoria y género:
# la invisibilización de la mujer

> *No me gusta que a los toros te pongas la minifalda*
> Abril de 2004
>
> *LUZY ERES LA MEJOR*
> 24/11/2004
>
> *Qué buenos tiempos cuando los hombres le pagaban un trancazo a la*
> *mujer y pa la cueva*
> 8/12/2009

En la segunda mitad del siglo XIX el historicismo liberal progresista manejó una visión de la humanidad prehistórica muy propia del antiprimitivismo de la época (Pereira, 1998: 454-458). Como ejemplo utilizaremos la obra de un pensador gallego, Fernando Fulgosio, coautor de una *Crónica general de España ilustrada* en la que dedica algunas páginas a los antiguos pobladores. En su enfoque juega un papel importante el esquema evolutivo de las tres edades, haciéndose eco de los trabajos de Warsee (*The primeval antiquitees of Denmark*) y de Christy, miembro de la sociedad arqueológica de Londres que investigó en 1863 las cavernas de Perigord. El autor desarrolla una aproximación materialista y utilitarista que, por un lado, reseña el grado de desarrollo tecnológico de cada una de esas fases de la humanidad, y por otro, se esfuerza en demostrar el primitivismo de la prehistoria, vigente en las comunidades indígenas que estaban siendo explotadas y exterminadas por el colonialismo imperialista europeo de la época. En este sentido, la utilización del racismo sociocultural alcanza cotas escalofriantes con declaraciones como la que sigue, inserta en una defensa, a pesar de todo, de los primeros pobladores, en este caso, gallegos (Fulgosio, 1866: 18-19):

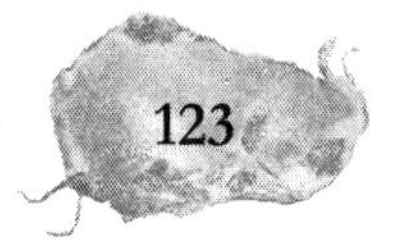

«Hubo, allá en tiempos remotos, una época, llamada hoy la edad de piedra, durante la cual no se conocía el uso de los metales para las armas y demás empleos. Los hombres que solo usaban semejantes instrumentos debian de ser rudos en verdad; y es injusto ó infundado agravio á nuestros padres, que por celtas é iberos eran aryas, el compararlos con el salvaje de América, á quien Dios va haciendo desaparecer de la haz de la tierra.

Jamás el americano, salvaje ó á medio civilizar, de sangre inferiorísima á la blanca, supo hacer frente con éxito a un puñado de esforzados aventureros europeos, al paso que Roma necesitó su mejor general y mas grande hombre, César, para señorear las Galias, hallando increíble resistencia en España, cuya conquista le costó dos siglos y torrentes de sangre.

El salvaje, lejos de ser, como erróneamente pretendían los filósofos del siglo pasado, verdadero representante del hombre primitivo, es meramente el hombre degenerado».

Desde estos parámetros la época primitiva se considera como una fase infantil de la raza humana, como una Edad Dorada (siguiendo el tópico de la literatura clásica) en la que la ausencia de una mínima tecnología conllevaba una vida dura, simple y salvaje. Los habitantes de las cavernas vivían en un verdadero estado de salvajismo natural, caracterizado por su rudeza y por unas duras condiciones de vida. Estos hombres carecían de una gran complejidad social y se organizaban de acuerdo con un comunitarismo primitivo y una estructura patriarcal. En palabras de otro autor gallego, representante de la historia imaginada (Vicetto, 1865: 15):

«Como dejamos consignado, los primeros pobladores de Galicia no tenian otra ocupación que la de defender su vida, y la de sus mugeres, hijos y ganados de la voracidad de las fieras que amenazaban sus ghas ya de dia, ya de noche: costumbre que absorvia todas las de su existencia».

Esta visión salvajista, racista y androcéntrica de los habitantes del Paleolítico va a llegar sin mayores problemas al siglo xx. Partiendo de esta tradición, los científicos, hombres (y en casos muy significados, curas), que exploran arqueológicamente las cavernas asientan el tópico del hombre primitivo, del varón que garantiza la supervivencia a través de la caza y de la guerra. La mujer, fuera del discurso, se vincula al ámbito doméstico y a actividades menores como la recolección. Esta estampa se traspasa directamente al ámbito de la ilustración, ya sea en los manuales escolares o en los primeros carteles promocionales de la cueva de Altamira. Las mujeres aparecen velando a los niños y manipulando caracolas. Jamás son representadas pintando el techo de polícromos. La cultura espiritual tenía un artífice claro: el hombre de Altamira.

El tradicional discurso androcéntrico de la arqueología española, consolidado durante el nacionalcatolicismo, se proyectó en el ámbito museístico hasta nuestros días[1]. Una visita a cualquier aula didáctica, ecomuseo, parque arqueológico, centro de investigación o museo local nos permitirá comprobar la vigencia del modelo de familia nuclear moderno aplicado directamente a la prehistoria. Maniquíes, esculturas y/o hologramas nos representan al trío (padre, madre e hijo/a) de castreños galaicos, de castreños astures, de neandertales, de magdalenienses, etc. A su vez, la mujer siempre se relaciona con las actividades de mantenimiento, con el cuidado de los niños, con el marisqueo, la recolección o, ya en la Edad del Hierro, se vincula directamente con la cerámica, el molino y el telar.

La arqueología de género se ha ido abriendo paso, no sin problemas, en la ciencia española en las dos últimas décadas (Jardón y Soler, 2014). En este sentido, está contribuyendo a matizar y modificar esta imagen y percepción del pasado prehistórico, al compás de la propia evolución de la sociedad (González Marcén, 2000, 2008; Hernando, 2000, 2007). Si en el cine de los sesenta y setenta la mujer prehistórica era reflejada como una mujer florero o mujer objeto (Jardón y Pérez, 2012), en los últimos años contamos con personajes femeninos que se convierten en protagonistas: mujeres exploradoras que se comen el mundo, ya sea Lara Croft en el cine para adultos o Dora la Exploradora para el público

---

1 Indispensable a estos efectos la consulta del blog www.pasadoreciclado.blogspot.com especialmente la sección *Casting superprehistórica* (Comendador, 2013).

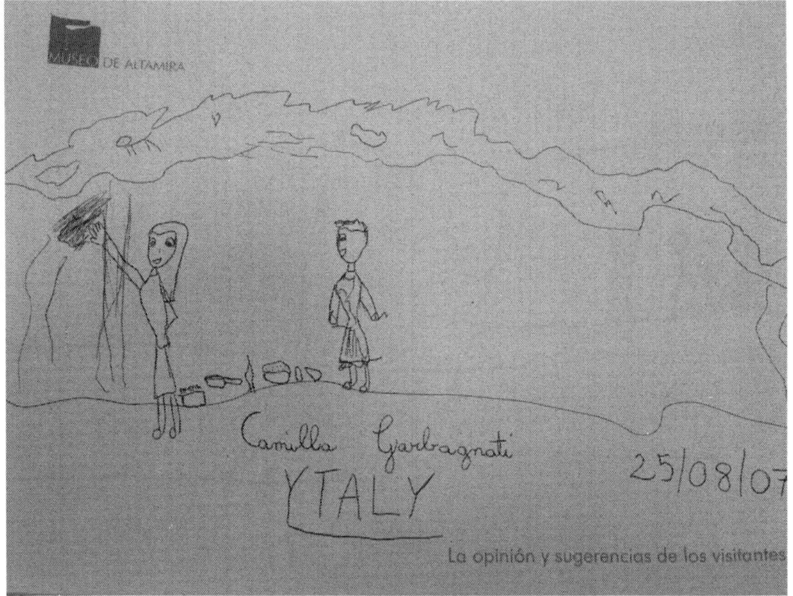


infantil. Si en los sesenta contábamos para el cómic con Altamiro de la Cueva, hoy en día proliferan cómics manga y variantes con mujeres prehistóricas *cool* o futuristas, dueñas de su destino.

La exposición del Museo de Altamira fue inagurada en 2001 y necesita, lógicamente, una revisión y una adaptación de los contenidos. A este respecto, resulta especialmente interesante que una de las principales quejas y sugerencias vertidas en los libros de visitas desde su inicio sea la denuncia expresa de la marginalización de la mujer en el discurso museístico. Por otro lado, algunas de las firmantes (porque son todas mujeres las que expresan esta opinión) asumen la lógica en la que se asienta el discurso científico del museo y plantean una hipótesis plausible sobre la autoría de las pinturas. En todo caso, se critica la visión androcéntrica de la exposición y el empleo de una determinada terminología, como el uso constante de la palabra hombre, en lugar de ser humano o de persona:

*El ser humano es hombre y tambien mujer: en todos los paneles la representacion grafica es del sexo masculino. Agosto del 2003 inicio del siglo XXI los avances se han dado en todos los campos (12/8/2003).*

*DEL HOMBRE LA FUERZA, DE LA MUJER LA INTELIGENCIA. Mientras que el hombre cazaba, la mujer pintaba (28/8/2003).*

*¿...Quién parió al Homo Sapiens? ¿La Donna Sapiens, quizas? Agosto de 2006.*

*¿Solo evolucionó el hombre? ¿la mujer no? Yo cambiaria por "ser humano" o algo más general (8/12/2006).*

*Una almeriense estuvo aqui y quedó fascinada pero os falta hablar del papel de la mujer en la época (6/7/2007).*

*Where are the women? (29/5/2007).*

*Estupendo que el hombre evolucione y conquista la cultura y la Histora, pero... ¿qué ocurre con la MUJER? (3/6/2007).*

*El lenguaje sexista como el neanderthal debe extinguirse (3/6/2007).*

*Un poquito androcéntrica la interpretación de la prehistoria, ¿no? LAS MUJERES EXISTIMOS (18/7/2007).*

*Para que después digan que no venimos del mono! Eso... y de la mona!! (14/10/2007).*

*E le donne...? dove ese lartista fossestatat una donna?... e non sono femminista!! (10/8/2007).*

*Nos parece que ya es hora de que se deje de usar el término "hombre" para representar a los seres humanos. Nos gustaria que la mujer prehistorica apareciera algo mas ¿Y si fue una mujer la que pintara los animales? (21/12/2008).*

*Quisiera que diérais también información de las mujeres del paleolítico superior. Parece que no existían y los hombres se autoreproducían. I. F. (28/8/2010).*

*Todo muy bien, pero aún le falta al museo evolucionar en género. Estamos convencidos de que la mujer tuvo un papel primordial en los dibujos, en la evolución, en la utilización de utensilios y aún así en su museo, solo se habla del "HOMBRE" Por favor, que estamos en el s. XXI!!! (Agosto de 2011).*

*Gracias por enseñarnos de una forma tan especial cómo empezamos en la tierra. Buenísima exposicion. Una recomendación: comiencen a sustituir la palabra hombre por otros términos que incluyan también a las mujeres. Demostrarán valentía, respeto y un paso más en la mejora de la humanidad (12/11/2011).*

*Enhorabuena por el trabajo de investigación y de representación en el museo. Se puede conocer mejor a nosotros mismos. Por cierto, si los hombres cazaban, las artistas debieron ser las mujeres, que pintaban (13/7/2012).*

*Una visita interesante a la que sólo falta reflejar a la otra mitad de la población. Interesante la evolución del hombre, en el futuro espero poder ver la de la mujer. Gracias (Agosto de 2013).*

*Cuándo cambiaremos la palabra hombre por persona? (4/1/2014).*

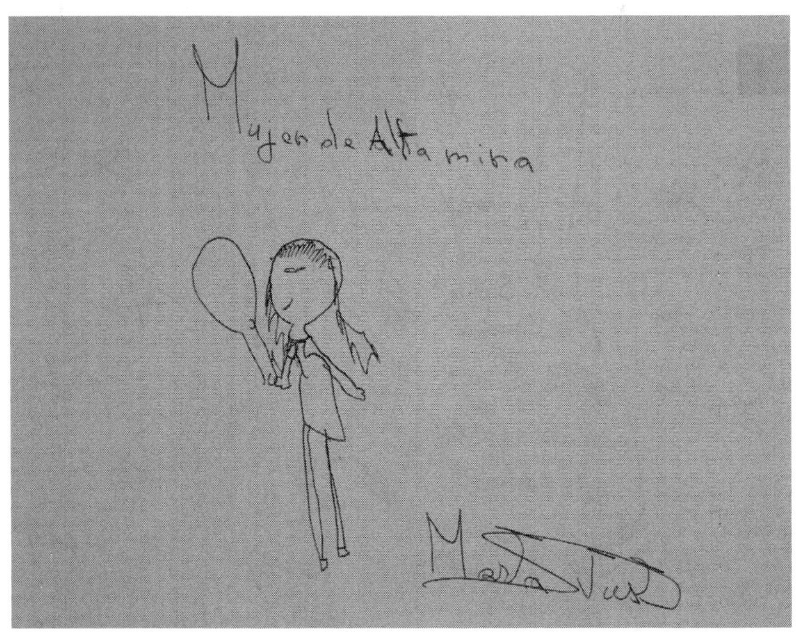

*Es increíble observar q el ser humano con el tiempo y la evolución nos organizamos peor y nos autodestruimos. Desapareceremos? Hacer constar q se podría cambiar "hombre" por humano y tener en cuenta a la mujer en todo esto (22/2/2014).*

Si atendemos a los propios testimonios de los visitantes, esta carencia se subsana en parte gracias a los contenidos aportados en las visitas por los guías del museo:

*Les felicito por dar la posibilidad de que las personas que pintaran la cueva fueran mujeres. El guia fue Constatino, muy bueno (Mayo de 2013).*

*Me ha encantado el museo y sus instalaciones pero sobre todo me ha agradado que haya un cambiador de bebés en el baño de los hombres. Eso si que es un adelanto de la historia (Abril de 2012).*

*Excelente trato, excelentes explicaciones, excelentes intalaciones pero sigo pensando que las pinturas las hicieron las mujeres, el hombre pensaba en otras cosas (30/11/2013).*

Asimismo, las recientes actividades desarrolladas en el interior del museo, como las visitas teatralizadas, han coadyuvado a matizar este enfoque androcéntrico todavía presente en la exposición:

*Una bonita historia de como no tiene sentido la diferencia entre sexos con independencia de las mejores condiciones fisicas y mentales para hacer cualquier cosa. Muy bonito. Gracias (8/3/2014).*

## La insoportable levedad de la neocueva

> *Aún no he entrado en la cueva, pero qué es la neo-cueva? La nueva saga*
> *de MATRIX?*
> 5/8/2003

> *¡A falta de pan buenas son tortas!*
> Agosto de 2003

> *Es una pena no poder ver la (cueva) original al fin y al cabo nos morimos todos*
> Julio de 2006

> *Estas cuevas (NEO) son una respetable CARA-B de las Originales ¿Dónde*
> *habrán ido los sueños de aquellos hombres y mujeres? Desde Cuenca, P*
> 15/8/2011

> *Otra cagada más para joder la realidad*
> 28/6/2009

Una parte (no muy mayoritaria, todo hay que decirlo) del público adopta una postura comprensiva hacia el proyecto de la neocueva. Como vimos en Altamira revisitada, muchos de los que opinan así son personas que tuvieron la oportunidad de ver las pinturas originales y que ahora vuelven acompañados de sus niños o nietos:

> *En 1974 visitamos las primitivas. Hoy vuelvo y nos han gustado. Están bien*
> *conseguidas (15/3/2009).*

> *El dia de mis 39 años de casados estuvimos aqui. Tambien visitamos las autenticas*
> *en el 73 estupenda visita (31/10/2009).*

> *Añadiendo a este comentario anterior debemos de felicitar el trabajo realizado para*
> *mostrar las cuevas. Yo soy una de las afortunadas que pudo visitar las reales allá*
> *por los años 70 (24/10/2009).*

*Muy bien hecho. Conocí de niña la cueva original pero hoy me he enterado de mucho mas (Octubre de 2009).*

*Este Museo es francamente fantástico. La réplica de la cueva original es, verdaderamente, muy similar tuve la oportunidad de visitar la cueva en el año 1980. Genial! (1/4/2010).*

*Visité la cueva en 1960, y la réplica es bastante fidedigna. ¡Enhorabuena! (1/7/2010).*

*La primera vez que vi Altamira tenia 6 años. 30 años despues sigue siendo tan impresionante como antes. Buen trabajo con la réplica (Julio de 2010).*

*Tengo la satisfaccion de decir que he visitado las cuevas verdaderas hace ya mas de 30 años. Fue una gozada y por un momento me senti un hombre primitivo. Lo recuerdo como si fuera ayer. Hoy dia 28-6-2011 estoi otra vez en el mismo sitio reencontrandome con el pasado. Ha sido una experiencia inolvidable. Gracias (Junio de 2011).*

*Visité la original en 1954 y la répica me parece digna (23/6/2011).*

*Hace 33 años me quedé muy decepcionada por no poder ver las cuevas cerradas. Hoy por fin he podido ver la neocueva. Una historiadora! (9/8/2011).*

*Hace 28 años vine por primera vez y era una niña. No recordaba bien lo que vi y hoy reconozco que esto es maravilloso (Agosto de 2011).*

*Por fin de regreso. Estuve en 1970 en la cueva original, con 10 años. Vuelvo a los 52 a la NEO CUEVA (30/9/2011).*

*En 1996 visité la Cueva de Altamira ¡La original! Ahora, años después, he visitado la Neocueva. Es la representacion de un gran trabajo del grupo de investigadores e ingenieros. Pero hecho de menos la original. El trazado de aquel (o aquellos) que dejaron para la posteridad los trazados de la "Capilla Sixtina del Quaternario". ¡Por favor! ¡Investigadores del CSIC! Aunque sea reducida la entrada, permitid de nuevo que podamos volver a deleitarnos con la vivencia de la original (30/9/2011).*

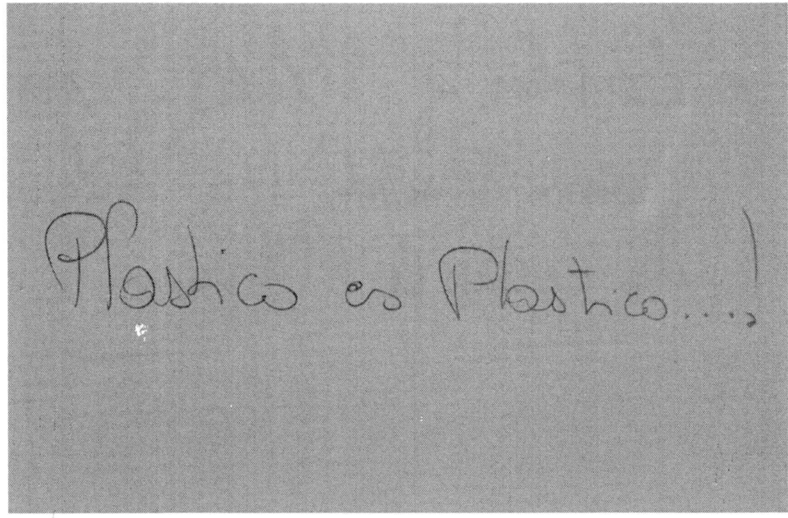


La propia experiencia y el sentimiento de legar a las futuras generaciones el patrimonio son factores claves para asentar esta postura. Del mismo modo creemos que también ayudan mucho los vídeos que se proyectan tanto en el museo como en la visita a la neocueva. El ciudadano entiende perfectamente los efectos causados por la masificación de las visitas en las décadas precedentes y valora el esfuerzo tecnológico y científico para buscar una alternativa viable al cierre provisional de la cueva.

> *El museo está muy logrado y m'agradat moltíssim! Es una pena que no hagi pogut visitar la Neocueva. Muak's (4/8/2010).*

> *Solidaridad con los técnicos. Yo creo que vosotros sabéis lo que hacéis lo más conveniente para las cuevas (7/11/2010).*

El recorrido por la exhibición consolida en muchos casos la confianza en la labor de los investigadores y científicos. Esta comprensión llega incluso a derivar en actitudes de total empatía hacia las medidas cautelares adoptadas, reivindicando que la cueva se abra solo a técnicos y especialistas.

*Sugerencia final. No abran, por favor, la cueva original al público, a fin de preservarla. Sólo para científicos o estudiosos acreditados. F.S. DISEÑADOR GRÁFICO (Agosto de 2010).*

*Nos ha encantado todo el planteamiento de la réplica de la Cueva y NUNCA debería de abrirse la original. El ser humano, no sabe cuidar la herencia de la naturaleza (Septiembre de 2012).*

La segunda actitud que detectamos en el libro de visitas es la de personas que reconocen la calidad expositiva y la utilidad didáctica del museo, pero echan en falta la visita a la cueva original. En este sentido, contamos con interesantes testimonios que ponen en entredicho la visión proteccionista y patrimonialista que rige los destinos de Altamira, por lo menos hasta el momento. Ciudadanos y ciudadanas que reflexionan de manera crítica y deconstruyen esta lógica museística con argumentos que en algunos casos nos parece bastante difícil rebatir, a no ser echando mano de citas de autoridad, a la manera de los creacionistas que firman el libro de visitas.

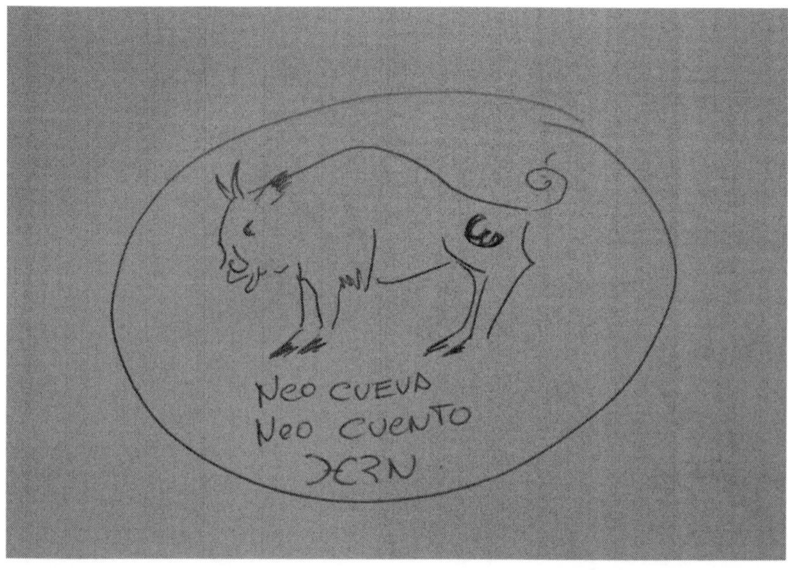

*Creo que este museo está bastante bien, aunque creo que tendrian que dejar ver la cueva a más gente. Si a la gente le interesa el llacimiento lo respetará! (17/8/2003).*

*Con el mayor respeto del mundo quiero hacer constar esta opinión de una visitante que acaba de ver la "neocueva", "protocueva", "megacueva"o como más científica y técnicamente quieran ustedes llamarla. No deja de ser una "chapuzacueva". Mi sentimiento en este momento es el de la más absoluta "decepción". Y digo yo, inculta de mí, está muy bien y comprendo que se haya cerrado la cueva para conseguir su conservación por siglos ¿Pero para qué sirve conservar algo que no se puede disfrutar? ¿De qué sirve un parque en el que no se puede sentar para no estropear la hierba? Un yogurt en la nevera puede durar mucho tiempo pero no se disfruta hasta que no se come. ¿No podríamos encontrar una solución intermedia? Sería poner un poco de parte de todos, un poco de civismo de los visitantes y un poco de voluntad y medios por parte de las autoridades. Y en último caso hay que aceptar que las cosas y las personas son perecederas. Algún día nosotros no estaremos aquí y las cuevas de Altamira tampoco. Disfrutemos de ello civilizadamente mientras estemos todos. Saludos (Mayo de 2004).*

*Es una pena ver una reproducción de la cueva. Conservar algo para que el hombre no pueda verlo... (15/2/2009).*

*Me ha gustado pero preferiría ver la original, ya que las cosas bonitas están para disfrutarlas en el presente (18/7/2009).*

*Si van a guardar la cueva para el futuro, y en el futuro no van a dejar entrar a nadie ¿Para qué la guardan? (24/7/2009).*

*Para qué quieren preservar algo que jamás verá nadie??? (Lástima de impuestos) (Agosto de 2009).*

*Desde Nerja tierra de artistas reconocemos el arte de estos precursores, por eso creemos que es necesario su reapertura al mundo. P.S. El arte es único no es justo que existan réplicas (14/12/2010).*

*Un poco desengañada vi las autenticas en los años 70, pero bien para quien no las ha visto (24/2/2011).*

*Existe la suficiente tecnología para que esta generación viviente, disfrutemos del placer de ver la cueva en vivo y dejarlo para generaciones posteriores que quizás no le interese. Para mí la réplica es como aceptar una mentirijilla o engaño (19/7/2011).*

*Yo tuve la suerte de ver la autentica cueva en 1969 soy afortunada (agosto de 2011).*

Estas personas que practican con convicción un verdadero turismo cultural poseen una notable cultura museística, conocen otras áreas arqueológicas y otros museos centrados en la prehistoria y la puesta en valor de yacimientos paleolíticos. Con este bagaje deciden utilizar el libro de visitas para intentar mejorar o cambiar en el futuro una propuesta museística que consideran equivocada, inapropiada e injusta.

De esta actitud reflexiva crítica pasamos a otra que no hace concesiones de ningún tipo, abandona el escepticismo y se explaya por los derroteros del fiasco y la decepción más absoluta. Una muestra amplia de visitantes se siente engañada. En la cultura-espectáculo en que nos movemos, dentro de los procesos de mercantilización del patrimonio, el usuario-cliente (ciudadano) que compra un producto cultural (visita a una cueva con pinturas) denuncia en el libro de reclamaciones (libro de visitas) que le han dado gato por liebre. En su búsqueda de un contacto físico con el pasado, estos consumidores defraudados apelan a la falta de autenticidad de lo que han visto, previo pago.

*Dijo Benavente: "Bienaventurados sean nuestros imitadores, porque de ellos serán nuestros defectos" (11/5/2003).*

*No me a gustado porque son los dibujos mas falsos que la barbi de mi hermana (Agosto de 2003).*

*Todo es una vergüenza! Hacen una tontería de algo muy serio, estilo de este país cutre, cutre (Abril de 2004).*

*Esto es un fraude no se ve ninguna figura nada más que lo que Vdes. Desean que uno vea y la verdad, esto no es correcto (8/6/ 2004).*

*Debería haberse recreado el ambiente lo más real posible de la cueva auténtica, que parece que vemos desde un escaparate Ya que no podemos visitar la auténtica, somos turistas no tontos (Abril de 2009).*

*En el IES José Mª infantes han imitado las pinturas rupestres de Altamira, en la asignatura de Plastica, no le envidia nada a esta buena imitacion. Nos tomaron el pelo... (1/7/2009).*

*Esto es una autentica... (4/8/2009).*

*Vine a las cuevas de Altamira "auténticas" hace 36 años. Hoy he vuelto y, nuevamente, ¡me han parecido muy interesantes! 21-VIII-10 Rafa p.d. pero...¡no hay nada como "lo auténtico"! 2010.*

*La cueva a sido una mierda, era plastiko (22/2/2010).*

*La cueva de Altamira es todo mentira. Firmado: Sapiens (Febrero de 2010).*

*Visitar la Cueva del Soplao y no esta que tendrá los años que tú qieras pero no vale la pena. P.D. es una chusta (agosto de 2010).*

*Aquí todo es más falso que un billete de 3 euros (Junio de 2010).*

*Las cuevas me han parecido mas ruido que nueces al menos las de mentira (23/9/2010).*

*Bonito, pero al no ver el original decepciona mucho. Venimos de La Rioja, mucha cueva pero sin vino (28/11/2010).*

*¿Dónde están las estalactitas? Matarile maatarile....matarile-rile-ron ¡Chispón! (Agosto de 2011).*

*Vaya estafa, con tantas cuevas, tantas cuevas y ahora nos ponen corcho pintados. Anda que...!!! (26/11/2010).*

*Cueva de Almintira (Junio de 2011).*

*Vinimos a ver una cueva y vimos un museo más (agosto de 2011).*

*Faire 2 heurs pour voir une reproduction d'Altamira en carton-paaste, style décor de théatre, quelle déception!! Vive Lascaux (5/8/2011).*

*Vine con 9 años y me resultó realmente impactante. Ahora con 37, me da pena haber gastado 6 euros para ver cartón y 4 actores de segunda. Una pena...*
*(6/7/2011).*

*Esta cueva es de plástico. Desde Taragoña con amor (14/8/2011).*

*C'est bien, mais c'est du plastique!:). (Marzo de 2012).*

*A estado genial pero se notaba que era todo falso (las manualidades super chulas) (4/8/2012).*

Fraude, estafa, decepción y mentira son los sustantivos que trufan un libro de visitas convertido en un improvisado libro de reclamaciones. Los denunciantes fortalecen sus argumentos al tomar nota de una serie de prohibiciones, actitudes y planteamientos museísticos que ponen en relación con una estrategia mercantilista interesada únicamente en la maximización de beneficios y no en la socialización del patrimonio. Dentro de esta lógica uno de los puntos clave es la negativa a sacar fotografías, una limitación que no es comprendida por el público. Los visitantes, haciendo gala de una cultura museística consolidada, entienden perfectamente que no se retraten las pinturas originales. A su vez, comprenden que la génesis de la neocueva se encuentra precisamente en la necesidad de habilitar un espacio que permita el turismo de masas sin afectar al patrimonio. Dentro de este contexto, la negativa a fotografiar una réplica solo se entiende como un chabacano recurso para dirigir al visitante a la tienda de recuerdos, un establecimiento que maneja unos precios prohibitivos en muchos casos.

*Ya que no se permite hacer fotos, no estaria mal poner una pintura de un bisonte en la puerta para hacerse la foto de recuerdo (Agosto de 2003).*

*La cuevas son de todos y no tenéis que hacer negocio. Un español ofendido (14/10/2006).*

*Aquí estuvo la familia Cabanyes y de Benito de Alicante. Nos ha gustado bastante pero no logramos entender el porqué no se puede filmar aquí fuera. Ni un recuerdo...*
*(Junio de 2010).*

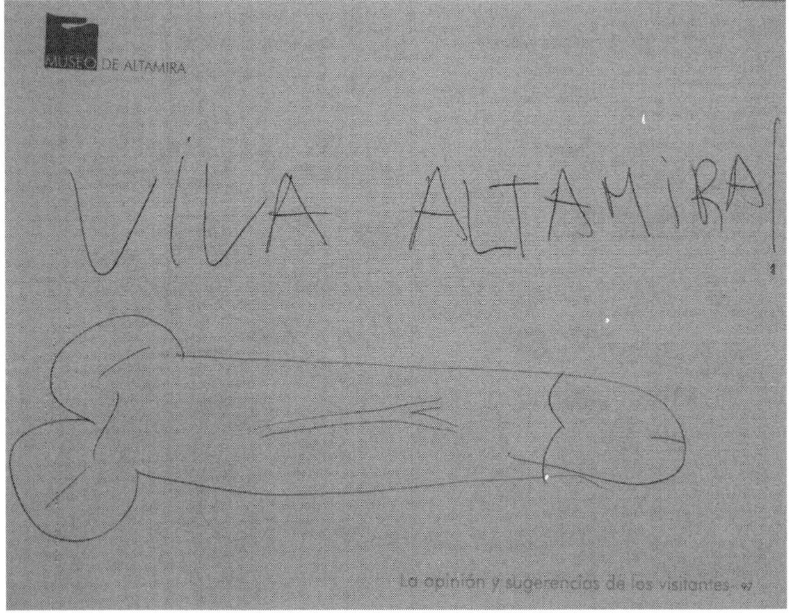


*Muy bien todo pero si uno visita una cueva falsa mínimo dejen tomar fotografías (2/10/2010).*

*No merece la pena para nada. Te cobran y no puedes hacer fotos. Un desastre (30/10/2010).*

*¿Por qué no se pueden hacer fotos a reproducciones de originales? El resto está bien (7/11/2010)*

*Dejarnos hacer fotos que es una replica y mi madre no las ha visto y quería llevarle unas fotossss!! (9/11/2010).*

En esta misma línea, hay visitantes que ponen el grito en el cielo por la masificación, la rapidez de las visitas guiadas y el trato recibido en un museo que más que un centro cultural se convierte en una fábrica de dinero masificada y gentrificada en la que funciona la máxima *Las ovejas que entran por las que salen.*

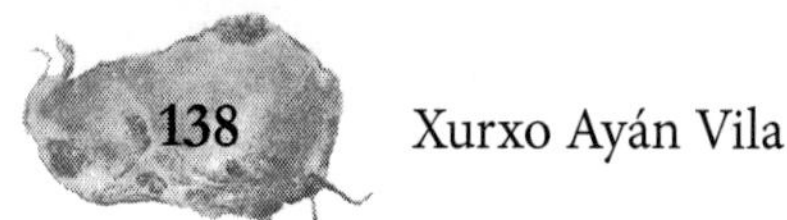



*¡Enhorabuena! ¡¡han pasado de la comunidad de 25 a 30 individuos a meter ahí 2500 o 3000 personas al día!! ¡¡¡como borregos hacia el magdaleniense!! (29/8/2003).*

*La evolucion del hombre no fue tan rapida como la visita a la Neocueva, pero mereció la pena (29/8/2003).*

*Toda una red comercial explotando al hombre primitivo (9/9/2003).*

*La visita es demasiado rápida, sin tratamiento en muchas de las pinturas. Creo que solo se busca la explotación económica (28/7/2006).*

*He sido la visitante 43.338.239.897 Esta es la consideracion que he obtenido aqui. Con esto creo que queda bastante claro mi impresión acerca de la "visita" (Abril de 2007).*

En este sentido, abundan las críticas que ponen en tela de juicio el modelo de mercantilización del patrimonio aplicado en una infraestructura que el visitante reconoce como pública, erigida por el Gobierno de España con los impuestos de todos.

*A mí si me ha gustado pero lo que pasa es que lo han explotado mucho. Yo creo que no deberían cobrar la entrada; es un descubrimiento histórico, y debe ser gratis. ¡¡Que no tengo tanto dinero!! (23/4/2006).*

*Esto es un negocio a costa de los que estamos interesados en conocer la historia de nuestro país (4/8/2007).*

*Soy de Valladolid, y la réplica está muy lograda, pero no entiendo porque pagando impuestos, se vuelve a pagar para ver el patrimonio Español por segunda vez ¿No entiendo? 17/9/2006.*

*Fatal organización y abusivo pagar una entrada para ver una réplica que hemos pagado todos los españoles. Agosto de 2007.*

*Día 8 de Agosto de 2006, despues de un año de retraso en la intencion de visitar el Museo (dado que el año anterior acudimos aqui y no habia entrada) hemos conseguido en 15 minutos pasearnos por 18.000 años de historia. Hace 3 dias visitamos la Cueva del Soplao, me gustaria pensar que dentro de 5 años no sea un "negocio" tan redondo como este. "la Naturaleza va en contra". Por cierto la gestion de entradas con el Banco Santander deberían mejorarlo. No obstante intentaremos visitar la cueva original si es posible. Podriamos haberlo disfrutado mucho mas.*

*Me faltó la emoción de la autentica cueva. Suena muy falso y negocio de algo excepcional. 21/4/2007.*

En esta tesitura, algunos firmantes acaban reconociendo que sin poder ver la cueva original no hay ningún motivo para acercarse a Altamira. Al perder toda sensación de originalidad, autenticidad y emotividad, se resignan a echar mano del fordismo posindustrial. En un presente marcado por las fasificaciones, el pirateo, la descarga masiva, la réplica y el duplicado en tiempo real, el cliente experimenta el síndrome de Las Vegas. Igual que se construyen copias exactas y a escala de templos griegos y pirámides, se podría registrar la marca Altamira y abrir franquicias por todo el mundo. Estos visitantes conocen la existencia real de otras réplicas de la cueva, como la del Museo de la Técnica de Münich (1962), la del Museo Arqueológico Nacional de Madrid (1964) y la del Parque Temático Ise-Shima en Japón (1994).

*Vengo de Miami a ver el museo de Altamira. Deben de poner una en Miami (22/8/2003).*

*Me gustaría poder ver la cueva real, anuncien algun dia, queda como un poco coja la visita se nota mucho que es de mentira y las explicaciones muy generalistas, pueden poner sucursales por toda España y así no nos desplazamos (28/9/2003).*

*¿Me pueden explicar porque en la cueva reproducida no se pueden hace fotos? ¿quizá es por el negocio de ventas? Si quieren contestarme les dejo mis señas de e-mail. Como no conozco la auténtica no puedo decir si esta bien pero mas o menos como en la reproduccion del museo arqueologico de Madrid (Mayo de 2007).*

*He salido un poco decepcionada al final ves lo mismo que en el Museo Arqueologico de Madrid y todo demasiado deprisa para verlo (28/10/2006).*

*No me gusta nada del museo, la de Madrid es mejor. Anonimo (Octubre de 2010).*

*Deberíais tener una 2ª réplica para no hacer esperar a los visitantes tantas horas y una 3ª réplica de la 2ª réplica para que los que quieren visitar la réplica puedan visitarla con mas tranquilidad y una 4ª réplica de la réplica para los estudiosos investigadores de las réplicas..... Before present. Fernando Saez de Sautuola (12/8/2012).*

Como podemos comprobar, la frustración y la decepción se manifiestan a través del humor ácido pero también mediante una denuncia expresa de lo que se considera un auténtico abuso patrimonial, en el sentido de que nos encontramos ante un bien público que es de todos. Este argumento se vincula estrechamente con la defensa de la visita a la cueva original. Aunque hay casos en los que se apela a la manida teoría conspiratoria, hay otros más sensatos en los que se deja abierta la hipótesis de un mal uso político del patrimonio en detrimento de los derechos de todos. A este respecto conviene señalar que este discurso patrimonial ha calado hondamente en una población que no admite la privatización del patrimonio y mucho menos los privilegios de unos pocos a la hora de acceder a una cueva que se convierte en metáfora de la democracia española.

*Quién administra la historia? yo quiero ver el original (26/7/2003).*

*Tengo ganas de ver la de verdad y como tarden me voy a quedar viejito (13/4/2004).*

*Tenian q dejar ver la original, que para eso es de todos (1/6/2004).*

*El Museo un poco pobre, con 4 huesos mal puestos de animales. Cabras montañesas y ciervos también hay ahora. Me parece indignante que no se puedan ver las cuevas de verdad... ¿no son públicas? Muerte a la Guardia Civil! (Septiembre de 2009).*

*El Museo está muy bien pero deberían dejar ver las cuevas de verdad, ya que son de todos (Septiembre de 2009).*

*Queremos ver las cuevas originales y las cuevas de estalactitas... Es patrimonio Español! (Agosto de 2010).*

## Por una arqueología inclusiva

*La inquietud humana es extraordinaria. El museo nos permite participar de ella*
3/11/2010

*Quién hay que llegar a ser pá ver las originales? Premio Príncipe de Asturias?*
*Ganar Gran Hermano?*
6/9/2007

*Si la preservación es para generaciones futuras vendre en un futuro, ahora me voy*
*descontenta ante la imposibilidad de contemplar un patrimonio que pertenece a todos*
(Julio de 2007)

El burgués de origen catalán Tomás Mirambell Mirestany construyó a comienzos del siglo XX un lujoso chalé de verano frente a la isla de Toralla, al lado de la ciudad de Vigo. La finca alberga los restos de una villa romana a mare. En la década de 1920, la familia llevó a cabo exploraciones arqueológicas en las que participaban eruditos invitados por los Mirambell a pasar las vacaciones veraniegas en la finca (Hidalgo y Costas, 1982; Fernández, 2013: 29, fig. 14). Entre ellos, Martín Echegaray, los arquitectos galleguistas Gómez Román y Antonio Palacios, Martín Barreiro, Manuel Sanjurjo, Salvador Alonso o Braulio Echegaray (Hidalgo, 2010). Los huéspedes se llevaban a sus casas como regalo parte de los objetos encontrados. Del mismo modo que nobles y burgueses privatizaban islas (Martín Echegaray se adueñaba de la isla de Toralla, el marqués de Revilla de la isla de Sálvora, Alfonso XIII de la isla de Cortegada) también adquirían las antigüedades galaicas para formar parte de sus colecciones privadas.

En este contexto ideológico de la primera Restauración desembarcó el príncipe Alberto I de Mónaco a comienzos del siglo XX en Altamira, en donde tuvo un papel protagonista en las primeras exploraciones arqueológicas, tras haber fundado en 1910 el Institut de Paléontologie

Humaine (Moure, 1996: 20-21). El príncipe llegó a Santander en su yate PRINCESSE ALICE en julio de 1909. Acompañado de los sacedotes Breuil, Obermaier y Carbalho, así como de Alcalde del Río, conoció de primera mano la cueva de Altamira (Carballo, 1950: LXXVII- LXXVIII; Madariaga, 1996: 68). La jornada acabó con un almuerzo en el palacio del conde de Torreanaz en Santillana del Mar y en el palco de la plaza de toros de Santander, para disfrutar de una corrida. Era aquella una época en que la nobleza española y europea veraneaba en balnearios exclusivos y tomaba baños de mar en Donostia, Biarritz o la Costa Azul. El ocio, la cultura y el patrimonio eran valores apropiados y asumidos por la nobleza (Mantecón, 2008).

El libro de visitas VIP de Altamira se inicia en 1928 con la firma de Alfonso XIII. En esos años van a ser reyes, duques y marqueses los responsables de este primer proceso de patrimonialización de la cueva de Altamira. Esta apropiación aristocrática de la prehistoria en la segunda mitad de los años veinte va a cambiar con la proclamación de la Segunda República española. El nuevo régimen apostó por el progreso y la modernización del país, con medidas como la promoción de la educación pública, la laicización del Estado, la reforma agraria y la concesión de autonomías a territorios históricos. La llegada del nuevo régimen democrático generó todo un proceso de apropiación simbólica del antiguo orden. Un buen ejemplo fue el Palacio de la Magdalena, residencia de verano de la familia Real entre 1913 y 1930. En 1932 el Gobierno republicano eligió el edificio como sede de la recién creada Universidad Internacional de Verano de Santander. En estos cursos estivales los estudiantes nacionales y extranjeros pudieron escuchar a la flor y nata de la ciencia y la intelectualidad españolas. En la edición de 1933, Hugo Obermaier fue invitado para impartir un ciclo de conferencias titulado *El hombre diluvial y su arte* (Madariaga, 1996: 75).

En esta línea de proyección cultural, la Segunda República creó el Patronato de las Misiones Pedagógicas con el objetivo de hacer llegar la educación a zonas rurales, ofreciendo recitales de poesía y romances, audiciones de música, representaciones teatrales, proyecciones cinematográficas, exposiciones y charlas sobre la Constitución y la participación ciudadana, donando gramófonos y discos, además de crear en los pueblos bibliotecas permanentes (Otero, 2006; Gimeno, 2010). Dentro de este proyecto se creó el teatro universitario La Barraca, con un programa dramático centrado en el teatro clásico español. En su periplo, la troupe de Lorca se acercó a yacimientos arqueológicos emblemáticos como Numancia (Jimeno y Torre, 2005: fig. 34, 193) o la propia cueva de Altamira, como se ve en el libro de visitas.

La cultura ya no era patente de corso únicamente de confesores de reinas, príncipes que viajaban en yate o de duques que mezclaban jornadas de caza y visitas a cuevas con pinturas rupestres. Este período supone un punto de inflexión en la socialización real de la cueva de Altamira. Por allí pasaron excursiones escolares de institutos de segunda enseñanza y escuelas, como la dirigida por el maestro Emilio de Velasco, de la graduada número 2 de Burgos, que dedicaron un recuerdo a Sautuola el 19 de julio de 1934. Por otro lado, se siguió potenciando la promoción turística del yacimiento, iniciada en el reinado de Alfonso XIII, con la reedición de guías en varios idiomas (Obermaier y Ortiz, 1935; González y Freeman, 1996: 252-253). En estos años destaca en el libro de visitas la presencia de académicos, alumnos universitarios y turistas procedentes de los Estados Unidos. La nueva cultura del ocio queda plasmada con la llegada a la cueva de miembros de clubs deportivos y automovilísticos.

En el ámbito de la investigación científica no se realizaron excavaciones pero sí que se recibieron nuevas misiones arqueológicas. En julio de 1930 había cursado visita la American School of Prehistoric Research, con miembros adscritos a las universidades de Columbia, Michigan, Chicago, California y Yale. Esta visita (Carballo, 1931) coincidió con la ruptura definitiva entre Obermaier y el padre Carballo, por discrepancias sobre la paternidad científica del descubrimiento de determinados objetos de arte de la cueva del Pendo (Moure, 2006: 88, n.p.: 33). Desde entonces y hasta el estallido de la Guerra Civil solo contamos con una expedición científica más, la promovida entre 1934-1936 por Leo Frobenius en la Forschunsinstitut für Kultur Morphologie para registrar el arte rupestre en España. Leo Frobenius contó con el apoyo de Obermaier, Bosch Gimpera y un joven Martínez Santa-Olalla que tendrá un especial protagonismo tras el golpe de Estado de 1936, como veremos. Esta misión científica contaba entre sus filas con los pintores E. Volhard, A. Bayrle, K. Marr, E. Pauli, E. Trautmann y Mª. Weyersberg, así como el fotógrafo M. Lippmann; en la campaña de 1934 participó el arqueólogo clasicista F. Altheim (Gracia, 2008: 7, n.p. 18; Gracia, 2009). Estos trabajos permitieron obtener una copia a escala natural de las pinturas y grabados de la cueva de Altamira en mayo-junio de 1936 (Gracia, 2009: 201-207).

Como podemos comprobar, en este período republicano, las autoridades potenciaron la cueva de Altamira como atractivo turístico internacional, como recurso didáctico pero también como yacimiento arqueológico generador de conocimiento y bien patrimonial a preservar. En esos años previos a la Guerra Civil se aprobó una Ley de Protección del Tesoro Artístico Nacional (1933), se creó una Comisión de Altamira, presidida por el ingeniero D. A del Corral (en Gracia, 2009: 203) y se fundó el Centro de Estudios Montañeses con su publicación periódica, la revista *Altamira* (1934) que todavía perdura. La Guerra Civil y el franquismo darían lugar a otro modelo de gestión, del que daremos buena cuenta en otra publicación diferente.

Lo que nos interesa traer aquí es una de las lecciones que nos aporta la historia: en muchas ocasiones no existe una evolución lineal, sino que esta está llena de rupturas, continuidades y *revivals*. Me explico. Parecía que a comienzos del siglo XXI las cosas no habían cambiado sustancialmente. El tataranieto de aquel príncipe monegasco, Alberto II, cursó visita a Cantabria en septiembre de 2010. Acompañado del presidente autónomico, Miguel Ángel Revilla, visitó Puente Viesgo. Hace 54 años se instaló allí un monumental bifaz con una inscripción que recuerda el texto que el primer Alberto dejó estampado en el libro de visitas de la cueva del Castillo: «Una de las glorias de España será siempre el haber contribuido de una manera tan brillante a establecer la verdadera historia de la humanidad». La nueva visita de la realeza monegasca quedó inmortalizada con una placa conmemorativa en la que se lee lo siguiente: «Con motivo de la visita de S.A.S. Príncipe Alberto II de Mónaco, Cantabria quiere recordarle y agradecerle a los soberanos monegascos el mecenazgo a las primeras excavaciones en el conjunto arqueológico de Monte Castillo, declarado Patrimonio de la Humanidad en 2008». Tanta honra, protocolo y boato debió compensar el malestar causado por una circunstancia inevitable: el príncipe no pudo entrar en la cueva de Altamira ya que en un régimen democrático todo hijo de vecino es igual ante la ley, y la cueva permanecía cerrada entonces a todo tipo de públicos. Sin embargo, este revés llevaría al presidente cántabro a quejarse amargamente sobre lo inoportuno de esta restricción (en Ruiz Mantilla 2010):

> «Altamira es un activo del que no podemos desprendernos. Cada personalidad que viene a Cantabria quiere visitarla. Tuve que decirle que no podía en su día a Jacques Chirac y hace poco a Calderón, el de México. Que no, que no había manera, así por lo menos podemos hacerlo. Yo sugerí el otro día que hasta podíamos invitar a Obama. Lo importante es que el símbolo lo pueda ver alguien».

Estas declaraciones generaron una cierta polémica que no pasó inadvertida a la gente del común que se acercaba al Museo de Altamira, como ciudadanos que pagan sus impuestos y sus entradas. En 2010 la crisis económica había llevado a superar el 20% de paro en España. Ese mismo año comienza a darse a conocer el denominado caso Noos que afecta de lleno a Iñaki Urdangarin y por extensión a la Casa Real.

*A mi me gustaría ser el Rey, para verla siempre que quisiera la original (20/12/2003).*

*Vaya rollo ¿quién visista las originales? ¡LOS ENCHUFADOS! (Agosto de 2003).*

*Tanto para la reina como para mi es un orgullo y satisfaccion haber inaugurado en este año tan especial para Leti y mi hijo Felipón las cuevas de Altamira. Juancar (24/4/2004).*

*La visita ha sido muy interesante y nuestro guía CONSTANTINO se parecía al Príncipe Felipe. (Abril de 2004).*

*No somos nadie importante, ni reyes, ni ministros, ni artistas. Somos personas normales a los que el tiempo les impidió ver la cueva original. Nos llevamos un grato recuerdo, lástima del perdido (13/7/2006).*

*¿Por que algo que nos dio la naturaleza no podemos verlo? ¡Nigun ciudadano de a pie lo ve? (9/7/2006).*

*Mi firma no vale la del Feli y leti, pero todo es muuuu bonito y muuuu bien hecho (9/8/2006).*

*Jo vull veure la original, com els reis (30/6/2007).*

*El museo no está mal pero yo quiero ver las autenticas cuevas. Son patrimonio de la Humanidad y tengo derecho. No son solo para unos poos "enchufaos". LA NEOCUEVA ES UN TIMO (24/7/2007).*

*¡Qué desilusión! Las verdaderas cuevas son para unos pocos el resto nos debemos conformar con la copia (Julio de 2007).*

*Me parece perfecto q qieran conservar las pinturas pero esto parte de la humanidad y no del privilegio de unos pocos. Muy buena replica pero yo siempre quise ver las reales. Lástima no haber nacido antes. Pongan medios para q se pueda ver de nuevo. Con tantos avances y parecemos prehistoricos! (6/2/2008).*

Estos comentarios jocosos se vertían en la época de bonanza económica, cuando el jefe de Estado seguía manteniendo incólume su papel de héroe de la Transición y preservaba una buena puntuación en las encuestas y sondeos de valoración institucional en España. En 2010 la situación cambió radicalmente y la sociedad española empezó a reaccionar contra el abuso de poder y la corrupción política. Se origina entonces un proceso de deslegitimación de la monarquía que se agudiza en 2012 con la lesión de Juan Carlos I en una cacería de elefantes (que no de bisontes) en Botsuana.

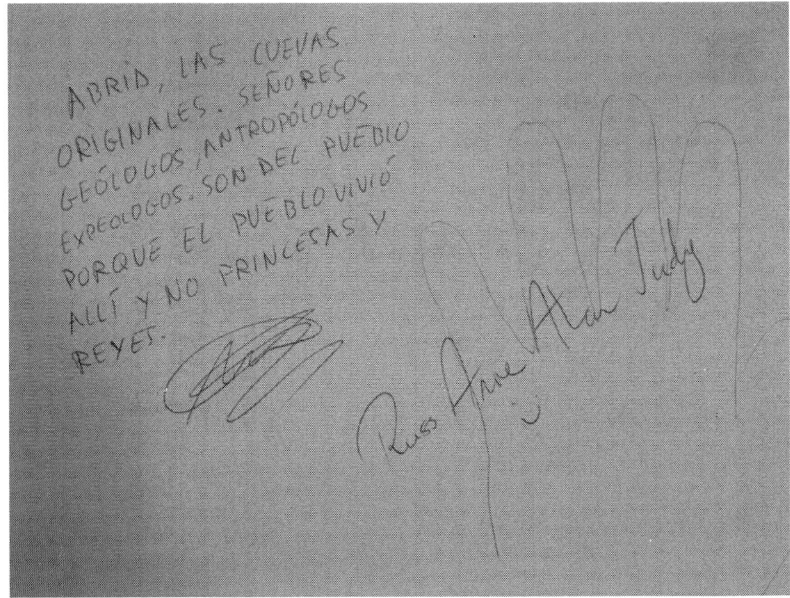


Con la crisis barriendo a la clase media española, estos comportamientos fueron censurados por la inmensa mayoría de la población, si no en las urnas, sí al menos en las redes sociales. El descrédito de las instituciones y de la clase política propició, entre otras razones, el surgimiento del movimiento del 15M y la búsqueda de una necesaria regeneración democrática. En este contexto, la denuncia de los privilegios de algunos es una constante:

*Mu bonita, pero es de plástico, queremos ir a la de verdad, como juancaar (7/4/2009).*

*Yo pienso que se deberian abrir las naturales y no que solo las vean 4 privilegiados (14/6/2009).*

*Sols els reis poden visitar las covas, ja que nossaltres no es queden anys per fer-ho. Adeu (20/11/2010).*

*¿A los reyes sí y a nosotros no?¿Porque? (Junio de 2011).*

> *Que los españoles se queden sin ver la gruta original y que la abran para Albertito de Mónaco y compañia ¡Manda huevos! (Agosto de 2011).*

Esta actitud contraria al trato de favor comenzó a reflejarse de lleno en el libro de visitas en 2006 a raíz de la colocación de un tablón con la firma de visitantes ilustres al museo. Ciudadanos señalaron su indignación, la mayor parte de las veces con mordacidad e ironía, riéndose del enfoque elitista que diferencia ilustres de no ilustres, gente del común y VIPS.

> *Soy S.R. no soy ilustre ni famoso pero me gustará ver mi firma en el cuadro grande, un saludo de Mera, La Coruña (14/4/2006).*

> *Muy bien en general, no se debería cobrar entrada nunca Sobran los "ilustres" que firman en la exposición (9/9/2006).*

> *Las firmas de los excelsos a la salida, sobran (12/9/2006).*

> *Cuando seamos famosos pasaremos por aqui para firmar junto a la gente famosa. Familia S.N. (30/9/2006).*

> *Me ha encantado si algún día kereis k firme en el kuadro de las personas importantes me decis llamarme 24 horas estare encantada de cogeros al vuelo (10/8/2007).*

> *Algún día mi firma estará expuesta en el tablón de la salida (4/4/2007).*

> *Me gustaria ser la Ministra y poder visitar las originales, demasiadas prohibiciones para visitar algo artificial creado por el hombre "moderno" 7/9/2006.*

> *Si Agatha Ruiz de la prada merece una mencion como visitante ilustre, cualquiera de los hoy visitantes 26/06/07 merecemos la misma mencion. El complejo fabuloso... (Junio de 2007).*

> *Nos hacemos una idea de como eran las cuevas originales. Lastima de no poder ser uno de los privilegiados en poderla ver (31/07/2007).*

> *Buen intento pero me hubiese gustado ver la de verdad. Es Patrimonio de la Humanidad la que vivimos ahora, hasta que se acabe (4/8/2007).*

*Si algún día me hago famoso, ponerme en los anaqueles de visitas ilustres (15/8/2007).*

*Antes de entrar. Quiero mucho a mi novia. En un futuro me gustaria volver a venir con ella y con los futuros churumbeles a ver esto otra vez o a ser posible la cueva original (espero que sea abierto al publico y no sólo a unos cuantos) (4/11/2006).*

*Un ilustre anónimo (28/8/2007).*

*Realmente me esperaba otra cosa, pero no estuvo mal. Es un gran trabajo PD. Cuando vuelva, a ver si veo mi firma entre las de los Ilustres (28/8/2007).*

*Considerar a Agatha Ruiz de la prada como visitante ilustre de estas neocuevas, hasta el extremo de reproducir su firma en un mural expuesto al público es mas propio de* [ilegible] *que de personas ¿vale? (22/8/2006).*

En un estado democrático en crisis, amplios sectores de la sociedad española siguen reivindicando el acceso libre e igualitario a la cultura y la apropiación colectiva del patrimonio como un bien público. Dentro de estas coordenadas ya no se reivindica solo el disfrute de los yacimientos arqueológicos sino también la participación activa en los propios procesos de construcción del conocimiento. Este empoderamiento patrimonial, esta valoración social del patrimonio está reñida con modelos aristocráticos de gestión del patrimonio. Hay ciudadanos que se preguntan por qué no les dedican placas conmemorativas a ellos, héroes que sostienen un estado del bienestar con su trabajo y propietarios de un patrimonio arqueológico que sostienen con sus impuestos, a pesar de los recortes y de las privatizaciones. No tienen sangre azul, pero tienen dignidad y ansias de cultura.

En esta misma línea se registran reivindicaciones de esa otra memoria subalterna, ese recuerdo subyugado de la gente anónima que sin ser príncipes también tuvieron que ver en el descubrimiento y en la puesta en valor de la cueva:

*Es una injusticia que nos hablaran de las cuevas pero nunca del nombre de su descubridor (3/6/2003).*

*¡Por favor! Nombrar siquiera 1 vez a Modesto Cuvillos El verdadero descubridor (Agosto de 2011).*

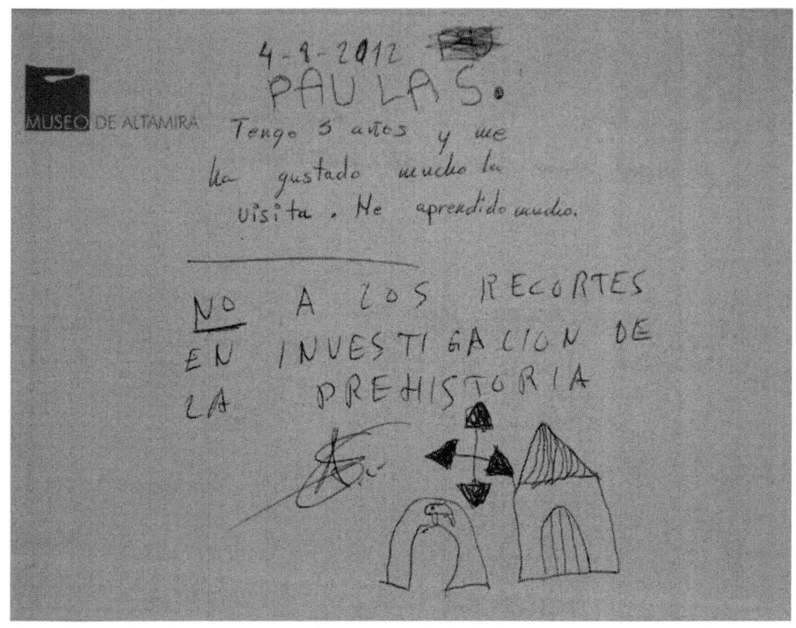

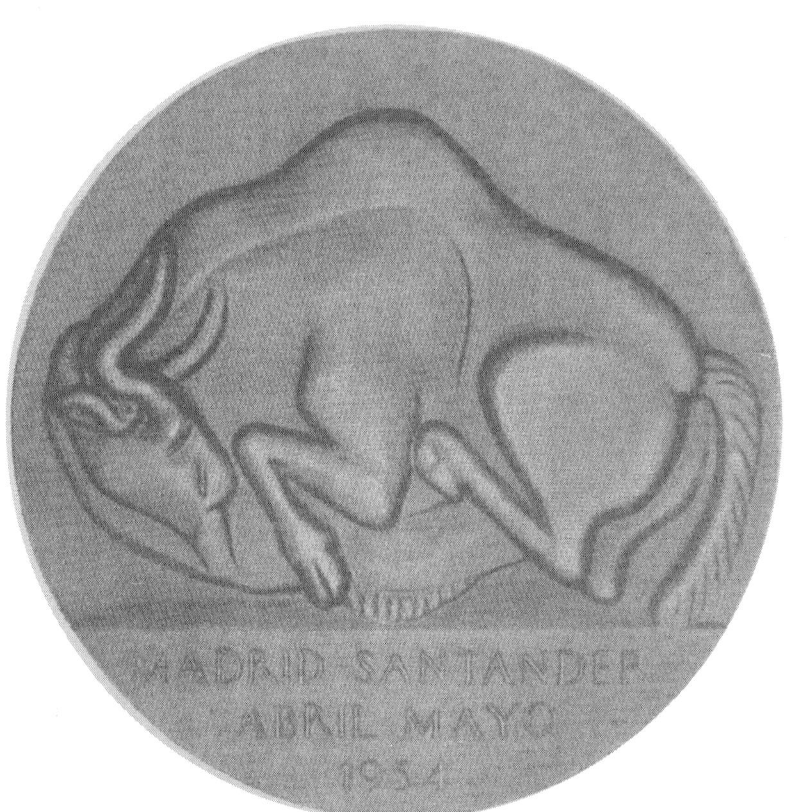
MADRID SANTANDER
ABRIL MAYO
1934

# CULTURA POLÍTICA DE ALTAMIRA

*El pueblo no debería temer a los gobernantes, los gobernantes deberian temer al pueblo*
Agosto de 2006

*Marbella no es lo que cuentan de ella pero todavía existen paleopolíticos sin evolucionar Dos enamorados de la vida....y la vida vibraba en Altamira*
23/11/2006

*Por un mundo sin políticos*
10/10/2010

*Hay que cambiar de gobernantes*
Septiembre de 2010

Introducimos este apartado con dos anécdotas que nos ilustran sobre el enorme potencial de Altamira como símbolo de usar y tirar por políticos y ciudadanos.

Una de las limitaciones del Museo de Altamira que ha sido señalada hasta la saciedad en el libro de visitas desde que hay registros es la falta de visitas guiadas en otros idiomas además del castellano. Evidentemente, las quejas son rubricadas por turistas extranjeros, entre los que identificamos alemanes, norteamericanos, británicos y, sobre todo, franceses. Mientras las opiniones de los primeros no parecen afectar a los turistas españoles, a las sugerencias de los visitantes galos casi siempre le siguen réplicas de nuestros conciudadanos. Estos textos reflejan la permanencia en el ámbito de las mentalidades del *affaire* Cartaihac contra el buen hacer de Sautuola, y hace aflorar un espíritu patriótico de desagravio que hace hincapié en el chauvinismo de los vecinos transpirenaicos. El ámbito de la museística y la arqueología prehistórica deviene en todo un arma arrojadiza, una herramienta de autoafirmación nacional para un sector de la población que siente orgullo de Altamira, de Atapuerca y, por extensión, de España, a veces de manera tragicómica y solemne.

*Absolutment scandaleux qu'il n'y ait aucune visite en anglais ou en français –Vous fâtes partie de l'Europe!! 6 français un peu déçus (2/8/2006).*

*RESPUESTA A LOS FRANCESES DE LA NOTA ANTERIOR. ¿Habéis visitado el Parque Prehistórico de los Pirineos Franceses? Nosotros SÍ. Y no nos acompañó nadie. Y LA REPRODUCCIÓN DE LA Cueva de Miaux daba mucha pena. Vandalismo, abandono, decepcionante! Nos consideramos ciudadanos de Europa y del mundo. El "chovinismo" es vuestra deformación culltural y social. Nos gusta mucho Francia, mucho, como España, pero hay franceses, como españoles, que no son capaces de dar el salto y convertirse en ciudadanos del mundo. Salud! (2/8/2006).*

*El mantenimiento de este Museo requiere de unos ingresos ya que el coste es muy alto, por ello propongo que cobren, aunque sea simbólico, al menos al personal no residente en España (NOTA: los franceses nos cobran por todo, hasta por respirar) (Diciembre de 2013).*

*Los franceses solíais ser los mejores, pero hace tiemo que ya no sois los "reyes de Europa". Obviamente todo es mejorable. Pero esto no creo que exista en Francia "la grande France", ni por asomo (25/8/2006).*

*Por el recuerdo de nuestros ancestros, y esperando que éstos nos bendigan con el hijo que deseamos, pa dar a la humanidad "nuestro granito de arena". Te quiero T. Desde Aranjuez, por la Armada y por España, el día que ganamos a los Franceses en el mundial de Alemania. 2006. Alférez de fragata (27/6/2006).*

Altamira ha sido, y sigue siendo, un símbolo empleado desde su descubrimiento por el nacionalismo de Estado. A su vez, la transición democrática generó un nuevo marco en el que la cueva pasó a convertirse también en signo icónico-visual del regionalismo cántabro. De hecho, una de las máximas condecoraciones que concede el ejecutivo regional, es una réplica de bronce del bisonte de Altamira. Entre los homenajeados se encuentran el príncipe de Asturias, Jimmy Carter, Jacques Chirac, José María Aznar y el ciclista cántabro Juanjo *Bisonte* Cobo.

## Patriotismo científico:
## yo soy español, español, español

*Viva el hombre prehistórico y viva España! En especial SANTANDER*
(3/6/2003)

*Altamira demuestra clara y rotundamente una cosa: somos una brizna de paja*
*en el universo, todo nacionalismo es una soberana imbecilidad*
22/8/2003

*Arte puro, Historia auténtica. Altamira conciencia de España*
Abril de 2011

*Ni vascos, ni catalanes, ni ostias, al final todos de Atapuerca o de Altamira*
(10/10/2007)

Un dicho popular afirma que a España solo le une ya el rey, la Guardia Civil y Manolo el del Bombo. A estos tres podríamos añadir sin problema la cueva de Altamira, ya que sigue jugando un papel vertebrador para una parte de la sociedad española. Desde su descubrimiento y, sobre todo, desde que los prehistoriadores franceses reconocieron la autenticidad de las pinturas rupestres, Altamira pasó a convertirse en ilustración ineludible en los manuales escolares (Barreiro *et al.*, 2014). En los albores del siglo XX los niños y niñas españolas que accedían a la educación formal recibían en las aulas una idea muy clara sobre el hombre primitivo de Altamira: los bisontes dibujados en la prehistoria eran motivo de orgullo nacional, ya que en esa cueva se podía identificar el origen del arte y de la civilización. A su vez, la historia del descubrimiento y la lucha mantenida por Sautuola pasaron a convertirse en emblemas de una paupérrima ciencia española que, salvo excepciones como la obra de Ramón y Cajal, seguía dominada por el *Que inventen ellos* de Unamuno. La anécdota protagonizada por la hija de Sautuola hizo que el *¡Papá, bueyes!* fuese una coletilla conservada en la memoria por generaciones de españoles. A su vez, la derrota científica de los prehistoriadores franceses fue celebrada como un éxito dentro de una mentalidad propia de un cierto patriotismo científico que, como veremos, se mantiene en la actualidad, revitalizado y remineralizado.

*En España tenemos mucha riqueza cultural, seguid conservandola como hasta ahora. Mantened lejos a los gabachos traidores y envidiosos y defended la ciencia (30/7/2009).*

*La verdad siempre vence. Esto es un homenaje a Marcelino Saez de Autuola!!! (11/10/2009).*

*Lo que hay en españa es de los españoles queremos ver la verdadera (8/9/2007).*

*... por eso España es cuna del arte desde hace yaa... algunos años (20/9/2006).*

*Una gran riqueza de España (Septiembre de 2006).*

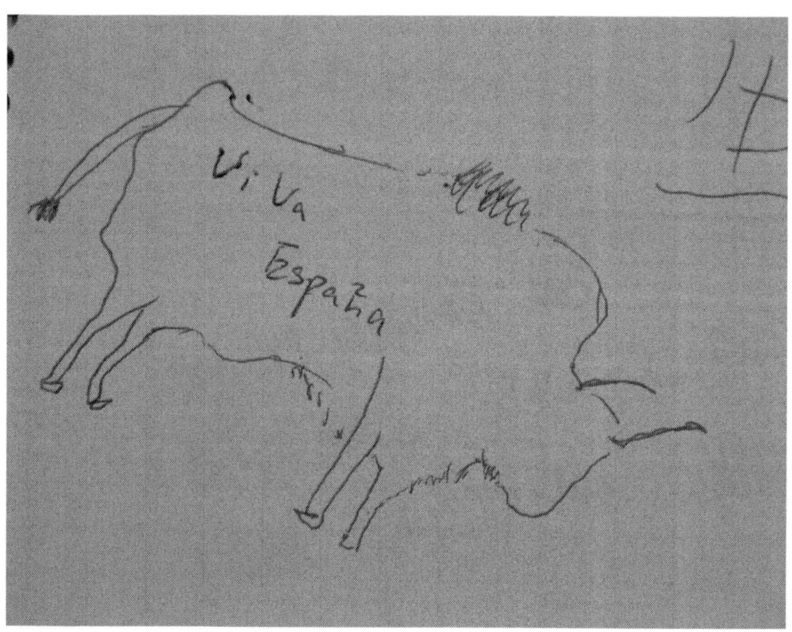

Complementando esta vertiente educativa y científica del asunto, el primer tercio del siglo XX también vio cómo la cueva de Altamira se convirtió en un recurso turístico de primera magnitud. El Patronato Nacional de Turismo se volcó en la promoción de este monumento histórico-artístico, llegando a encargar en 1928 un opúsculo divulgativo al más eminente prehistoriador de la España del momento, el autor de *El hombre Fósil*, el alemán Hugo Obermaier. Este precedente altamirano inspiraría años más tarde a otros investigadores de los pueblos del Norte, como el también cura José Miguel de Barandiarán, explorador incansable de cuevas con ocupación prehistórica, quien formaría parte de la Comisión de Turismo de la Diputación Foral de Álava (1929-1931) para la que diseñó rutas de senderismo para conocer el patrimonio de la provincia. Incluso se adelantó a los cerebros de FITUR y aconsejó viajar a las ferias nacionales e internacionales con maquetas de dólmenes, cuevas e iglesias para mostrar el legado alavés como atractivo turístico.

Así pues, en las décadas de 1920 y 1930 las cuevas y el arte del hombre primitivo no solo llegaban a la población escolar sino que emergían como un recurso visitable conocido nacional e internacionalmente. Las pinturas de Altamira fueron popularizadas también durante la Segunda República, como ya vimos. La Guerra Civil daría a luz a un firme competidor de los bisontes de Altamira como signo icónico-visual de una época: nos referimos a los caballos agonizantes del *Guernica* de Picasso.

La ocupación franquista de Cantabria en 1937 devolvió la cueva a *la verdadera España*. El patronato de la cueva paso a ser controlado por gente del nuevo orden y el monumento sirvió de base material para la propaganda de un régimen aislado internacionalmente. En este sentido, uno de los primeros pasos para la ruptura de esta situación de marginalización fue el reconocimiento de España como miembro de la UNESCO. El Pacto de Madrid de 1953 con Eisenhower precedió a la organización en Madrid del primer congreso científico internacional de alto nivel desde el estallido de la Guerra Civil. Nos referimos al IV Congreso Internacional de Ciencias Prehistóricas y Protohistóricas

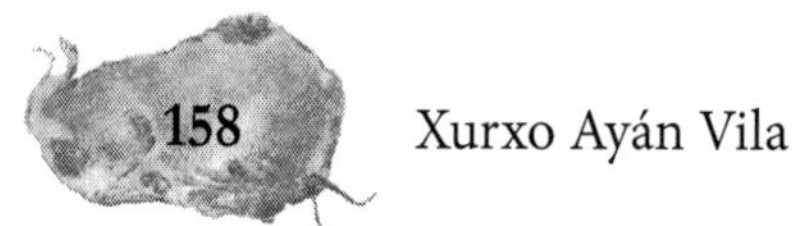

celebrado en Madrid en 1954. El nuevo contexto de la Guerra Fría queda claro en el discurso inaugural a cargo de Luis Pericot (en Beltrán, 1956: VII-VIII):

«Es indudable que España ocupa una posición clave en Europa. O se la ha de considerar como el extremo rincón al que llegan las pulsaciones del avance cultural de Oriente y aquí se acumulan y retrasan, o se la ha de mirar como puente entre las tierras de Occidente de Eurasia y de África, y espero que estos días seguiremos discutiendo este punto con los colegas extranjeros».

Este encuentro internacional contó con el apoyo económico de la Diputación Provincial de Santander y el Patronato de las Cuevas de Santander, entidades que financiaron una completa visita a las cuevas con pinturas rupestres de Puente Viesgo y Altamira. En el libro de visitas quedaron para la posteridad las rúbricas de los principales prehistoriadores y arqueólogos del momento. Acto seguido los congresistas celebraron una reunión científica en la sede del Museo de Prehistoria de Santander, con la activa participación de Bovio Marconi, Blanc, Robert, el padre Carballo o Breuil, tan ligado a la historia contemporánea de la cueva de Altamira.

El protagonismo altamirano en este congreso internacional culminaba el proceso de manipulación política que la arqueología fascista hacía de este símbolo nacional. A pesar del aparente aperturismo, el discurso arqueológico seguía anclado en los tópicos asentados desde 1939. Los ideólogos, apologetas y prehistoriadores oficiales de la Nueva España se encargaron de pergeñar un burdo relato propagandístico en la línea fascistoide del nuevo régimen (Díaz-Andreu, 1997; 2003). El nacionalcatolicismo prefirió otros períodos como *floruit* de España como unidad de destino en lo universal (el reinado de los Reyes Católicos, de los Austrias mayores), pero también prestó atención a otros mitos fundacionales, como la lucha heroica contra Roma (Viriato, Numancia, Indíbil y Mandonio) (Ruiz Zapatero y Álvarez-Sanchís, 1997; Ruiz Zapatero, 2003). Para el caso que nos ocupa, prehistoriadores afines al régimen intentaron abordar el origen del *Homo hispanicus*, las evidencias más antiguas de la raza española: la gestación del espíritu español.

Como ejemplo de este delirante proyecto científico, ofrecemos a continuación un párrafo escogido de una conferencia (*Las raíces de España*) impartida precisamente por Luis Pericot en el CSIC en Madrid en 1952 (citado en Corbí, 2009: 8):

«Y esta ha de ser […] la lección de nuestra ojeada a las raíces de España. Estas han sido muchas y han puesto a contribución razas, pueblos, lenguas y culturas diversas. De ninguna hay que renegar: en cada una de esas raíces es probable tengamos algún descendiente. De un haz de raíces ha salido España y hemos intentado seguir su trenzado desde el Graventiense, pero nos han faltado datos y luces. La Prehistoria en cien años no ha podido hacer más».

En esta misma charla, Pericot no puede pasar por alto la grandeza de los artistas de Altamira, protagonistas del primer acto de verdadera civilización, artífices de pinturas que presentaban algunas de las características del arte español de todos los tiempos ya que ante él no nos sentimos extraños, pues responde a nuestra sensibilidad, a nuestro realismo estético. Si bien este nacionalismo exacerbado y chabacano nos hace llorar de la risa, no debemos olvidar que este tipo de relatos fueron de uso común no solo en las escuelas sino también en todos los foros formativos pergeñados por el régimen fascista para instruir y controlar a la juventud (Hogares del Frente de Juventudes, campamentos de verano, etc.).

*Para ver "in situ" lo que aprendimos en la "Enciclopedia" del Cole y ahora a los 50 años y disfrutarlas con unas buenas amigas (31/1/2009).*

*Me ha encantado. Mi maestro Don Antonio me dijo que eran las más antiguas de Europa y yo le creo (24/7/2012).*

Así pues, el franquismo, a través de la ciencia, la educación y el turismo masivo (en 1955 visitaron Altamira unas 50000 personas; Heras y Lasheras, 1997: 364) convirtieron este monumento en símbolo del orgullo nacional. Como en otros ámbitos, la labor de socialización del régimen, durante cuarenta años, contribuyó, y de qué manera, a grabar a fuego una determinada visión de este elemento señero del patrimonio nacional.

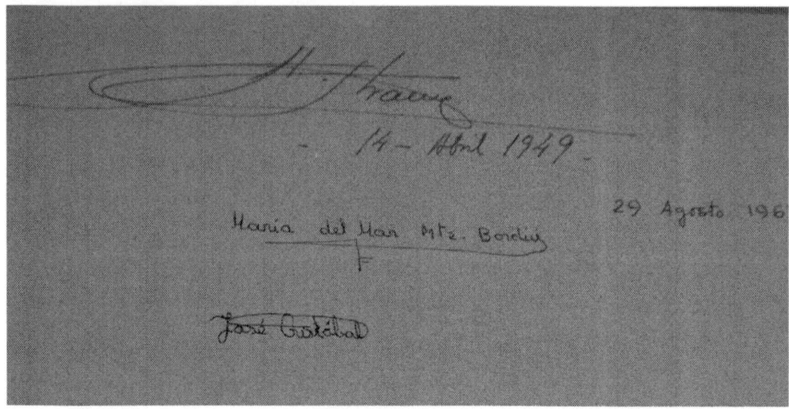

Con este breve recorrido historiográfico hemos querido señalar los aspectos clave de una determinada percepción de la cueva de Altamira, de una concepción que sigue siendo, en gran medida, mayoritaria en un amplio sector de la población española, sobre todo de aquellos y aquellas que superan los 45 años de edad, que nacieron y fueron educados durante la dictadura, en un régimen centralizado en el que la ideología oficial sancionaba el ideal del Estado nación, de la Patria.

*Gibraltar español y ya está, coño!!! (18/10/2003).*

*Este lugar es magistral demostración de amor al arte a la cultura y a la Patria (15/4/2004).*

*Viva la CULTURA ESPAÑOLA, valoremos lo que fuimos, la historia es nuestra, unámosnos para perpetuar el espíritu ESPAÑOL y dejemos en la cuneta a los mezquinos que saben valorar la HISTORIA (5/5/2004).*

*Con la sangre de un soldado y un rayo de sol, Dios hizo una bandera y se la entregó al pueblo español. Una, grande y libre ¡Arriba España! (7/4/2004).*

*Somos de Granada. Ha sio una experiencia muy enriquecedora visitar este museo y la neocueva. Me enorgullece ver que nuestro país tiene tanto patrimonio cultural por enseñar. Y en Epaña se habla español. ¡¡ARRIVA ESPAÑA!! ¡¡SIEMPRE!! (22/8/2006).*

*Arriba España brazo en alto (Mayo de 2009).*

*Desde Fisterra a Covadonga, pasando por Altamira, haciendo un alto en Vasconia y Navarra, cruzando Aragón y la altiva Cataluña, la guerrera Castilla, la lozana Andalucía y la árida Extremadura, sin olvidarnos de nuestras islas, Ceuta y Melilla ¡¡¡QUÉ GRANDE ERES ESPAÑA!!! (Mayo de 2009).*

*Me cago en el puto museo y la amabilidad de sus trabajadores ¡¡VIVA FRANCO!! (2010).*

*Con dos memoles VIVA ESPAÑA CAÑI (2010).*

*Los componentes de la Real Hermandad de Veteranos de las Fuerzas Armadas y de la Guardia Civil de Granada, visitaron esta réplica de las Cuevas de Altamira el dia 17 de Junio de 2010 Quedando satisfechos de la misma (17/6/2010).*

*Viva España, viva el Rey, el orden y la ley (27/10/2010).*

*Viva España unida sin comunidades todos unidos por una sola España (28/10/2010).*

*Si en Cataluña no padecieramos la mierda nacionalista, posiblemente tendríamos cosas tan interesantes como Altamira (16/8/2013).*

A este respecto, además de algunos vivas a Franco, la Falange y el rey que hemos detectado en el libro de visitas (unas veces parecen escritos con sorna y otros con total convencimiento), sí nos encontramos a veces con esta visión de España como gran nación, con referencias encomiásticas incluso al Día de la Hispanidad:

*No ha sido ninguna pérdida de tiempo. ¡Cantabria ESPAÑOLA y ole! Un sevillano (Agosto de 2006).*

*Importante conservar y potenciar los principales representaciones artísticas españolas, como símbolo de una idiosincrasia común alejada de absurdos separatismos. Desde Galicia (17/5/2007).*

*De Ademuz (Valencia) Mª J. y M. hemos venido hasta aqui para apreciar el arte de estos hombres de Cantabria, primeros españoles sin saberlo (24/10/2009).*

*Los primos de Cuenca y Zaragoza han estado en este fantástico tesoro Español (19/8/2011).*

*De un castellano "viejo" que sigue considerando Cantabria su puerto de Mar! Seguid así... (9/7/2011).*

*Otra vez los franceses, no no dejan en paz, ni 100 años después (Julio 2011).*

*Desde Madrid. A esta tierra tan bella, digna de un buen país como es España!! (14/8/2012).*

*Que suerte estar en Altamira el día de la Hispanidad y el Santo de mi nieto (12/10/2013).*

*Feliz Día de la Hispanidad. Más inversión en I+D para poder seguir descubriendo el pasado y el futuro! (12/10/2013).*

*A esta le falta luz, viva España y el rey Juan Carlos I Arriba España (Abril de 2014).*

Además, si adoptamos un enfoque propio de la historia de las mentalidades, cabe reseñar un segundo momento en la promoción e impacto de este nacionalismo de Estado (Herrero, 2013). Nos referimos a la campaña patriótica desatada durante los gobiernos de José María Aznar (1996-2004) y que alcanzó su cénit escénico con la instalación de una bandera española de 294 m$^2$ en la plaza de Colón de Madrid en 2001. A nivel audiovisual, esta directriz ideológica se aplicó sin ambages en Radiotelevisión Española, con productos como la serie documental Memoria de España emitida entre 2003 y 2004. Los veintisiete episodios narran la historia del pueblo español desde su origen en la prehistoria hasta los atentados de Madrid del 11M. La serie contó con la dirección científica del historiador García de Córtazar, conocido por su aversión a los nacionalismos periféricos. El primer episodio (estrenado el 10 de febrero de 2003) se titula «De Altamira al útil de metal» y aborda de manera bastante desafortunada la época prehistórica. Para los anales ha quedado la imagen de los cromañones y los neandertales caminando por la playa, cruzándose sin saludarse.

*Homo Sapiens Sapiens y Homo Neanderthalensis se cruzan sin saludarse (15/2/2004).*

*De la bisonta nº 4 de Gijón y que hagáis muchos mas capitulos de Memoria de España. Un besazo (3/3/2004).*

Dentro de este marco ideológico Altamira se vincula no solo a la españolidad, sino también a lo que hoy en día se denomina la MARCA ESPAÑA[2]. La cueva, pero también el museo y la investigación científica, son motivo de orgullo nacional. Recientemente el historiador de la ciencia Oliver Hochadel (2013) ha analizado brillantemente el caso del equipo de investigación de Atapuerca. Una de las tesis fundamentales que defiende en el ensayo es el cultivo consciente y deliberado de un verdadero patriotismo científico. Altamira no es ajena a este proceso. Para nosotros, la arqueología española, como toda actividad investigadora, no se trata de una práctica científica aséptica, objetiva y neutral, sino que se incardina en un complejo contexto poscolonial y globalizado en el que se mezclan intereses geopolíticos, ideología estatal, cooperación internacional y desarrollismo (Ayán y González, 2012). Durante los gobiernos de Aznar tanto Atapuerca como Altamira se consolidaron como símbolos del buen hacer de la paleontología, la arqueología y la museística españolas. A su vez, en la última fase del período de bonanza económica, los gobiernos de Zapatero sobredimensionaron la arqueología española en el exterior, llegando a anunciar en noviembre de 2008 la creación de una Red de escuelas de Arqueología en el Mediterráneo y el Próximo Oriente, con institutos en El Cairo, Atenas y Amman. Este proyecto fallido es una muestra evidente de la peculiar geopolítica española y de la preeminencia de una tradición investigadora plenamente identificada con la arqueología clásica y con la intervención en arquitecturas monumentales dotadas de un enorme capital simbólico científico y político internacional (Díaz,

---

2 El Real Decreto 998/2012, de 28 de junio, creó la figura del Alto Comisionado del Gobierno para la Marca España, cargo que en la actualidad ocupa Carlos Espinosa de los Monteros, quien depende funcionalmente del presidente del Gobierno, a través del Consejo de Política Exterior, y orgánicamente del ministro de Asuntos Exteriores y de Cooperación. *Marca España es una política de Estado —más aún, de país-, en la que participan todas las Administraciones, las entidades públicas y privadas, las empresas, el sector privado y la sociedad civil en su conjunto* [en página web oficial del Ministerio de Asuntos Exteriores y Cooperación del Gobierno de España].

2014). Pero también es un ejemplo claro de un fenómeno tardío de emulación de las políticas arqueológicas en el exterior de las tradicionales potencias europeas por parte del Gobierno español. A este respecto, nos parece evidente el paso de una arqueología colonizada y acomplejada a una arqueología con proyección internacional. El Estado español maximiza de nuevo una imagen de modernidad, consolida una imagen de marca apoyando el exitoso deporte nacional o proyectos arqueológicos prestigiosos de renombre internacional desarrollados dentro y fuera de España. Atapuerca, Jorge Lorenzo, el Barça, Nadal o la selección de fútbol juegan a día de hoy la misma liga, una liga en la que compiten memoria, identidad, prestigio, geopolítica, diplomacia y, cómo no, poder.

*Somos de Benidorm, una familia y esperabamos ansiosos durante años la apertura de Altamira pero como no ha sido posible, hemos visitado la neocueva. Es un proyecto muy interesante y didáctico. Se nota que en España ya vamos haciendo bien las cosas y progresamos (23/8/2003).*

*¡¡SENCILLAMENTE IMPRESIONANTE!! Estuvimos aquí hace 5 años y la decepción fue terrible ¿Cómo puede ser que algo tan grande esté así de abandonado? Dijeron nuestros amigos alemanes. Volveré a traerles para q disfruten con la maravilla que hoy tenemos. Fue lo que soñamos aquel agosto del 98. Enhorabuena (Octubre de 2003).*

*Una verdadera demostracion de lo que España ha logrado con su patrimonio. Carlos Pernant, vicepresidente del ICOMOS Congreso internacional de monumentos y sitios (16/10/2003).*

*Yo estuve aquí el año que ganamos el Mundial (3/7/2010).*

*Hoy es un día muy especial, porque he podido enseñarles a nuestros hijos el modelo de vida inicial de nuestros ancestros. Y además ESPAÑA se va a proclamar CAMPEONA DEL MUNDO de fútbol. (11/07/2010).*

En este contexto, el despliegue innovador y tecnológico del Museo de Altamira y la propia historia de Sautuola contribuyen a configurar un relato de autoafirmación nacional que es asumido por gran parte de los visitantes:

*Excelente, por una vez encuentro que los políticos hacen algo bien (1/6/2003).*

*Fantástico, un orgullo nacional (15/7/2003).*

*Val la pena invertir en entendre els origens!! (15/7/2003).*

*Hemos visitado la cueva la familia Cortinas de Sant Feliu Sasserra. Nos ha gustado mucho y vemos que dan buen provecho a los impuestos que pagamos todos (5/8/2003).*

*Es un Orgullo para España tener algo así (7/9/2006).*

*Esta cueva me hace estar orgullosa de ser española (30/12/2009).*

*Altamira, un orgullo para todos los españoles y en especial para los cántabros (Marzo de 2010).*

*Somos un grupo de Amposta (Tarragona) encantados con la visita y sobre todo con las personas que nos han atendido sobre todo Silvia Muñoz. Somos Europa en todo gracias! (9/8/2011).*

*Es genial para el conocimiento y transmisión del legado español al mundo. Magníficamente explicado (21/11/2012).*

*Por fin en España... un museo a la altura de Europa!!! (Julio de 2013).*

Xurxo Ayán Vila

# Identidad, patrimonio y automomías: la arqueología como reclamo turístico

> *Esto es muy bonito pero ¡No superáis a la Bahia de la Concha!*
> Agosto de 2003
>
> *Las Lagunas de Ruidera no tienen pinturas pero estan muy guapas*
> 30/8/2006
>
> *Enriqueta de Elche dice que esto es mu bonito pero no tiene comparacion*
> *con mi Dama*
> 6/11/2009
>
> *Estepa (Sevilla) ¡Los mejores mantecados y el ANIS BRAVO*
> Agosto de 2012

Las gentes que eligen visitar el Museo de Altamira llegan aquí abducidos por el efecto llamada de efectivas y efectistas campañas de promoción turística. Como veremos más abajo, Cantabria Infinita es un perfecto modelo de la política seguida por las comunidades autónomas en los últimos años a la hora de poner en valor su patrimonio (Gago, 2014; Ayán, 2014b). El impacto de estas estrategias de *marketing*, la consolidación del territorio autonómico como referente identitario y los procesos de patrimonialización que se han desatado en el Estado de las autonomías ayudan a explicar gran parte de los textos volcados en el libro de visitas. Como vimos más arriba, la ideología nacionalista española se refleja de manera muy minoritaria. Este discurso es manejado por personas de edad avanzada. Esto lo sabemos por la caligrafía, la ausencia de faltas ortográficas y por la referencia a visitas previas en décadas anteriores (1950-1980).

Por el contrario, entre el público de mediana edad y sobre todo el más joven, vemos cómo se ha afianzado el sentimiento identitario local. En los libros de visitas desde 2003 los visitantes emplean con normalidad su lengua materna. De hecho se recogen opiniones en todas las lenguas españolas: gallego, catalán, euskera, castellano y asturiano. Lógicamente esto es imposible de ver en los libros de visitas preautonómicos.

> *El sistema de venta de ENTRADAS es PALEOLITICO lento y AFRICANO. AH y los libros INFANTILES están en todas las leguas extranjeras menos en CATALAN que segun ustedes es una lengua ESPAÑOLA (5/8/2003).*

> *Ya me gustaría a mi tener menos catalanistas en España (5/8/2003).*

> *Hay que tener en cuenta las otras lenguas del estado si queremos que todo salga bien (Abril de 2004).*

Todo un ejemplo de consolidación y normalización de la multiculturalidad dentro del actual Estado de las autonomías. Como analizaremos con detalle más abajo, la emergencia de las comunidades autónomas supuso la llegada de un nuevo entramado institucional y la configuración de un relato sobre el pasado basado en la recuperación de determinados hitos y eventos históricos (Fernández-Posse, 1998; Martínez Díaz, 2002). No hay mejor ejemplo de esto que las fiestas de las comunidades autónomas, días que son aprovechados por los ciudadanos para acercarse al museo de Altamira, dando gracias a los próceres de la patria chica:

> *Somos 2 valencianos que estamos de Puente gracias a Jaume I el conqueridor ¡VIVA JAUME! Y nos ha encantado las Cuevas y CANTABRIA (10/10/2003).*

> *Aprovechando la fiesta de los comuneros de Castilla la vieja (23/4/2004).*

> *Hoy es el día 31-05-11 Somos un matrimonio de Belmonte CUENCA y precisamente hoy es el día de "Castilla la Mancha".*

En este sentido, no vamos a referirnos aquí a los cientos y cientos de alegatos esgrimidos por adolescentes que reivindican su pueblo y su tierra como la mejor del mundo o a las proclamas a favor de la independencia de las nacionalidades históricas. Únicamente queremos recordar que el entramado autonómico fortalece una reafirmación del sentimiento etnocultural. Los visitantes dan testimonio de sus antepasados (guanches, astures, argáricos…) e incluso denuncian imperdonables ausencias en el discurso expositivo del museo:

*Solamente una crítica: No he encontrado mención alguna a la cueva de Maltravieso (Cáceres) única cueva con representaciones en negativo de manos de cuatro dedos. (9/7/2003).*

*¿Dónde está el arte levantino aragonés? ¡¡No es paleolítico pero es aragonés!! Heavy all day and night. (11/12/2003).*

*Me ha gustado pero para la próxima a ver si ponéis las Islas Canarias en los mapas que también existimos. (7/8/2009).*

*Conocen las pinturas rupestres de Sésamo? Vayan a conocer el Bierzo. (13/8/2010).*

*Somos de Canarias y estamos indignados por no ver las islas Canarias en vuestros mapas. (Marzo de 2011).*

*Me a recordado a mis antepasados en canarias Los Guanches... Que esto perdure en el tiempo para hacernos reflexionar el futuro. Unos Conejeros desde Lanzarote. (1/06/2011).*

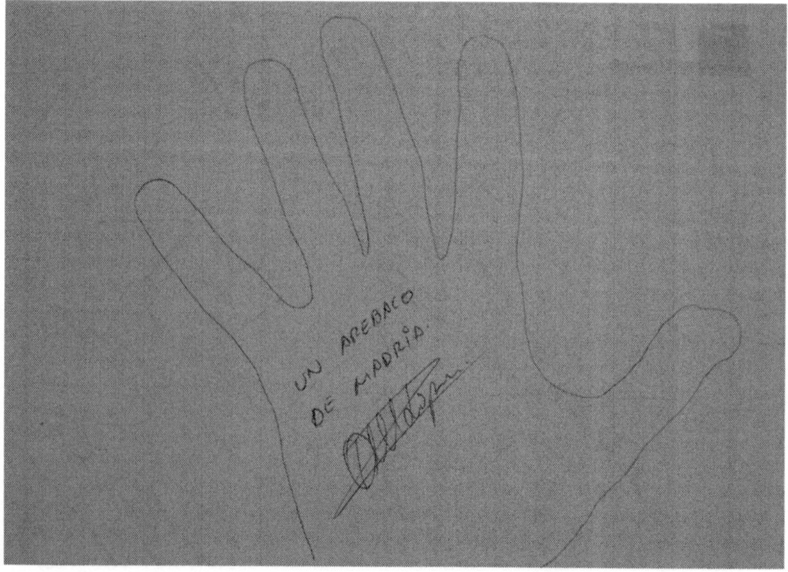

A este respecto, se da un comportamiento sistemático por parte de ciudadanos y ciudadanas que aprovechan la visita al museo para efectuar una comparativa con la calidad y estado del patrimonio que conocen en su tierra. En muchos casos, viajar no sirve para conocer nuevos mundos y volverse más sabio, como le sucedía a Simbad el Marino, sino para reafirmarse en el origen y las bondades de la patria chica. Los visitantes se consideran a sí mismos representantes en el exterior de su comunidad, embajadores que deben cantar las excelencias de su pueblo de origen. Es más, en un período de crisis económica, este comportamiento se agudiza. El visitante, partícipe del turismo de masas y abrumado por el éxito del museo, sueña con ver algo parecido al Museo de Altamira en su tierra:

*El silbo Gomero, el lenguaje más primitivo de España. ¡¡Visita la Gomera!*
*Canaria (3/7/2006).*

*Es muy interesante la historia de las cuevas de Altamira, pero en otros lugares hay*
*mas cosas para ver. CASTILLA LA MANCHA (Julio de 2006).*

*Nosotros queremos otra cueva como esta. Nosotros tenemos "la cueva del Sidrón"*
*¡Bueno! Esta nos gustó bastante, Junio de 2006.*

*Una expedicion del BIERZO llegó aqui en el año 2006, a 3 de Diciembre,*
*teniendo un único objetivo ver algo más maravilloso que LAS MÉDULAS y*
*nuestra tierra, aunque esto es fantastico, no lo habeis conseguido!! ¡VISITAR*
*EL BIERZO!*

*S. y A. Venimos de Gran Canaria. Allí tb hay arte muy antiguo de nuestros*
*aborígenes. Recomendamos su visita (Octubre de 2006).*

*Ha merecido la pena, os invito a que visitéis las "Grutas de las Maravillas" en*
*Aracena (Huelva) (8/7/2009).*

*Vengo de Tarragona, y es muy interesante lo que he visto; venid al levante a ver las*
*otras pinturas, son estilizadas sin volumen pero tambien son prehistoricas (Octubre*
*de 2009).*

*¡Muy bonito el museo, impresionante! ¡Aupa el museo de Molina! Molina de*
*Aragón (20/10/2009).*

*Esperemos que en un futuro a las pinturas rupestres de La Batanca y Peña Escrita en la provincia de Ciudad Real se les de la misma importancia y los mismos cuidados que a las de Altamira (6/12/2009).*

*Viva la Torre de Hercules. Patrimonio Cultural (3/4/2010).*

*Desde Albacete donde el arte rupestre tiene su presencia en las cuevas de* [ilegible] *con envidia sana, ENHORABUENA CANTABRIA (3/7/2010).*

*En mi pueblo está La Bastida Un asentamiento algarico TOTANA (Murcia) (21/8/2010).*

*Desde El Toboso, cuna de Dulcinea, os invito a que lo conozcais (9/8/2011).*

*En Segovia tenemos petroglifos del Paleolitico, os invitamos a que los visiteis. Segovia 2016 (14/8/2011).*

*Me ha gustado mucho pero os recomiendo que veais las Grutas de las maravillas en Aracena Vais a flipar Una sevillana (Agosto de 2011).*

*Esta muy bien todo, recomiendo visitar el castillo de la Estrella en Montiel (C. Real) autentica historia medieval, donde cambió la historia de España (Julio de 2013).*

Por otro lado, tenemos otros turistas foráneos que no son tan condescendientes y loan las cuevas y parques arqueológicos existentes en su territorio de origen, señalando a veces dos elementos capitales en detrimento del Museo de Altamira: su autenticidad y la entrada gratuita. Releyendo el libro de visitas nos damos cuenta rápidamente del éxito que han tenido los programas de puesta en valor de las cuevas prehistóricas a escala de todo el Estado español (Olabarri y Quintana, 2009). Por sus páginas aparecen citados todos esos yacimientos abiertos al público, tanto en el Norte como en otras zonas de España: cuevas de El Sidrón, Santimamiñe, Maltravieso…

*Todo esto es muy bonito pero Mendigorria (Navarra) es mucho mejor con su ciudad romana (23/9/2003).*

*No creáis que en León no hay cuevas, porque si. Hay dos las de Valporquero y Llamazares aunque son diferentes que esta. Os deseamos mucha agua Posdata:*

*tenemos la catedral mas luminosa y con las mejores vidrieras del mundo ¡VIVA LEÓN! (5/10/2003).*

*Las pinturas de Henarejos (Cuenca) no tienen nada que envidiar a estas. Éstas, cierto es, son preciosas (23/9/2006).*

*Desde Cáceres, donde tenemos la maravillosa cueva de Maltravieso con manos en negativo de hace 20.000 años, un caluroso saludo a todos los que hacen posible que este lugar exista (19/7/2006).*

*El parque de la prehistoria de Teverga (Asturias) es mucho mejor (aunque no sea gratis). Las visitas guiadas, lo son realmente. Un acompañante te va explicando todo lo que ves. Tanto en las exposiciones como en las reproducciones de las cuevas (31/7/2009).*

*Muy bonitas las cuevas. ¡Si señor! Pero les recomiendo no se pierdan las Cuevas de El Perdigón, allí además se come y bebe bien. Visita de unos chicos de Zamora. Un abrazo a todos los Cántabros (20/9/2009).*

*En Almería también tenemos una cueva con pinturas rupestres!! (Velez Blanco) Y también es muy bonita. Se llama la cueva de los Letreros Y no es una replica (7/10/2010).*

*Desde Marbella las de Nerja son mas bonitas (29/3/2011).*

*Yo tambien soy de Canarias y tenemos petroglifos parecidos (12/5/2011).*

*Nosotros tb tenemos prehistoria con los guanches (13/7/2006).*

*Esto es una trola. Mejor el Museo de León (Mayo de 2011).*

*SEGOVIA... ¡Divina! Seguro que las cuevas son bonitas, pero el acueducto...más (6/7/2011).*

*Tenemos la firme teoria que la cueva reamente no existe y que Santillana lleva "casi" 10 años chupando del bote... Nada que envidiarle a la Cueva Pintada de Gáldar (Gran Canaria) (Agosto de 2011).*

*Simpáticas pero hay mejores en Ecuador. Gracias (Agosto de 2012).*

*Visitar INGAPIRCA Ecuador. Todo al natural y sin coste alguno (Agosto de 2012).*

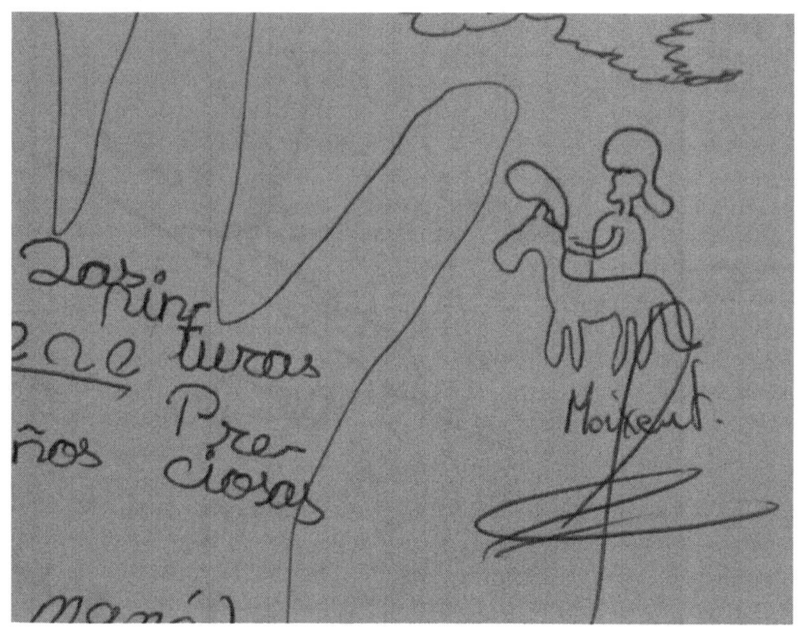

Finalmente, y para introducir el apartado siguiente, nos llama poderosamente la atención la desinformación generalizada y la confusión que existe en gran parte de la ciudadanía que visita el Museo de Altamira en cuanto a la adscripción institucional de esta infraestructura cultural. A pesar de los esfuerzos del Gobierno de España, los turistas, que ya vienen de Cabárceno o de la cueva del Soplao, piensan que el complejo altamirano es una iniciativa del gobierno autónomo cántabro, para bien y para mal:

*Esto es una mierda, venimos desde Benidorm, más de 800 km y total para nada!!!*
*Nos dicen que solo pueden entrar 100 personas al día... Esto es una vergüenza...*
*Vaya mierda de gobierno Cantabro!!! Septiembre de 2006.*

*Felicidades al Gobierno Cántabro por esta imitación (14/6/2007).*

*Un anciano agradecido al Gobierno de Cantabria por permitirme visitar la Réplica de "Altamiras's Cave" free of charge. Moito obrigado. A.L. (19/8/2006).*

*Cántabros: ¡os ha quedado bastante bien! (22/6/2006).*

*Es un museo fantástico a la altura de los mejores museos de Europa dedicados a la Prehistoria felicidades a la comunidad de Cantabria (16/9/2007).*

*Una maravilla lo bien montado que está el museo y lo mucho que se aprende de nuestros antepasados ¡Bien hecho Cantabria! Falta una cafetería para reponer fuerzas (11/8/2010).*

## El sabor de la tierruca:
## Cantabria infinita

*¡VIVA LOS BISONTES CANTABROS!*
(27/7/2003)

*Los peluches en la cuna de la Civilización podían hacerse en Cantabria, estoy*
*harto del "Made in China"*
25/8/2011

*Hola soy de los Corrales de Buelna y me gustaria qe a los niños de Cantabria y*
*despues a los de España nos dejaran entrar a la cueva original como entraron mis*
*padres. Y que nos traigan los colegios en excursion*
27/2/2011

A la hora de escribir estas líneas (marzo de 2014) veo en la televisión
los actos de homenaje en las Cortes españolas a la figura de Adolfo
Suárez. En la comitiva, su primogénito porta el libro de condolencias.
Ese volumen probablemente recoja las firmas que sellan para siempre
lo que se dio en llamar la transición democrática. Ese período conllevó,
entre otras cosas, la creación del Estado de las autonomías. Fue este el
momento esperado por aquellos territorios que habían contado con
experiencias autónomicas en el período republicano. Catalunya, Galicia
y Euskadi pasaron a convertirse en nacionalidades históricas. En esta
coyuntura la arqueología y la historia recuperaron un papel central como
discursos legitimadores de esta nueva realidad:

*Que más orgullo en este mundo, que ser canario de pura raza haber nacido en ese*
*paraiso donde me parió mi madre de mi alma, soy canario de nacimiento, canario*
*en entrega y alma, canario por cariño a lo mio y canario de mi Gran Canaria*
*(18/5/2006).*

*Os primeiros poboadores e tribus marcan a identidade dun povo, e xa nunca poderá*
*ser borrada.. VIVA GALIZA CEIBE (Mayo de 2007).*

*Qui perd els origens perd la identitat. A Catalunya (no com aqui) ja fa temps que la vam perdre i ara ens volen enredar amb l'Estatut. No pararem fins tenir la independéncia (Juny 2006).*

A este respecto, conocemos bien el caso gallego, por poner un ejemplo. En 1981, fecha en la que se aprueba el Estatuto de Galicia y comienza su andadura la Xunta, se hizo realidad el gran sueño del Partido Galeguista, la consecución de un gobierno autónomo para el país, objetivo presente siempre en la práctica de la arqueología galleguista en la preguerra y el franquismo, y al que contribuyó notablemente legitimando desde el punto de vista histórico la naturaleza de Galicia como hecho diferencial. La aprobación de dicho estatuto constituye —de acuerdo con la versión oficial— el punto final de la transición democrática en nuestro país, de un período interesante de conformación paulatina de un nuevo marco institucional que va a marcar el futuro de la arqueología gallega.

Este proceso de transformación y de cambio va a estar marcado por la culminación de la institucionalización de la arqueología galleguista, muy útil en esos tiempos de renegociación de identidades, de recuperación de la memoria histórica y de reformulación de una política cultural y patrimonial propia (Díaz Santana, 2002; Ayán, 2012). En esos años se celebraron tres eventos que sirvieron de excelente publicidad para la reivindicación de la autonomía: la celebración del XV Congreso Arqueológico Nacional en Lugo (1977), el Coloquio sobre el Bimilenario de Lugo (1977) y el II Seminario de Arqueología do Noroeste Peninsular en Santiago (1980), en los cuales el idioma gallego volvía a ser empleado sin limitaciones en reuniones científicas y actos públicos. Este último encuentro de Santiago conllevó la reivindicación de un mayor contacto con el norte de Portugal e hizo hincapié en la necesidad de articular una política de gestión del patrimonio gallego a ejecutar, no por las instituciones dedicadas en puridad a la investigación, sino por las instituciones públicas y autónomas. El objetivo último de este seminario no dejaba lugar a dudas sobre su papel legitimador de la causa autonomista (VV.AA., 1983: 8):

«Por todo isto, reunións como o II Seminario de Arqueoloxía do N.O. peninsular foron e son tan importantes e necesarias, sobre todo pensando que a Arqueoloxía ten tamén unha función social e cultural que trascende a todo un pobo e unha comunidade, que debe colaborar na súa formación cultural e na creación e reasunción dunha conciencia colectiva e dun Ego comunitario que coñeza e asuma a propia Historia».

Sin duda, el inicio de la andadura del desarrollo autonómico fue un momento propicio para que se desatase un auténtico *boom* en la arqueología centrada en la pre y protohistoria gallegas. Fue entonces cuando se acuñó el concepto de cultura castreña galaica, concebida como una formación étnica que en teoría se extendía casualmente por el territorio en el que se habla galaicoportugués en la actualidad. Una cultura que hunde sus raíces en la prehistoria, que se reivindica como los antepasados directos de los gallegos, sin solución de continuidad, desde la Edad del Hierro hasta el presente. Esta vinculación entre autonomía, discurso identitario y arqueología se dio también claramente en el caso asturiano, con la reaparición de la cultura astur (Fernández Posse, 1998; Marín, 2005) y en el caso que nos ocupa, esto es, Cantabria. No por causalidad, en 1981 el Ministerio de Cultura organizó en el Museo Arqueológico Nacional de Madrid una exposición bajo el título: *Cántabros, astures y galaicos*.

Este proceso de construcción de un discurso historiográfico regional/ nacional se dio en el resto de comunidades autónomas del Estado por los mismos años, ante la imperiosa necesidad de justificar política e históricamente el apaño del *café para todos*. Dentro de todo este contexto, el caso cántabro fue especial por dos motivos: en primer lugar, porque esta región no tuvo un régimen previo preautonómico y, en segundo lugar, porque formaba parte como provincia de lo que se denominaba Castilla la Vieja. Si bien se creó una Asociación para la Defensa de los Intereses de Cantabria, se generó toda una polémica ya que el proceso preautonómico castellano-leonés incluía a Santander dentro del mismo, e incluso se llegó a crear la Asociación de Cantabria en Castilla. Todo este proceso da una idea de la complicada conversión de Santander en Cantabria, circunstancia que tomó por fin carta de naturaleza con la entrada en vigor del estatuto el 1 de febrero de 1982.

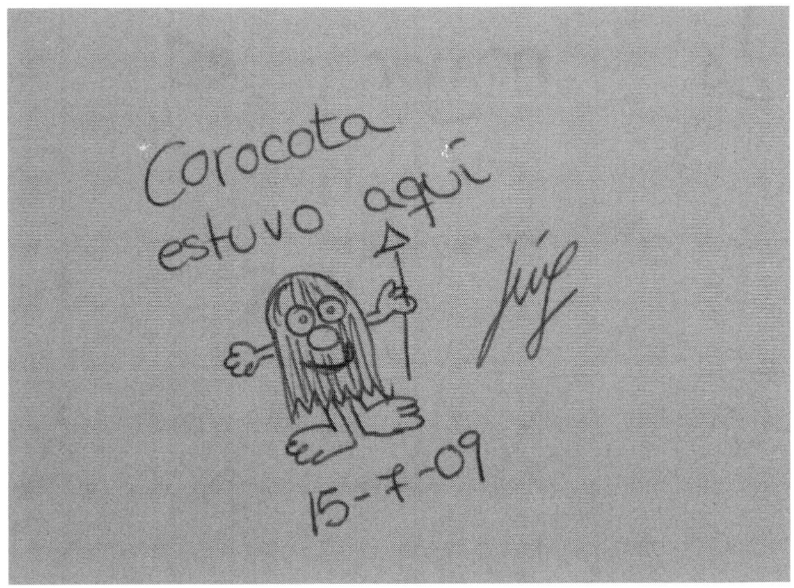


La necesidad de legitimar la nueva situación política mediante la construcción de una historia de Cantabria moderna y metódica no tuvo poco que ver en este fenómeno. La asunción de competencias en cultura y educación hacía totalmente necesario un *aggiornamento* del profesorado y la sistematización del conocimiento historiográfico con el fin de formar a los miembros de la comunidad educativa (primaria y secundaria). Aparecen los primeros manuales a tal efecto y comienzan a proliferar reediciones/publicaciones de obras centradas en la historia antigua de Cantabria (González Echegaray, 1986; VV.AA., 1999). Como en el caso gallego y asturiano, se desarrollaron líneas de investigación centradas en el paso protohistórico local. Los astures y los cántabros eran antepasados más cercanos y útiles para la clase política (y académica) asturiana y cántabra que los primitivos habitantes de las cuevas paleolíticas. La *arqueología de los cántabros* (VV.AA., 1996; Peralta, 2003) y las *guerras cántabras* se han consolidado en la última década como objeto de estudio privilegiado en Cantabria. Basta con ver en la prensa la localización a cada poco de un nuevo campamento romano o la reciente catalogación de castros y castra en territorio cántabro (Serna *et al.*, 2010).

De *Los pueblos del Norte* de Julio Caro Baroja (1977), pasando por aquel título genérico, integrador y globalizante de *Cántabros, astures y alaicos* (1981) llegamos finalmente a *Los cántabros: la génesis de un pueblo* (VV. AA., 1999). En estos veintidós años de autonomía cántabra, la historia, la educación y la arqueología han hecho su trabajo como herramientas para la autoafirmación de la identidad regional. Y como no podía ser de otra manera, este bagaje se ve reflejado en el libro de visitas del Museo de Altamira. Los visitantes cántabros manifiestan su orgullo y reivindican su conexión directa con los antepasados que pintaron las cuevas, los primeros cántabros:

> *Resulta decepcionante para un cantabro acompañar a visitantes que se encuentran con una espera en plena intemperie [...] Parece que enseñamos la covacha de un aprovechado (23/9/2003).*

> *A mi tierra querida y al recuerdo que dejaron en sus rocas los primeros Cántabros, una montañesa que vive en Buenos Aires, con todo mi amor (6/2/2004).*

> *Es una lástima que no se pueda tocar la piedra. El primer Cántabro (18/2/2007).*

> *Los cántabros ya éramos los mejores hace 18500 años. Aqui lo demostramos. Una maravilla (16/1/2010).*

> *Es un orgullo ser cantábrica y descendiente de estos artistas de Altamira (Septiembre de 2010).*

> *La capilla Sixtina es verdad, es un simbolo de perfección pero, sin los adelantos estos altamiranos lo tenian más complicado y superaron por mucho, felicitaciones a esta gente por eso ya desde entonces "Cantabria ya era infinita" (23/7/2013).*

> *Cada día me siento más orgullosa de ser cantabra y tener una parte tan bonita de nuestra historia para que el resto del mundo la vea (13/10/2013).*

Los habitantes de los castros también aparecen señalados como los abuelos. Incluso en algún caso se denuncia la manipulación política de la identidad protohistórica, con plena conciencia de los procesos de construcción social de la etnicidad (Fernández Götz, 2008):

*Unos Pelendones estuvieron aqui. Quintanar de la Sierra. Burgos (Agosto de 2006).*

*A la familia de la Peña nos ha gustado mucho el museo, quedamos gratamente sorprendidos de que los antepasados de las montañas del Cantábrico no llevaran tatuada una ikurriña en el pecho. Además también salimos con la ilusión de que nuestra hija se vea llamada por la arqueología. Gracias (Julio de 2013).*

*Unos chicos muy majos de El Raso (Ávila) estuvieron aqui. Recomendamos que a todo aquel que le guste el inicio de nuestros días visite nuestra zona donde hay numerosos castros celtas (Julio de 2013).*

*A los abuelos de los antiguos cántabros los saludan los nuevos astures de león (Junio de 2011).*

*Aqui estuvimos dos apasionados de la Celtiberia, remontandonos más aún en el tiempo (12/4/2014).*

Pero además de fuente de identidad colectiva, el patrimonio arqueológico se ha convertido en un activo más para la promoción turística de las comunidades autónomas. Los responsables políticos y los tecnócratas que gestionan los pueblos del norte se han empeñado en vender una imagen de Galicia, Asturias, Cantabria o Euskadi en la que se entremezcla la autenticidad, la identidad, el celtismo y el arte rupestre sin solución de continuidad (Olabarri y Quintana, 2009; Gago, 2014; Ayán, 2014b; Garrido, 2014). Estas campañas de promoción turística suelen mostrar la vertiente mítica del país de turno, aderezada con las ya tradicionales fotografías idílicas de playas salvajes, montañas prístinas y vacas felices, a semejanza de esos anuncios de la leche del norte o los reportajes de *Desde Galicia para el Mundo*. Al fin y al cabo es un proceso generalizado en el Estado español, materializado en términos como Terra Mítica, Descubre El Bierzo o Cantabria Ancestral. Todo sirve para reforzar una imagen de marca. La éxitosa campaña de Galicia Calidade sentó las bases de un modelo que se ha aplicado para el caso que nos ocupa en la marca Cantabria Infinita. Esto es lo que podemos leer en la página web oficial del Club de Calidad Cantabria Infinita:

«Tras estos diez años de esfuerzo continuo, el Club de Calidad
Cantabria Infinita inspira ya las mejores sesnsaciones al viajero
que se acerca a nuestra tierra por sus paisajes, historia, eventos
y gastronomía. Y es que el Club de Calidad es eso: fuente de
inspiración para los que amamos Cantabria».

Cantabria Infinita ha sido una apuesta ambiciosa del gobierno
autónomo cántabro en materia de turismo. En 2009 se dio a conocer un
vídeo promocional de la campaña en el que se reúnen todas las imágenes-
fuerza que ayudan a identificar la región, entre ellas los bisontes de
la cueva de Altamira. En este ejercicio de *marketing* institucional, el
expresidente Miguel Ángel Revilla (del que hablaremos con detenimiento
más adelante) presentó en mayo de 2010 en Madrid la campaña Descubre
Cantabria Infinita[3], una iniciativa enmarcada en la conmemoración del
Año Xacobeo 2010. La promoción acercó los encantos de la comunidad
autónoma a 24 centros comerciales de El Corte Inglés de todo el Estado.
Las operadoras turísticas saben que los centros comerciales son el mejor
expositor en la España del siglo XXI. Ilustraremos este hecho con una
anécdota galaica. El periódico *La Voz de Galicia* recogía en Semana Santa
de 2013 pequeñas entrevistas a visitantes que se acercaban a Santiago
de Compostela. Una joven pareja de Vigo dejó este escalofriante titular:
«Vinimos por el nuevo centro comercial y de paso vemos Santiago». Toda
una ciudad patrimonio de la humanidad empequeñecida ante la tentadora
oferta del recién inaugurado Centro Comercial de As Cancelas. Al menos,
la catedral sí compite con el *mall* (el nuevo templo de la posmodernidad),
algo que ni alcanza de lejos la Cidade da Cultura.

Muchos de los visitantes del Museo de Altamira han conocido esta
campaña de primera mano en las redes sociales, en YouTube, en los
centros comerciales o en las agencias de viajes, y se han decidido por este
destino. El libro de visitas del museo es una prueba documental evidente
del éxito de esta campaña. Las primeras referencias al lema Cantabria
Infinita las documentamos precisamente en 2009 y se mantienen hasta
hoy. La visita al museo y a la neocueva es considerada por numerosos

---

3 Eldiariomontanes.es 27/5/2010.

turistas como una prueba evidente de que la campaña no engaña, que Cantabria es una tierra idílica que no deja de sorprender:

*Me encanta. Estoy orgulloso de que en Cantabria se acometan estas empresas y no se deje perder nuestro patrimonio (24/11/2006).*

*Cantabria Infinita. 2 cantabros que vieron la original (22/9/2006).*

*Viva Cantabria y viva Cuenca. Cantabria infinita, Cuenca es única (30/6/2007).*

*Desde el corazón de Valencia hasta nuestra Cantabria infinita (3/11/2007).*

*La maravilla de Cantabria Infinita (4/3/2009).*

*Hemos comprobado si es cierto lo de Cantabria infinita ¡Es verdad! (15/10/2009).*

*Todos los años vengo a Cantabria inmensa como la denominaba mi padre, un santanderino ogulloso de su tierra, yo también la quiero (Marzo de 2010).*

*Excursión a Cantabria infinita. La abuela y pepe encantados: Comillas, Santander, el mar eterno... El interior y la casa rural, verde. Rematamos en Altamira. Desde Valdeseguil un abrazo de gratitud a esta tierra (9/5/2010).*

*Porque Cantabria es grande. Aquí hay una muestra de ello. Cantabria enamora (4/8/2010).*

*Por aqui han pasado para formar parte del pasado, presente y futuro, los pecos (Miguel y Esti) en un viaje increible por el Norte, unas vacaciones bien merecidas por la "Cantabria infinita". Volveremos a ver la cueva original (30/9/2010).*

*Cantabria ¡si! Es infinita. Lo dice una extremeña (26/10/2010).*

*Me llena de orgullo y satisfacción haber visitado este magnífico evento... (bromas aparte.... Cantabria infinita... OK (6/7/2011).*

*Y en Catalunya tampoco tenéis playas tan bonitas ni tantas vacas, ni comida tan buena, ni gente tan maja. Cantabria infinita (5/8/2011).*

*Desde Venezuela a Cantabria, paraíso infinito, un lugar inolvidable, definitivamente sin palabras (3/9/2011).*

*Una belleza, como muchas que tiene CANTABRIA INFINITA (30/12/2012).*

*Cantabria es la cuna de la vida, la cuna del amor, el respeto, por que un planeta unido es salud, dinero y progreso para una naturaleza sin fronteras. Cantabria infinita. Saludos (23/10/2013).*

*¡Un gusto visitar CANTABRIA INFINITA! 7/12/2013.*

Lógicamente, esta campaña, como otras, materializa los enfoques predominantes en el ámbito de la explotación económica del turismo cultural. La propia terminología empleada por los técnicos de turismo y gestores culturales (con los que hemos convivido, cooperado y coincidido) rezuma un cierto marchamo tecnocrático que deshumaniza a los protagonistas: el patrimonio es un nicho de mercado, los ciudadanos son clientes, los grupos humanos paquetes turísticos, los viajes organizados son *trips* y el público potencial se clasifica según *targets* (segmentos de la demanda al que está dirigido un producto). Por supuesto, somos los primeros que apoyamos la rentabilización económica del patrimonio cultural, pero no al precio de convertir la política pública en una turoperadora sin escrúpulos que paquetiza, imsersiza y cosifica a la ciudadanía.

Cantabria Infinita es obra de profesionales, que no son cazadores-recolectores paleolíticos que dejan marcas de descarnado en los huesos, pero sí son cazadores de tendencias y diseñadores de marcas. PRISMA, bajo el lema ACTIVATE YOUR BRAND[4], fue la  agencia responsable de la comunicación integral de la marca Turismo de Cantabria durante 2013, la campaña que habla de personas en los lugares, no de lugares para las personas. Citamos a continuación la sinopsis del proyecto tal como aparece reflejado en su página web oficial:

---

4 http://www.iprisma.es/work-66/cantabria-infinita#ld

«El proyecto nace en 2013 para promocionar las marcas y productos a través de una estrategia integrada y transmedia, cuyo fondo estratégico es el mismo que en anteriores campañas, pero radicalmente nuevo en la forma de relacionarse con el *target*, asumiendo un reto casi diario de innovación e integración de estrategias de contacto, herramientas de comunicación y mensajes.

Basada en el *marketing* de experiencias, la campaña combina acciones de publicidad convencional, *marketing* digital y movilidad, *marketing* de guerrilla, relaciones públicas, ecomunicación y *marketing* ferial, con objetivos muy claros:

1) Consolidar el posicionamiento del destino Cantabria como un gran parque temático de emociones y experiencias.

2) Diferenciar la oferta de otros destinos multiexperiencia del norte España.

3) Conectar la marca Cantabria con la nueva realidad del *target*, un viajero que no consume destinos y sí experiencias.

4) Liderar la innovación en *marketing* turístico en España.

5) Medirlo todo y en tiempo real. Y además lo hacemos con el presupuesto más bajo en dos décadas: 750000 euros».

Efectivamente, Cantabria Infinita, en la línea de las más recientes campañas de promoción turística de otras comunidades como Galicia, hace hincapié en el destino oculto y único (*Galicia sí, es única. ¿Me guardas el secreto?; Cantabria infinita*), en las personas, la experiencia (*Vive Cantabria*), los sentidos (*Galicia siéntela; Cantabria ¿la sientes?, siente una nueva experiencia cada fin de semana en Cantabria*)... El libro de visitas, como decíamos, nos muestra la efectividad de una campaña de estas características en la que Altamira es un recurso más que sirve con creces a la causa: pocas cosas hay más auténticas, cercanas y únicas que las obras de arte de los antepasados; pocas cosas más hay que inciten a la reflexión y que espoleen los sentimientos, la sensibilidad y el deseo:

*Toda niña de Santander ha querido ser María Sanz de Sautuola hoy todavía más que nunca me emociono con esta muestra de tradición de la tierruca (28/12/2007).*

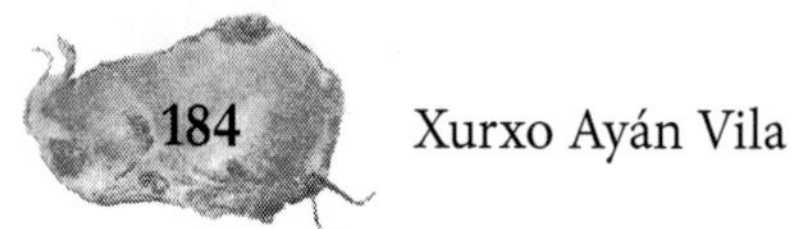

*Vane y Luis vinieron a Cantabria a encargar a su hij@ (27/3/2010).*

Incluso algunos visitantes, embriagados por la satisfacción de su experiencia, llegan a humanizar Cantabria, a dotarla de personalidad propia, convirtiéndola en un ente con el que dialogan y al que felicitan por el éxito museístico:

*Me parece una buena idea acercar la cultura a todas las personas. Es magnífico ver un museo tan importante como este. Muchas gracias Cantabria (12/4/2006).*

*¡¡VIVA CANTABRIA!! ¡¡HERMOSA ERES, AMIGA MÍA!! (28/7/2006).*

*Treinta y cinco años separan mi primera visita a este maravilloso país que es Cantabria, tuve el honor y privilegio de visitar la cueva original y ya entonces constaté que un país es lo que son sus gentes y hoy 35 años despues constato de nuevo que el presente es el resultado del pasado. Pedís en este libro opiniones y sugerencias quien soy yo para aconsejar a quien con este presente brillante ya tiene asegurado un futuro tal y como hicieron sus ancestros. Felicito de corazón al pueblo cántabro y desde mi Barcelona natal cuando repase los libros que tengo de Altamira mi imaginación volará y de nuevo compartiré unos instantes maravillosos con vosotros (27/6/2007).*

*Somos un grupo de Barcelona, de 50 personas, lo estamos pasando muy bien, todo es muy bonito, muchas gracias Cantabria (28/10/2006).*

*Cantabria eres muy guapa. Un beso, somos de Cataluña (28/10/2006).*

*Gracias a Cantabria y sus gentes, por dar a la humanidad esta magnífica muestra de la existencia humana (5/8/2006).*

*Las cuevas de Altamira al igual que todo Cantabria son espectaculares, Gracias a Cantabria y a sus gentes por la hospitalidad que brindan a sus visitantes (10/10/2006).*

*Gran riqueza cultural, mi más sincera enhorabuena, Cantabria (Julio de 2010).*

*Los cántabros sois un ejemplo (muy bueno nada egoista) seguid así. Ofreceis cultura y buen ocio a un buen precio (3/8/2010).*

*Gracias por dejarnos ver las maravillas de nuestros ancestros, deberíamos aprender de éllos. Ha sido magnífico y nos han hecho sentir insignificiantes al tratarnos de comparar con "aquellos" que nos dejaron su impronta y vivencias en la pared y en el suelo. ¡Gracias Cantabria! (6/8/2010).*

*Un abulense y una [ilegible] quieren agradecer a todo el pueblo cantabro la riqueza cultural y gastronomica que poseen (7/9/2010).*

*Me ha gustado mucho el museo, ahora entraremos a ver las réplicas de Altamira. Gracias Cantabria (24/10/2010).*

*Agradecer al pueblo Cántabro esta muestra de historia! Cuidar la original por el bien de todos. La copia está muy bien lograda (4/12/2010).*

*El grupo de la Asociación de Mayores de Doñinos de Salamanca Sto Domingo de Guzmán saluda a todos los cántabros y les agradece su amable acogida en su tierra. Ya sus antepasados de Altamira eran unos grandes tipos (Junio de 2011).*

Como contrapunto al éxito de Cantabria Infinita, esta comunidad autónoma también contó con otra campaña de promoción en el año 2006, en la línea de los *xacobeos* galaicos. Nos referimos al Año Jubilar Lebaniego de 2006, una celebración religiosa amparada por las administraciones, un ejemplo más del nacionalcatolicismo imperante en el conjunto del Estado. En esos momentos finales del período de crecimiento, el gobierno socialista veía cómo la jerarquía eclesiástica se manifestaba en la calle una y otra vez, como medida de presión contra las políticas sociales del Estado. La estrategia fue muy exitosa para los intereses de la Iglesia, consiguiendo del gabinete de Zapatero un incremento notable de su financiación pública. En todo caso, el camino ya estaba bastante desbrozado al asumir las administraciones actos religiosos como potenciales recursos turísticos. El Xacobeo de 1993 fue el punto de arranque de una tendencia que se mantiene. Sin ir más lejos, la Xunta de Galicia de Feijoo apoya en 2013-2014 económicamente la celebración del 800 aniversario de la peregrinación de San Francisco de Asís a Compostela, declarado acontecimiento excepcional de interés público. En esta línea jugó sus bazas el gobierno autonómico de Revilla en 2006, en una macrooperación publicitaria que generó un desajuste presupuestario que todavía trae cola en nuestros días. El Año Lebaniego se completó con el paso de la Vuelta Ciclista a España por Cantabria, con parada y fonda en Altamira y Santillana del Mar. La operación nacionalcatólica del Año Lebaniego no salió según lo esperado. De hecho, el evento solo aparece mencionado dos veces en el libro de visitas, gracias a la rúbrica de devotos católicos:

*La Hermandad del Gran poder de Dos Hermanas visito esta magnifica replica en año jubilar Liebanego de 2006, agradecidos, mostramos nuestro testimonio y el deseo de que la Humanidad continue su evolución y cercanía-comunión con DIOS (6/8/2006).*

*Cantabria Infinita y maravillosa. Hasta que volvamos. Año del Jubileo de Liébana- (Agosto de 2006).*

## Revilla o la cueva de Alí Babá

*Cantabria es una maravilla y Revilla la hace más maravilla*
9/12/2009

En el libro de visitas del Museo de Altamira nos encontramos con algunas (pocas) referencias genéricas al jefe del Estado y a la clase política española, con algún exabrupto aislado dirigido contra Zapatero y/o a Rajoy:

*Tan misterioso como la mente abrupta de ZP (20/7/2006).*

*Rajoy es el hombre cromañon Zapatero Homo erectus Viva Pujol Homo Sapiens Sapiens. Y Acebes la mona chita y Aznar un bisonte (1/8/2006).*

*Porke no te callas!. By. Juan Carlos (rey de España) (Febrero de 2008).*

*Hay que ver qué poco hemos evolucionado. Rajoy (Agosto de /2010).*

*Muy bonito, lástima que los señores del partido Popular se hayan quedado en aquella época. P. Santiago de Compostela (6/10/2011).*

*Es una maravailla, lo triste es que el PSOE no haya evolucionado nada. A. y N. (6/10/2011).*

*Gracias ZP por dejarnos en la Prehistoria (Mayo de 2013).*

El único personaje político que adquiere protagonismo *per se* a lo largo de los últimos años en esas páginas es Miguel Ángel Revilla. Líder del Partido Regionalista de Cantabria, llegó a la presidencia de la comunidad autónoma el mismo año en el que se habilitó el libro de visitas para el público en general (2003). La ideología regionalista de Revilla ha contribuido a reforzar el autonomismo a través de una política cultural y turística que ha remarcado el proceso de autoafirmación de la identidad cántabra, como hemos visto en el apartado anterior. Es por ello que algunos visitantes cántabros reconocen esta labor y reivindican el liderazgo de Revilla al frente de Cantabria. Esta actitud lleva a una cierta confusión, en ocasiones, sobre todo cuando se llega a considerar el Museo de Altamira como una creación del gobierno autónomo cántabro. Incluso se llega a felicitar a Revilla por la iniciativa museística, en detrimento del Gobierno de España. Por el contrario, se documenta también algún comentario esporádico que en clave regionalista exige el traspaso de las competencias sobre el museo a la autonomía:

> *Competencia para Cantabria ya! (Mayo de 2009).*

> *Gracias Revilluca por hacernos revivir el pasado (5/9/2009).*

> *Felicidades al bigotes (presidente de Cantabria) maravilloso lugar. Desde La Coruña. Un abrazo (11/12/2009).*

> *Viva Cantabria y su presidente y sus gentes (23/2/2010).*

> *Ya entiendo porque llaman a Cantabria "Cantabria infinita", es una reproduccion algo fuera de serie. Un fuerte abrazo para Revilluca. Albergue turístico-deportivo de Santoña (2010).*

Estas opiniones encomiásticas que relacionan a Revilla con el Museo de Altamira no parecen adecuarse mucho a la realidad vivida durante su presidencia. Dentro de sus competencias, los gabinetes de gobierno de Revilla han preferido promocionar intensivamente otras infraestructuras, recursos culturales y, por supuesto, las cuevas bajo competencia del Gobierno autonómico (Garrido y García-Díez, 2013) Un caso paradigmático de esta política es la Cueva del Soplao, o el Zoo de Cabárceno, ambos citados con frecuencia en el libro de visitas. De hecho el Soplao, Cabárceno y Altamira constituyen una verdadera tríada capitolina para las familias con niños que visitan Cantabria.

> *Me ha gustado mucho Cabárceno pero esta réplica me ha decepcionado (8/12/2007).*

> *La cueva del Soplao es mucho mejor (8/8/2006).*

A pesar de ello, Altamira mantiene incólume su capital simbólico en la arena política, y el presidente Revilla intentó explotarlo a su manera. En junio de 2010, el Patronato de Altamira acordó por unanimidad reabrir la cueva en un plazo corto de tiempo. En la rueda de prensa oficial, acompañado de la entonces ministra de Cultura, Ángeles González-Sinde, Revilla anuncia *motu propio* que invitaría personalmente a Obama a visitar la cueva: «Ya tengo redactada la carta. Y en inglés», llegó a decir[5]. Esta relación con la diplomacia estadounidense venía ya de antes, como se aprecia en el libro VIP, en donde quedó consignada la visita conjunta el 8 de agosto de 2006 del embajador yanqui y el presidente de Cantabria. Revilla acompaña su firma con una caricatura autógrafa. El abortado *affaire* Obama-Revilla va a ser citado por los visitantes al museo, unas veces con sarcasmo e ironía y otras con la intención clara de denunciar un uso discriminatorio de la cueva original en función de determinados privilegios:

*Despues de una larga espera, por fin, hemos podido ver la cueva de plástico, menuda estafa, pagar por ver plástico. Por lo menos tengan la decencia de no cobrar entrada*

---

5   http://www.larazon.es/detalle_hemeroteca/noticias/LA_RAZON_273094/6450-se-reabriran-las-cuevas-de-altamira#Ttt1ditvpfFFfZtu

*los museos y lugares de visitas turísticas deberían de ser gratuitos. Copien de los ingleses. Sr Revilla espavílese!! (19/8/2009).*

*Este museo es precioso. Los bisontes se ven estupendamente. NO QUIERO QUE ABRAN LA CUEVA ORIGINAL. Tenemos un presidente de Autonomía que va a utilizar nuestro patrimonio para hacerse fotos con Obama y cía. POBRES BISONTES!!! QUÉ VERGÜENZA!!! QUE ASCO DE POLITICA!!! (Junio de 2010).*

*Es la 2 vez que venimos (porque nos obligan) nos gustaria ver las cuevas auténticas ya que estas no tienen ni punto de comparacion. Revilla (presi de Cantabria) dijo que las cuevas se abrirían pero mi pregunta es cuando. Si tienen que venir personas importantes como Obama ya las estarían abriendo, pero para la honesta gente no las abren (2010).*

*Mr Obama says that the museum is boring but I like the stop. B. Obama (24/7/2011).*

En junio de 2010 Revilla había alcanzado ya una notable repercusión mediática y era conocido en el conjunto del Estado español, sobre todo después de su debut televisivo en el *late night* de Andreu Buenafuente (La Sexta) entre los años 2007 y 2009. Su participación mensual en el programa aseguraba unos cuantos titulares al día siguiente. Su papel en 2009 como El niño de las Anchoas, repartiendo este suculento producto cantábrico como regalo institucional a su majestad el rey, a Zapatero, a Rajoy y a presidentes autonómicos, ha pasado a formar parte ya de la cultura popular. En Cantabria algunas voces se preguntan por qué este esfuerzo en promocionar la anchoa no ha contado con el mismo empeño para promocionar la cueva y el Museo de Altamira, también emblemas de Cantabria por derecho propio.

*Me hubiera gustado encontrarme en Altamira a "Revilla y sus anchoas" (11/8/2013).*

En el momento de escribir estas líneas (abril de 2014), Miguel Ángel Revilla ya no es solo un político populista sino todo un fenómeno mediático, un provocador tertuliano habitual en programas como *La noria, Abre los ojos, El gran debate, Espejo público, Las mañanas de Cuatro, La Sexta noche, Al rojo vivo* o *El intermedio*. Su presencia ha llegado a desatar una lucha entre las dos plataformas televisivas privadas más importantes del país (Atrasmedia y Mediaset). El expresidente de Cantabria cautiva a la audiencia por su generosidad (según él mismo todos los ingresos por sus colaboraciones se destinan a causas benéficas, como el mantenimiento de la Cocina Económica de Santander) y por su vehemencia, una vez liberado —por el momento— de responsabilidades políticas y lealtades institucionales. De hecho su biografía oficial se titula Revilla. Políticamente incorrecto (Drake, 2010).

En este sentido, Revilla ha ocupado el puesto vacante dejado por Bustamante, ese chico humilde de San Vicente de la Barquera que quedó tercero en el mayor éxito televisivo de la historia de España: *Operación triunfo*. En 2003 Bustamante se convirtió en embajador de Cantabria. La televisión hace milagros:

*Viva Bustamante, es el mejor embajador de Cantabria. Somos 2 chicas de 16 años. Busta te queremos (2/8/2003).*

*De una fan de Bustamante que viene a visitar Cantabria (17/8/2003)*

*Lástima de no ver a Bustamante que debe ser lo único bonito de San Vicente de la Barquera (19/9/2003).*

*Me encanta CANTABRIA es tan guai como Bustamente el tiene razón (20/12/2003).*

*Cantabria, la tierra qe me vio nacer, crecer y enamorarme. ¡VIVA CANTABRIA Y VIVA BUSTAMANTE! (30/12/2003).*

*Que bonita que es Cantabria y San Vicente de la Barquera Busta, Busta... (14/10/2007).*

*Hola Bustamante estoy en tu pueblo un beso y un fuerte abrazo tu amiga altamira (13/10/2007).*

Toda la campaña de *marketing* alrededor de la figura de Revilla parece servir nuevamente de trampolín político a un personaje que representa en sí mismo la manera de gestionar la cosa pública en nuestros días, esa política-espectáculo a la que nos estamos acostumbrando los contribuyentes. En un momento de descrédito total de la clase política en plena crisis económica, gran parte de la sociedad española se entrega a estos discursos populistas en los que la propia identidad local y la cercanía a la gente triunfan como activos electorales.

> *Viva Cantabria. Aupa Revilla (5/7/2009).*

> *Un saludo para el Sr Revilla que es muy majo (1/12/2010).*

> *Nos ha encantado la visita! Gracias Cantabria! Revilla Presidente! (29/8/2013).*

Revilla se acercó al Museo de Altamira en marzo de 2014 para grabar el enésimo programa de entretenimiento. El evento coincide con la salida al mercado de un nuevo ensayo suyo, en el que denuncia y analiza los casos de corrupción y mala práctica política más relevantes de los últimos tiempos. En la reseña biográfica de la contracubierta es definido como «Pionero en la defensa de la transformación de la provincia de Santander en Comunidad Autónoma». No se dice nada de su ideología joseantoniana cuando era cargo del Sindicato Vertical en 1973. El título del libro: *La Jungla de los listos* (Revilla, 2014). Últimamente los casos de corrupción vinculados a la administración Revilla dibujan un panorama más propio de la cueva de Alí Babá.

> *Soy D. Me han grabado para la tele aquí con algunos de mis compañeros y me ha encantado. Estuvimos con Revilla (Marzo de 2014).*

# DEL *NUNCA MÁIS* A LA CRISIS ECONÓMICA

*Por la paz en el mundo y no nos escondamos en las cuevas nunca más*
(9/4/2004)

*Desde Atapuerca hasta el 11M* es el subtítulo de un *ebook* con el que se pretendía explicar la historia de esto que llamamos España (Montero y Roig, 2003). En esa misma línea, Altamira jugó un papel semejante como hito cronológico, como referencia de partida de los manuales de aquella asignatura de historia de España que teníamos en 3° de BUP. Del mismo modo, el Museo de Altamira es un buen caleidoscopio para conocer la percepción que de la realidad vivida tenía un sector representativo de la población española desde 2003 hasta hoy. A este respecto, las páginas del libro de visitas son un auténtico dietario en el que miles de personas variopintas reflejaron las sensaciones y emociones provocadas por determinados eventos y procesos históricos, la mayor parte de ellos de naturaleza traumática: la catástrofe ecológica del Prestige, la guerra de Irak, los atentados del 11M, la recuperación de la memoria histórica o la actual crisis económica. En este sentido, el libro de visitas es un documento único en el que se vertieron opiniones sin cortapisas, censuras ni coacciones, un depósito de aluvión que lo convierte, no en una fuente secundaria, sino en una fuente primaria para estudiar la psicohistoria de una comunidad.

## La negra sombra

La movilización popular en nuestro país se puede reflejar en una suerte de sismógrafo o de registro de constantes vitales: una serie de picos nos muestran momentos álgidos como las manifestaciones masivas en la transición democrática a la búsqueda de libertades, el movimiento de resistencia a la entrada de España en la OTAN, las huelgas promovidas en el marco de las crisis de 1987 y 1993 o la protesta ciudadana por el asesinato de Miguel Ángel Blanco en 1997. A partir de ahí, el ciclo de bonanza económica parecía que iba a desvertebrar cualquier reivindicación social. Sin embargo, no fue así. El destino hizo que el naufragio de un viejo buque petrolero en el océano Atlántico el 13 de noviembre de 2002 desencadenase toda una marea humana que se acabaría llevando por delante un gobierno autonómico y dejaría tocado de muerte otro gobierno estatal (Pereiro, 2012).

La negra sombra del Prestige dio lugar a una espontánea movilización popular que llevó a tierras gallegas a miles de voluntarios y voluntarias procedentes de todo el estado con el fin de ayudar a limpiar las playas de la Costa da Morte. Desde las olimpiadas de Barcelona no se veía algo igual en el Estado español. Todavía en la primavera de 2003, jóvenes enfundados en su buzo blanco recogían entre las rocas aquellos *pequeños hilillos* de gasolina.

En el libro de visitas de Altamira se recuerda aquella tragedia, sobre todo por parte de turistas de origen gallego:

> *¿Seguro que hemos evolucionado? Véase: contaminación, Prestige, etc. Mejor hace unos miles de años (19/7/2003).*

> *Con un pouco de sorte aqui non vos chega o chapapote KORME (Puto PP) (1/8/2003).*

> *Hola! Son Lorena de Korme (a costa da Morte) e estiven a aqui espero que coma a nós non se vos encha o corazón cunha "sombra negra" ¡NUNCA MÁIS! (1/8/2003).*

*De Cornellà a Cantabria 10 putas horas!!! NUNKA MAIS (Abril de 2006).*

*Somos E. e I. y venimos desde Ourense y Cantabria fue nuestro sitio elegido para nuesta luna de miel Muchas gracias NUNCA MAIS (Abril de 2006).*

*Desde Galicia Nunca Mais (Octubre de 2006).*

*Dende Galiza para o mundo ¡Nunca Máis! (16/8/2006).*

NUNCA MÁIS pasa a repetirse hasta la saciedad en el libro de visitas, convirtiéndose en un lema de autoafirmación nacional para los jóvenes gallegos que firman, al estilo del GORA EUSKADI o el CATALUNYA LLIURE que también se prodigan año tras año. Al alimón del NUNCA MÁIS encontramos también alguna referencia a otra conexión galaica de la cueva de Altamira. Nos referimos al Camino de Santiago y a los peregrinos que se desvían de la ruta para acercarse a ver la neocueva. Recordemos que 2004 y 2010 fueron años *xacobeos* y que incluso la campaña de promoción turística Cantabria Infinita se aprovechó de esta tesitura. En este ambiente se estableció una cierta conexión sentimental entre lugares con una magia especial, como Compostela, Fisterra y Altamira. Como señala este crítico peregrino francés: de Altamira a las estrellas, al Campus Stellae.

*Al respecto de los vigilantes en la puerta del aparqueadero, la mañana del 1 Junio 2011. Son ustedes muy muy responsables y tan estrictos en sus reglas que mandan afuera a la lluvia un peregrino con equipaje, para que espere allá una hora y media —en vez de dejarlo entrar al vestíbulo donde ellos mismos se protejen! Propongo que esos dos señores reciban una promoción importante, como jefe de seguridad o director del museo! Así protejen la herencia de la humanidad! Walter Arnold en el Camino hacia Santiago. De Altamira a las estrellas (junio de 2011).*

## Un mundo en guerra

La oposición de amplios sectores de la población a la entrada de España en la OTAN tuvo lugar dentro de una joven democracia que fue tutelada por el ejército franquista y en la que seguía muy vivo el recuerdo trágico de la guerra y de la represión. El pacifismo, el antimilitarismo y la defensa de la objeción de conciencia fueron movimientos que, sobre todo en la década de 1980, contaron con numerosos apoyos. Finalmente, la incorporación a la OTAN tuvo como consecuencia la modernización material y mental del Ejército. A pesar de las huelgas de estudiantes a raíz de la Primera Guerra del Golfo, la participación simbólica de España en el conflicto en 1991 no supuso mayor problema al gobierno de entonces. Los tiempos habían cambiado.

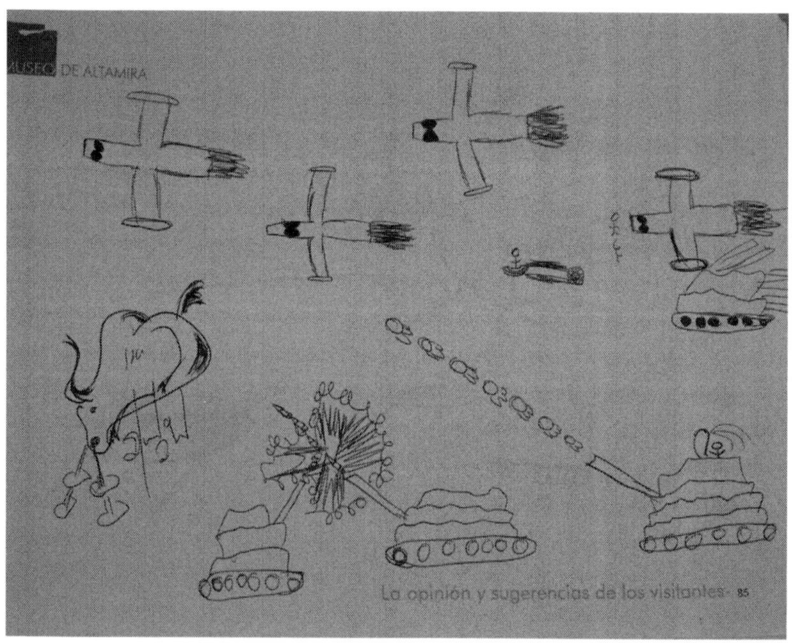

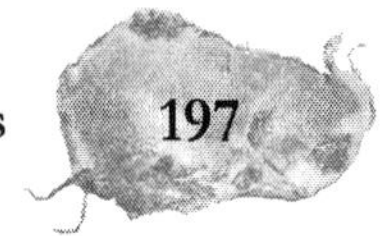

Sin embargo, la implicación de España en el despropósito aliado de 2003 sí que encontró en la calle una gran contestación social. La burda manipulación de la cuestión de las armas de destrucción masiva y la intervención al margen de la ONU por parte de Estados Unidos y Reino Unido, con el beneplácito del segundo gobierno de Aznar, llevaron a una movilización ciudadana bajo el lema de No a la guerra. Incluso por vez primera el mundo de la cultura y el cine se prestó masivamente a la campaña. En estos años de guerras preventivas y daños colaterales, Altamira se prestaba a la reflexión sobre la condición humana y el papel de la violencia en las sociedades prehistóricas y en las actuales, en la línea de lo que hemos visto en el apartado «La caverna de Platón».

*Felicitaciones por el trabajo conseguido en el Museo. Espero que las cuevas no me defrauden tampoco ¡Ojalá! Se dedica más tiempo a asuntos culturales que a conflictos bélicos. Esto también va por el Presupuesto General del Estado (31/07/2003).*

*Komo dijo una sabia mujer... el futuro es retroceso: así que ya nos veremos, kamaradas prehistorikos, kon "guerras preventivas"... la prehistoria está cerka. Un abrazo a la gente del Norte NO A LA GUERRA (28/9/2003).*

*¿Han buscado en las cuevas las armas de destrucción masiva? Igual están aquí (8/5/2004).*

Además de un rechazo social generalizado, la participación española en la invasión de Irak tuvo funestas consecuencias. Los atentados del 11M se enmarcan en la nueva guerra total desatada entre Al Qaeda y los Estados Unidos de George Bush. Globalización, red, terror. El mazazo de los atentados se deja sentir en las páginas del libro de visitas:

*Pararon un tren pero no el de la livertad no al terrorismo!!! (Abril de 2004).*

*Venimos de Madrid, de dónde todos sabemos el horror q puede provocar el ser humano (por llamarlo de algún modo). Aquí vemos lo natural y bonita que fue la vida. Recuperémoslo. Gracias (4/4/2004).*

*Mirando estas armas antiguas me pregunto: ¿Para qué la evolución del hombre? ¡¡¡Para aniquilarse!!! (Mayo de 2004).*

Sin embargo, vemos cómo el libro no se convierte en un nuevo escenario del luto colectivo, ni pasa a ser un catálogo interminable de insultos a los perpetradores. Da la impresión de que los propios visitantes autorregulan sus sentimientos y deciden mirar hacia adelante, como lo demuestra el hecho de que apenas aparecen menciones al trágico atentado en los meses siguientes a la tragedia.

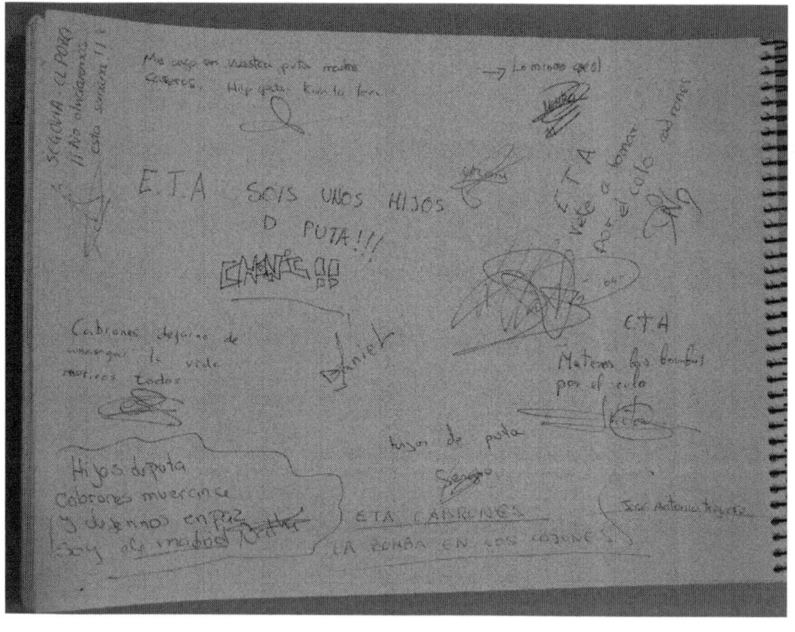

## Los huesos de la memoria

El historiador de la ciencia Oliver Hochadel señalaba una tremenda paradoja en su excelente ensayo sobre el equipo de investigación de Atapuerca (Hochadel, 2013). Por un lado, la paleontología y la prehistoria españolas juegan un papel fundamental como referente internacional de la ciencia de nuestro país, como ejemplo de buen hacer y motivo de orgullo nacional. El trabajo de investigación sobre los fósiles de la sierra burgalesa ha merecido toda la atención del Gobierno de España y del gobierno autonómico castellano-leonés. Hasta se ha concedido el premio Príncipe de Asturias a los codirectores del proyecto y se ha podido ver a la propia reina Sofía en el yacimiento arqueológico, prestando toda la atención a esos huesos de homínidos que vivieron hace miles y miles de años. Por otro lado, en las cunetas y descampados de España duermen el sueño de los justos, esperando justicia, miles y miles de compatriotas asesinados por la vesania fascista. La amnistía de 1977 y el pacto entre los partidos políticos mayoritarios han cerrado el camino para la depuración de responsabilidades políticas (Aguilar, 1996; 2008). A diferencia de Miguelón o de la pelvis Elvis, estos huesos, los de nuestros verdaderos abuelos, no interesan a los políticos.

La pavorosa impunidad del franquismo sancionada por la transición democrática no ha contribuido a seguir adelante con el denominado proceso de recuperación de la memoria histórica cuyos orígenes coinciden en el tiempo con la inauguración del Museo de Altamira. En octubre de 2000 en Priaranza del Bierzo tiene lugar la primera exhumación con metodología científica, de la mano de la recién creada Asociación para la Recuperación de la Memoria Histórica (Silva, 2014). Desde entonces se han llevado a cabo en los últimos catorce años una gran cantidad de exhumaciones a petición directa de familiares de las víctimas. A día de hoy sigue sin mediar la intervención judicial en la apertura de las fosas y que no se reconozcan los asesinatos cometidos por el bando franquista durante la Guerra Civil y la posguerra como crímenes de lesa humanidad (Montero, 2010). Todos los arqueólogos y arqueólogas que han participado en estos procesos lo han hecho en la mayor parte de los casos como voluntarios a título personal, al margen de su adscripción institucional (Montero, 2014; Echevarría, 2014; García y Pacheco, 2014). Esta realidad, inédita en la Europa democrática, consolida todavía más la estrecha relación entre ideología, política y práctica arqueológica. Una relación que también se da en Altamira como podemos apreciar en algún emotivo comentario:

> *Queremos agradecer a la Gente de Altamira la ayuda que nos ha prestado en la exhumacion de las fosas comunes que hay en Albinyana Tarragona. Cuando por fin podamos realizarlas tambien nos gustaria que las pinturas rupestres que tenemos en las cuevas de la Vall Major se conservaran algun dia como conservais todas las de CANTABRIA (19/8/2003).*

## Papeles mojados

*Que racistas es k acaso no hay negros prehistoricos?*
(2/1/2004)

En estos momentos, hombres subsaharianos se mantienen horas y horas colgados de una valla, aferrándose al sueño de entrar en Europa. Las concertinas dispuestas en la alambrada por el Gobierno español laceran sus piernas y sus pies. Les queda para siempre, grabada en la piel, la Marca España. Los diferentes homínidos, cualesquiera que fuesen, que pretendieron entrar en nuestro continente quizás lo tuvieran más fácil en su momento; a pesar de las glaciaciones, los corrimientos de tierra y los caprichos del mar estos seres no tenían que lidiar con esta auténtica marca hispánica.

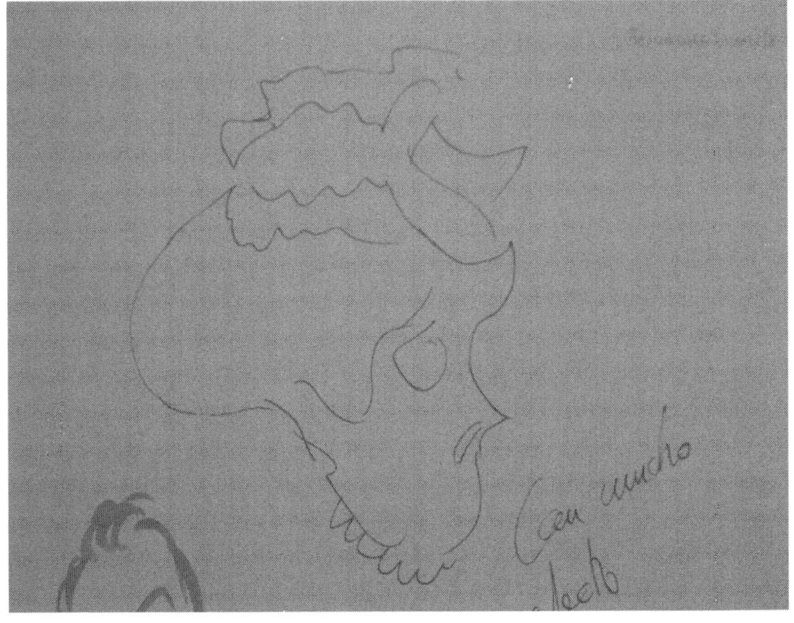

*¡Está historico-prehistóricamente documentado que la vida cotidiana en el paleolítico consistía en hombres tallando (armas-caza-tecnología-evolucon cultural) y las mujeres cosían y atendían a los niños/niñas? ¿Habia infancia, división social del trabajo? O como dice la exposición esta es sólo la historia del hombre de Altamira desde una mirada etno y eurocéntrica para la que pueblos actuales con modos de producción no capitalista y que, en algunos casos mueren en las vallas de Ceuta o cruzando en patera el estrecho de Gibraltar, son pueblos primitivos! Tambén es vergonzoso que se incopore publicidad de la bici FUJI si es la patrocinadora: no cobren entrada! Y no tiene ningún fundamento que no dejen hacer fotografías a una reproducción!!! (27/08/2010).*

El fantasma de la ultraderecha xenófoba se extiende por toda Europa. En las ciudades españolas conviven y malviven docenas de lenguas y culturas. La inmigración protagoniza el debate político. Este contexto multicultural, multivocal, con sus problemas y potencialidades, incrementa el valor social de la apuesta museística de Altamira. Mostrar la biodiversidad, ilustrar la coexistencia de distintas maneras de estar en el mundo desde el origen de la humanidad es un recurso básico para educar y reeducar a los hombres y mujeres del presente en valores cívicos y de respeto al *otro*, a lo diferente.

*No somos los únicos solo somos los ultimos que quedamos (18/12/2003).*

*Me ha sorprendido que seamos africanos despigmentados y el como ha cambiado nuestro mundo desde hace millones y millones de años (5/12/2010).*

*All human being are same (2010).*

*Lo que aquí se demuestra que nadie es quién para decir que fué el primero en llegar a un sitio. En todo caso ¡¡Viva España!! 4/9/2007.*

El enfoque etnoarqueológico de la exposición permanente del Museo de Altamira impacta notablemente en el público, sobre todo el más joven, que reacciona con sorpresa, a veces poniendo en evidencia sus prejuicios eurocéntricos y otras reconociendo la riqueza de la diversidad étnica y cultural.

*Desde Pamplona. Ha sido una pasada ver como crecían los dos hombres hasta nosotros y asombrante que la vida empezara en Africa y ahora sean los mas pobres (Abril de 2006).*

*El que crea que es blanco esta equivocado. Todos venimos de Africa (16/5/2006).*

*Me han gustado los africanos todo su cuerpo, y los negros y como mataban. Me ha gustado mucho los africanos cuando mataban a los animales (Abril de 2007).*

A la altura de 2014 perspectivas museísticas como esta son más necesarias que nunca. Al escribir estas líneas vemos confirmado el avance de la ultraderecha xenófoba en las elecciones al Parlamento Europeo, una consecuencia más de la crisis económica. En nuestro país el racismo está a la orden del día, con energúmenos tirando plátanos a jugadores negros en los campos de fútbol, sin ir más lejos. Algunas opciones políticas comienzan a incorporar en la agenda el rechazo abierto a los inmigrantes. Este populismo fascistoide se adereza con un supuesto patriotismo español que lleva a comentarios como los siguientes:

*Me encanta la limpieza del lugar y que todos los trabajadores son españoles. Viva España (Agosto de 2006).*

*Espero que los españoles nos convirtamos en un ejemplo de civismo para el resto del mundo y aprendamos a respetar y conservar nuestras propiedades. Arriba España y todos los españoles unidos (Abril de 2006).*

Xurxo Ayán Vila

## ¿Cómo nos repartimos el botín?

El último proceso histórico que se ve reflejado en el libro de visitas es, como no podía ser de otro modo, la crisis económica desatada a partir de 2008. Ya comentamos anteriormente las opiniones críticas con respecto al modelo de mercantilización del patrimonio que se materializa en el Museo de Altamira. La desfavorable coyuntura económica vuelve a poner sobre la mesa cuestiones concretas como el propio hecho de pagar por ver un bien patrimonial público o los precios de la tienda de *souvenirs*. En este marco acceder al museo de manera gratuita por ser festivo se celebra, ya que se considera un mal menor: peor habría sido pagar por ver algo que no se considera auténtico:

> *Todo muy bien, pero es un escándalo que los precios de la tienda sean como una boutique de lujo en un museo nacional de todos los españoles y patrimonio de la humanidad. En fin, es lo que hay (26/1/2008).*

> *Desde Asturias agradecemos el no pasar por taquilla que se contagie el gobierno astur. Feliz Navidad (26/12/2010).*

> *La visita guiada muy decepcionante ni yo ni nadie nos hemos enterado de nada. Suerte que hoy era gratis (30/7/2011).*

> *6 de diciembre. Hemos visitado el Museo el dia de la Constitucion y gracias a ella nos ha salido gratis la entrada. En lineas generales, es interesante, pero pierde valor no ver la cueva original. Creo que si hubiesemos pagado la entrada no merece la pena (2012).*

> *Reproduccion del Bisonte 150 Pabos!!Pelota saltarina 5.70 euros Visitar el museo NO TIENE PRECIO!!! (2012).*

Al margen de esta anécdota, nos resulta más interesante analizar cómo la crisis galopante ha mermado el sector turístico y ha afectado de lleno a una ciudadanía que ya no puede más. Muchos colegios e institutos no pueden sufragarse las excursiones culturales de fin de curso que durante años han llenado hasta la bandera el Museo de Altamira y han contribuido al desarrollo económico de la región. Hasta 2008 podemos ver en el libro de visitas críticas al rol jugado por los políticos, pero a partir del *crack* constatamos el coste social que el reajuste económico está suponiendo para amplias capas de la población. Las opiniones en este sentido pivotan alrededor de tres ejes argumentales.

En primer lugar, se emplea de modo alegórico la inevitable comparación con los antepasados prehistóricos. Siguiendo con los paralelismos se carga especialmente contra los bancos a los que se señala como responsables directos de la debacle. Recientes casos como la estafa de las preferentes por parte de los directivos de las cajas de ahorros, el caso Bankia o los desahucios enervan a los ciudadanos. En Altamira, además, se da un caso especialmente curioso, ya que una de las entidades financieras internacionales que más se ha enriquecido en estos años de recesión (el Banco Santander) ejerce como mecenas del proyecto altamirano. Por algo la niña que descubrió los famosos bueyes de Altamira era la abuela de Emilio Botín-Sanz de Sautuola y García de los Ríos (1934-2014) presidente del Banco Santander que desempeñaba a su vez responsabilidades en el Patronato de Altamira.

*Es muy complicado visitar las cuevas. Monopolio del Santander (20/7/2006).*

*Lo bueno... En el Paleolítico no había hipotecas (1/3/2009).*

*Es una estafa en toda regla la web del Santander para la venta anticipada: no informa de que los niños menores de 8 años no pagan y tampoco permite aplicarse desde ella en descuento para jubilados ni el descuento para estudiantes. Así se hace uno de oro como el señor Botín ¡Estafando! (Agosto de 2011).*

*Ya sabemos porque el homo-sapiens abandono Altamira porque no cazaba bastante! 1)sin bisontes 2) sin renos El banco le embargo la cueva (24/8/2012).*

*No me parece bien que aparezca el logo del banco en la entrada por muy mecenas que sea. A seguir mejorando (9/9/2012).*

*A nuestros antepasados por lo menos no los engañaron los bancos para tener casa, seria duro vivir en esa época, pero al menos no debían nada a nadie. Si esto lo lee alguien en un futuro muy lejano espero que las cosas cambien (7/5/2013).*

*De la amenaza racial a la amenaza financiera. Todo un recorrido para reflexiones (Agosto de 2013).*

*Tanto banco Santander, tanto banco Santander y aquí no hay un puto banco donde sentarse (Marzo de 2014).*

*Llegados a este punto ¿cómo nos repartimos el Botín? (Marzo de 2014).*

En segundo lugar, se aborda una reivindicación firme de lo público frente a lo privado, una defensa a ultranza de un patrimonio que es de todos.

*Las antiguedades son de todos, por que pagar!!! (14/09/2010).*

*El taller de niños no tiene apenas colores. Como se nota la crisis ¡Ah! Me parece de verguenza que esté restringido el paso con bebés (nuestros hijos no son chuchos) Aquí no volveré (19/7/2011).*

*Hemos de estar alerta para que la oleada de privatizaciones no acabe con espacios tan necesarios como éste, perenne recordatorio de nuestro verdadero lugar (2011).*

*A pesar de que soy un EE.PP. no renuncio a la cultura. Este museo es una prueba de lo importante del sector Publico (17/7/2012).*

*Museo, explicaciones didácticas y atención del personal dignas de agradecer en estos tiempos de CRISIS (30/11/2013).*

En tercer lugar, se denuncian abiertamente los recortes (y especialmente los que afectan a la cultura) por parte del actual gobierno de España:

*Venimos los funcionarios recortaos ya no podemos volver. Nos han quitado la paga (25/7/2012).*

*Probablemente mis últimas vacaciones, porque adios a la paga extraordinaria. Deberíais tener tallas de camisetas mas pequeñas (Agosto de 2012).*

*Ha sido barato, como estamos en crisis nos habéis ayudado (31/3/2013).*

*He disfrutado mucho desde el primer momento de la llegada [...] No estaba segura de que fuera oportuno decir lo estupendo que está todo... no vaya a ser que se entere "el de la tijera" y nos empiece a recortar la cultura al acceso de todo ¿Espero que siga así de bien muchos años! ¡Felicidades! (3/8/2013).*

De entre los afectados por la crisis se encuentran, como podemos ver, los funcionarios y funcionarias, como los que desempeñan su trabajo en el Museo de Altamira. Como se sabe lo que pasó pero no se sabe lo que puede pasar, algunos de estos trabajadores se acercan con curiosidad y sumo interés a nuestro trabajo de revisión de los libros de visitas, porque ya se sabe que en estos tiempos de zozobra, los carga el diablo. Los *Me gusta* en las redes sociales pueden remontar o acabar con un negocio. La opinión de los contribuyentes también puede tener sus consecuencias en la estabilidad de los puestos de trabajo. Quién sabe.

En todo caso, en los años previos a la crisis ya nos encontramos con opiniones que muestran un desacuerdo flagrante con la praxis política seguida por las élites del país. Desde esta óptica, se defiende a ultranza lo público y se reivindica una mayor inversión en investigación y cultura que beneficie a toda la ciudadanía. En este sentido, la crisis a partir de 2008 simplemente parece haber exacerbado un sentimiento ya presente en muchos de aquellos que practicaban un turismo cultural en este país.

*Que esto valga para acercarnos mas a la naturaleza humana y menos al materialismo egoista, sobre todo de los que nos gobiernan, estando en sus manos el cambio (30/11/2006).*

*¡Los españoles pagamos para ver lo nuestro! ¡Ya me voy acostumbrando! (20/7/2006).*

*Menos fondos públicos para financiar jets privados y guardia pretoriana y más para conservar nuestro patrimonio histórico, artístico y cultural (16/9/2006).*

*P. J. E. De Melide. En el día de hoy nos quedo más claro que algún homo sapiens tenía más sentido y claridad que los politicos de hoy (19/5/2007).*

*Ahora que la clase político-Neanderthal nos gobierna, el homo sapiens se debe REBELAR!! (5/4/2014).*

*Más dinero para la arqueología y la historia y para la investigación científica. Felicidades por la reconstrucción (16/10/2007).*

*Por la mejora de la cultura y acceso gratuito a ella. (Septiembre de 2006).*

*Así es como debe de gastarse el dinero público... en cultura. Y como sigamos asi el refrán se cumplirá "el mundo empezo sin el hombre, y acabará sin el" (28/7/2006).*

*Me siento orgulloso de pertenecer al tipo de humanidad que rinde culto a la belleza y al espíritu (29/7/2006).*

*Interesante, instructivo, bien organizado, espero que el Ministerio de Cultura siga promoviendo la conservación del "Patrimonio Cultural español" en todo el territorio (todas la Comunidades Autónomas) (9/8/2006).*

*Today us free... y debería serlo todos los días "Patrimonios de la Humanidad, gratis" (7/10/2006).*

*Me parece muy bien que haya visitas gratuitas, espero que otros copien. La cultura al alcance de todos (7/10/2006).*

*Es un aliciente para el auge de la investigacion en España y de la busqueda de nuestros origenes. Un saludo y un apoyo constante a esa investigacion (10/8/2007).*

*Buena inversión del dinero de todos (18/11/2007).*

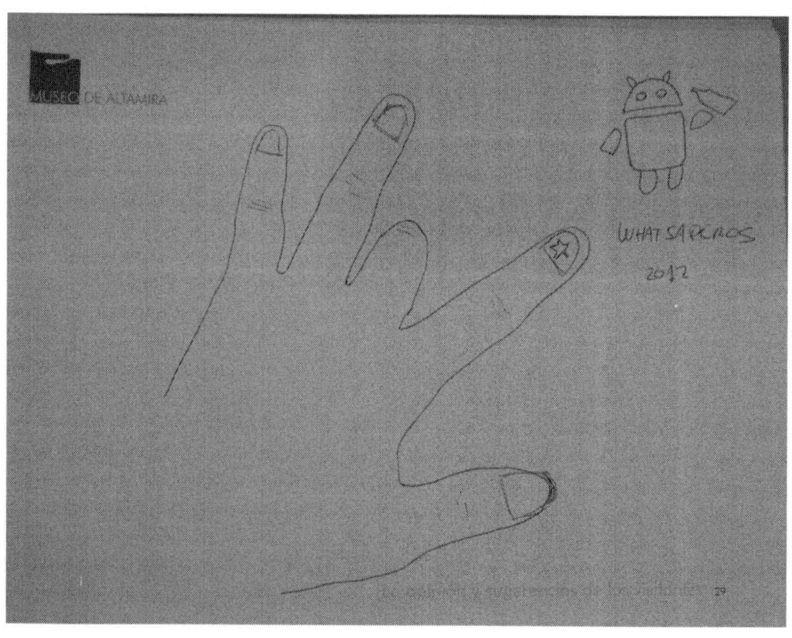

## VALORACIÓN FINAL

*¿Quién tiene la razón?*
(Diciembre de 2013)

Durante las décadas ominosas del franquismo se silenciaron las voces de los vencidos en las tapias de los cementerios, en las cunetas, en los campos de concentración y de redención de penas, en las escuelas, en los espacios públicos (Herrasti *et al.*, 2014). El relato de los derrotados no tenía cabida en el discurso oficial. No existía ningún defensor del pueblo. Estos subalternos preservaban y construían su memoria dentro de sus casas, sin significarse. Eran los años del miedo. Una de las pocas líneas de fuga de esa realidad se daba en el aire. El aire de la ciudad te hará libre se podía leer en la entrada a ciudades alemanas en la Edad Media. Por el aire, por las ondas hercianas, llegaba a esos hogares la voz de la Radio Pirenaica, sintonizada a escondidas en muchas casas, entre ellas la de mi abuelo materno.

A la hora de escribir estas líneas, los medios de comunicación se hacen eco de la publicación de un libro excepcional: *Las cartas de la Pirenaica. Memoria del antifranquismo*, de Rosario Fontova y Armand Balsebre. Estos dos investigadores han analizado 15500 cartas remitidas a esta radio por españoles desde 33 países. Esta documentación se guarda en el Archivo Histórico del Partido Comunista de España. Huérfanos, víctimas y testigos de la represión fascista, familiares de presos escribieron estas cartas, con sus faltas de ortografía y sus sueños rotos, como aquellos soldados de la Primera Guerra Mundial que comentamos más arriba. Hasta ahora estas cartas no habían salido a la luz. La historiografía se encontraba más cómoda relatando las purgas estalinistas dentro del *partido* o analizando los errores de estrategia en las batallas de la Guerra Civil. Si este vacío historiográfico es impresionante, más impresionante es el hecho de que esas misivas no las leía nadie. Jamás recibieron respuesta.

El libro de visitas del Museo de Altamira es un auténtico palimpsesto, un muro de papel que desempeña la misma función que esas cartas, que el Muro de las lamentaciones de Jerusalén o el muro de Facebook. En sus páginas rebota el eco de miles y miles de voces que han encontrado ahí la sintonía de su particular Pirenaica. Muchos de los firmantes estaban plenamente convencidos de que sus microtextos, sus quejas y sugerencias jamás serían tenidas en consideración. Es más, estaban seguros de que no las leería nadie. Quizás eso ayude a comprender la espontaneidad, la naturalidad y la franqueza de esta escritura, en la línea de los grafitis urbanos. Esta escritura efímera ha perdurado en el tiempo, convirtiéndose en un documento histórico. Como en *Fuente Ovejuna*, esta obra es un proyecto colectivo, creado por muchísimas personas a lo largo de once años. En mi opinión, aquí tenemos por escrito la manifestación más creíble del valor social de Altamira.

A lo largo del presente texto hemos intentado dar con las claves, con las líneas maestras de todo este imaginario colectivo altamirano. Por el camino nos hemos dado cuenta de una actitud que rompe con la imagen que muchos técnicos y políticos tienen de la ciudadanía. La gente se interesa *por* y quiere *a* su patrimonio. Se emociona con sus antepasados y se implica en la preservación de este legado para sus hijos y sus nietos. Para mí esta es la principal lección de Altamira. El mantenimiento de enfoques que obvian el desarrollo del turismo cultural, que trivializan el interés de la ciudadanía por adquirir conocimiento, que autoafirman el saber especializado, académico y erudito, que gestionan unilateralmente el patrimonio arqueológico que es de todos, lleva a profundizar todavía más la zanja existente entre la sociedad y la disciplina arqueológica. Solo si comenzamos a conectar el pasado con el presente, si actualizamos la agenda arqueológica con cuestiones que interesen a nuestro conciudadanos, si empezamos a reorientar los discursos hacia el mundo que nos rodea, adoptando el lenguaje de las redes sociales y una comunicación ágil y atractiva, si queremos coadyuvar a generar espíritu crítico en la ciudadanía… Solo así podremos ir recuperando el tiempo perdido, que es en lo que consiste la arqueología.

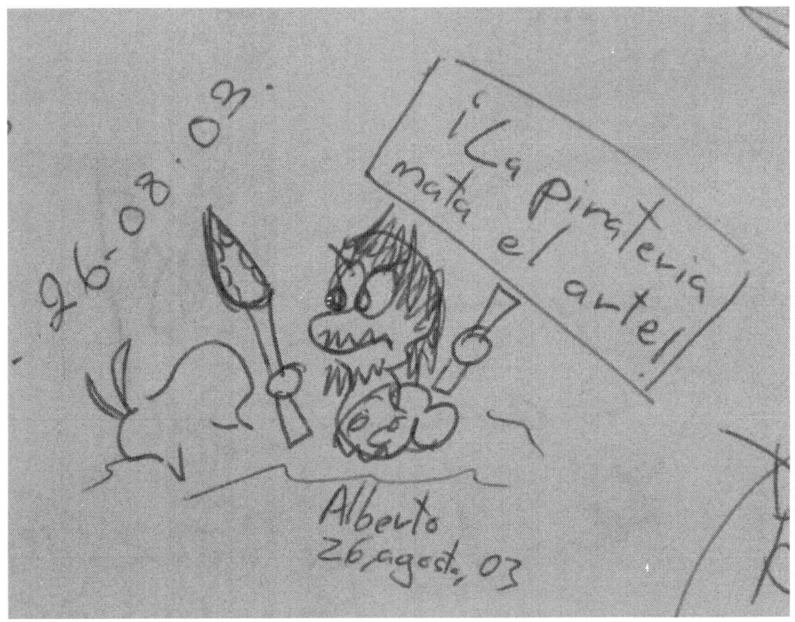


Los vecinos y vecinas del barrio de Gamonal de Burgos se enfrentaron en su día a las fuerzas invasoras napoleónicas. De nuevo, en 2013 salieron al espacio público a reivindicar su barrio en contra de los intereses corruptos del ayuntamiento de Burgos. Sin insignias, sin banderas ni símbolos de partidos políticos, estos hombres y mujeres sacaron sábanas al bulevar en obras, las extendieron sobre el asfalto y el adoquín y en ellas escribieron diferentes lemas reivindicativos.

El 3 de marzo de 1976 en la ciudad de Vitoria-Gasteiz, los obreros en huelga se refugiaron en la iglesia de San Francisco de Asís en el barrio de Zaramaga. La represión policial acabó con cinco muertos y ciento cincuenta heridos de bala. El ministro de Gobernación de entonces, Manuel Fraga Iribarne, dejó para posteridad una frase: «No vamos a consentir sueños utópicos de anarquía». Supuestamente había dejado su cargo en manos de Adolfo Suárez, Ministro Secretario General del Movimiento, por encontrarse en la República Federal Alemana. Las autoridades de aquel país inmediatamente desmintieron que Fraga se hallase en territorio germano. Poco tiempo después, a raíz de la intención de la oposición democrática para manifestarse el 1 de mayo, concedió el siguiente titular: «La calle es mía». Recordando aquellos hechos de 1976, que siguen impunes, una de las pancartas de la ciudadanía de Gamonal en 2013 recogía el siguiente mensaje: «La calle es nuestra».

Volvamos de Gamonal a Altamira. Mientras Antonio Banderas se encuentra en estos momentos grabando una película poniéndose en la piel de Sautuola, la comunidad científica española se encuentra dividida ante la reapertura o no al público de la cueva de Altamira. Un grupo de profesores y profesoras del prestigioso Departamento de Prehistoria de la Universidad Complutense de Madrid remite en diciembre de 2014 a la UNESCO una declaración[6] en la que advierten de la clara amenaza a la conservación que suponen las visitas experimentales a la cueva de Altamira. Su denuncia se basa en los trabajos científicos (Sanz *et al.*, 2011) que señalan la afección generada por la presencia humana y la iluminación en el interior de la sima. Asimismo defienden el papel social y patrimonial jugado por la neocueva y dejan entrever las presiones ejercidas por los políticos sobre técnicos y periodistas para crear un ambiente propicio para la reapertura de la cueva:

> «Puesto que ni la evidencia científica ni el número de visitantes previstos apoyan la apertura de la cueva, solo queda reconocer que es la presión política y las posiciones electoralistas las motivaciones que subyacen a las acciones adoptadas por el Ministerio de Cultura de España».

Según estos académicos, las decisiones políticas amenazan el anhelo de preservar Altamira para las generaciones futuras. En su crítica cargan contra el programa encargado por el ministerio al CSIC: Programa de Investigación para la Conservación Preventiva y Régimen de Acceso a la Cueva de Altamira, 2012-2014. Este libro que tenéis en vuestras manos es un producto generado dentro de este proyecto de investigación. Yo mismo he cofirmado un segundo manifiesto[7] (Ayán *et al.*, 2015) en el que defendemos otro enfoque diferente al de nuestros colegas de la Complutense.

---

6 https://prehistoriaucm.files.wordpress.com/2015/03/conservacion-altamira-1.pdf

7 http://digital.csic.es/bitstream/10261/112961/1/comunicado_resumen_valor_social_Altamira.pdf

Lo interesante de este debate académico es que muestra claramente a la sociedad tres ideas que hemos defendido a lo largo de todo este volumen.

En primer lugar, la ciencia arqueológica no genera un saber universal plagado de certezas. El ciudadano de a pie se preguntará: ¿cómo es posible que los científicos no se pongan de acuerdo, y unos apoyen una reapertura controlada de la cueva y otros se nieguen en banda? ¿Dónde está la ciencia positiva? Dentro del equipo científico ya no solo hace falta medir las humedades, analizar las filtraciones o estudiar el sustrato geológico. También se han incorporado sociólogas, antropólogas y arqueólogos especializados en arte rupestre pero también en arqueología pública y en comunidad. En los tiempos que corren ya no se puede únicamente hacer preguntas a los bisontes. La gente también cuenta: su opinión, su percepción, la recepción que hacen del discurso científico, su cosmovisión, son cruciales para adoptar decisiones a la hora de qué hacer con una cueva que es patrimonio público, no lo olvidemos.

En segundo lugar, se pone en evidencia una realidad que no gusta a todo el mundo: la arqueología y la museología son prácticas políticas en el presente. Como hemos intentado recalcar en las páginas precedentes, la gestión del patrimonio está estrechamente vinculada al poder y a la política, evidentemente. Si tenemos esto claro podremos entender por qué la Fundación Botín y el Banco Santander patrocinan el Museo de Altamira. Si asumimos esto, podremos comprender por qué al ingeniero Gäel de Guichen, director del programa anteriormente citado, le ha concedido el rey Felipe VI la Medalla de Oro al Mérito en las Bellas Artes. Si Alfonso XIII se relaciona estrechamente al origen de la puesta en valor de Altamira en los años veinte, su bisnieto no iba a ser menos.

Por último, en tercer lugar, estos dos comunicados ponen en evidencia una doble realidad. Por un lado, se mantiene un modelo *dirigista* en el cual los técnicos y académicos acaparan toda autoridad a la hora de gestionar un bien patrimonial, a la vieja usanza. Siguiendo este patrón, después vienen los políticos y en el último escalón la gente que es mera receptora de discursos y usufructuaria de contenedores culturales. Por otro lado, una arqueología social y crítica intenta dar voz a esa gente del común que demuestra tener un gran sentido común a la hora de analizar el actual modelo de gestión que impera en el Museo de Altamira.

En *Altamira vista por los españoles* hemos intentado defender esta segunda visión, recuperando esas voces subalternas que casi nunca son escuchadas por los académicos y los políticos. Con estas reflexiones populares intentamos echar más leña al fuego de un debate más que necesario, sobre todo en los tiempos que corren. Terminamos de la misma manera que acabamos el manifiesto citado (Ayán *et al.*, 2015):

«Queremos dejar constancia de que cualquier decisión sobre el régimen de visitas de Altamira es política, porque todas las decisiones que se refieren al patrimonio lo son, y ello implica que se deben adoptar en el marco de una discusión informada entre actores distintos que, conscientes de sus responsabilidades y de las razones en uno u otro sentido, se decantan por una opción, la defienden con argumentos ante los demás y acuerdan conjuntamente una línea de acción. Que la percepción mayoritaria de la gente sea que la política es un problema, y no el espacio de la gobernanza, es algo sintomático de la despolitización de nuestras sociedades. Es algo que desborda a Altamira, pero que afecta a Altamira».

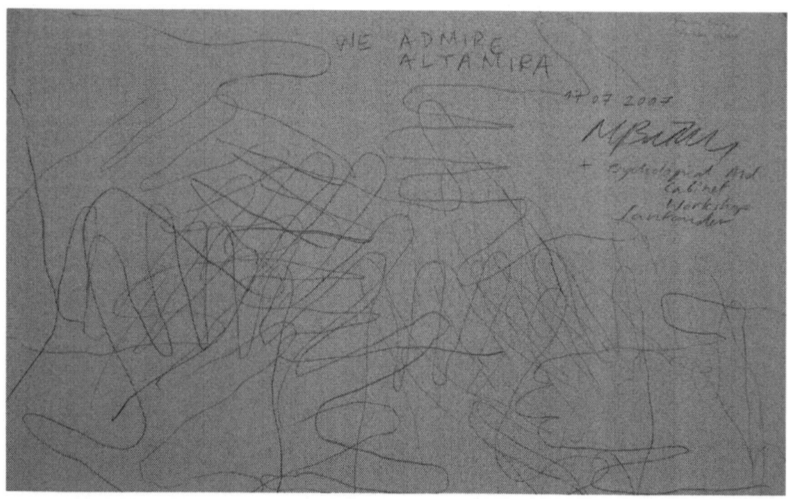

## CODA

Por el aire llegan las ondas hercianas pero a veces, del aire también vienen otras cosas. La mañana del 9 de julio de 1931, una niña, Rosa González Pérez, salía de su casa en el pueblo leonés de Ardón cuando delante de sus narices vio caer una roca incandescente. Rosa guardó esa piedra en una caja durante 83 años, hasta hoy, que ha decidido donar este meteorito al Consejo Superior de Investigaciones Científicas.

Gracias a Rosa, una niña que hoy tiene 94 años, este fragmento de condrita procedente de un asteroide desconocido es ahora nuestro.

Gracias a la niña María, que vio unos bueyes, la cueva es nuestra.

El cielo siempre ha sido un buen lugar hacia el que mirar y con el que soñar, lo mismo que el techo de polícromos de Altamira. Esos bisontes están hechos con el pigmento con el que se dibujan los sueños. Por eso nos importan. Porque son humanos. Porque nos hablan de nosotros mismos.

De Altamira a las estrellas.

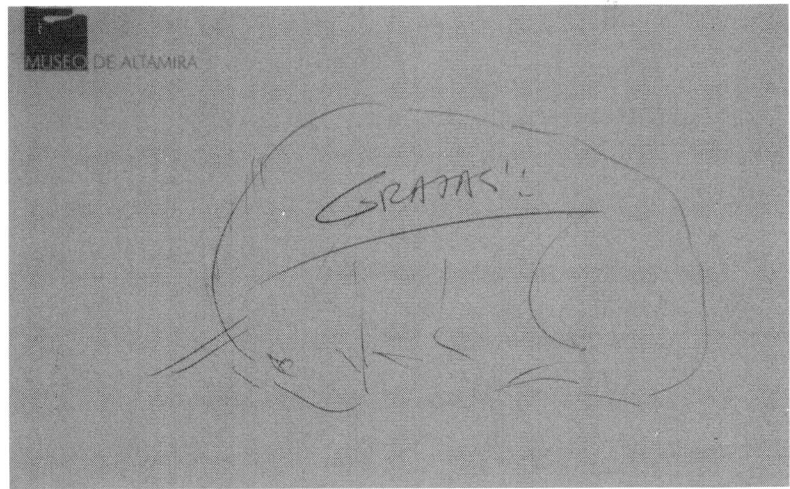

## AGRADECIMIENTOS

A Felipe Criado, David Barreiro y Cristina Sánchez-Carretero, por este encargo maravilloso. A David también le debó una revisión concienzuda de la primera versión del texto original. A Pilar Fatás, subdirectora del Museo de Altamira. A Silvia Villaescusa, responsable de comunicación del Museo de Altamira. A Leonardo González, arqueólogo y experto en turismo, fiel guardián del castro de Santa Trega. La puesta a punto de este libro se benefició directamente del debate mantenido con el público asistente a dos conferencias impartidas en sitios y circunstancias diferentes: la conferencia *Altamira Grotta aperta. Arqueología de la guerra civil en una cueva paleolítica* organizada por la Asociación Salamanca Memoria Justicia (Facultad de Geografía e Historia de Salamanca, 9 de marzo de 2015) y el XIII Encuentro con jóvenes investigadores en Arqueología organizado por la asociación Arkeogazte (Facultad de Letras de Vitoria-Gasteiz, 19 de mayo de 2015).

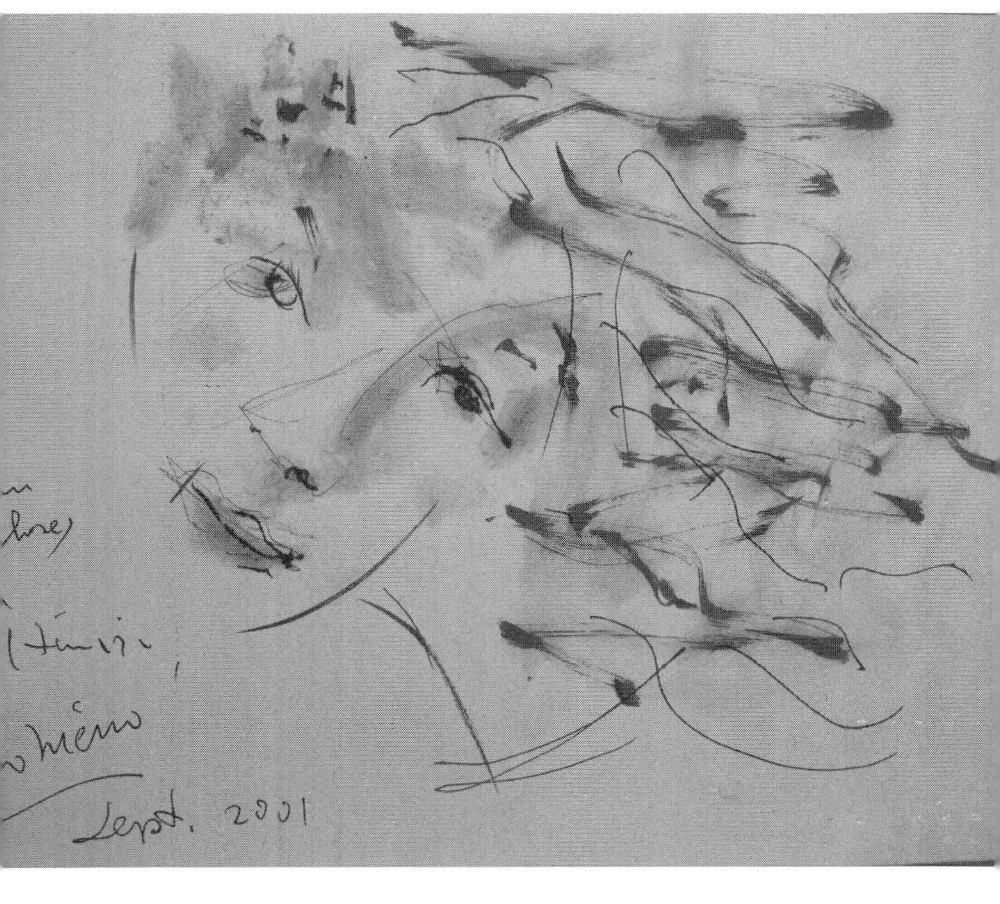

# REFERENCIAS

Aguilar, P. 1996. *Memoria y olvido de la Guerra Civil española*. Madrid: Alianza editorial.

Aguilar, P. 2008. *Políticas de la memoria y memorias de la política*. Madrid: Alianza editorial.

Alarcón, R. 2007. «Sociología y estudios de público en los museos españoles». *Museo*, 12. X Jornadas de Museología: 233-246.

Alonso del Real, C. 1988. «Lo vivo y lo muerto en la obra del Padre W. Schmidt». *SEMATA*, 2: 217-220. Santiago: USC.

Alonso del Real, C. 1991. *La Prehistoria*. Pontevedra: Deputación de Pontevedra.

Alonso González, P. y González Álvarez, D. 2013. «Construyendo el pasado, reproduciendo el presente: identidad y arqueología en las recreaciones históricas de indígenas contra romanos en el Noroeste de España». *Revista de Dialectología y Tradiciones Populares*, LXVIII (2): 305-330.

Almagro, M. 1980. *Introducción al estudio de la prehistoria y de la arqueología de campo*. Barcelona: Guadarrama.

Altuna, J. 2005. *José Miguel de Barandiarán. Diario personal. Volumen I (1917-1936). Desde los primeros trabajos científicos, hasta el inicio del exilio*. Colección Sara, 6 (II). Astigarraga: José Miguel de Barandiaran Fundazioa.

Arozamena, J. 1986. *Descubra España paso a paso*. 15. Cantabria. Madrid: Club Internacional del Libro.

Ayán Vila, X. M. 2012. «A Idade do Ferro na Galiza». Grial: *Revista Galega de Cultura*, 195: 129-141.

Ayán Vila, X. M. *et. al.* 2011. «Arqueología en el estuario del Muni (Guinea Ecuatorial)». *Revista de Arqueología*, 362: 24-34. Madrid: MC Ediciones.

Ayán Vila, X. M. 2014a. «El Patrimonio de los vencidos: arqueología en comunidades subalternas». *Tejuelo*, 19: 109-142.

Ayán Vila, X. M. 2014b. «El capital social del patrimonio arqueológico. La gestión para el desarrollo y la participación de las comunidades locales». En J. Vives-Ferrándiz y C. Ferrer García (eds.): *El pasado en su lugar. Patrimonio arqueológico, desarrollo y turismo*: 139-176. València: Museu de Prehistòria de València.

Ayán Vila, X. M. 2015. "Imagine all the (Past) People: Experientiality and Imagination in the Iron Age Archaeology of Galicia (Spain)". En D. Gheorghiu y P. Bouissac (eds.): *How Do We Imagine the Past? On Metaphorical Thought, Experientiality and Imagination in Archaeology*: 137-163. Newcastle upon Tyne: Cambridge Scholars Publishing.

Ayán, X. y Gago, M. 2012. *Herdeiros pola forza. Patrimonio Cultural, Poder e Sociedade na Galicia do século XXI*. Ames: 2.0 Editora. Colección Supertextos.

Ayán Vila, X. M. y García Rodríguez, S. en prensa. «El poblado en altura de Topaín (segunda región, Chile): una residencia en la Tierra». S. En J. Bermejo (ed.): *Space Syntax. Arqueología de la Arquitectura*: Vitoria-Gasteiz: CSIC.

Ayán Vila, X. M. y González Ruibal, A. 2012. "Spanish Archaeology Abroad". En S. Van der Linde *et al.* (eds.): *European Archaeology Abroad. Global Settings, Comparative Perspectives*: 85-104. Leiden, Sidestone Press.

Ayán Vila, X. M.; Criado Boado, M.; González Veiga, M. y Otero Vilariño, C. 2010. «Cultura científica en arqueología y patrimonio: los valores educativos de lo invisible». En Actas del V Congreso Internacional sobre musealización de yacimientos arqueológicos. Arqueología, discurso histórico y trayectorias locales (Cartagena 24-27 de noviembre de 2008): 115-123. Cartagena

Ayán Vila, X. M.; González Veiga, M.; Rodríguez Martínez, M. 2012. «Más allá de la arqueología pública: arqueología, democracia y comunidad en el yacimiento multivocal de A Lanzada (Sanxenxo, Pontevedra)». *Treballs d'Arqueologia*, 18: 63-98.

Ayán, X.; Barreiro, D.; Criado, F.; Nicolau, A.; Parga, E.; Sánchez, C.; Santos, M y Téllez, V. 2015. «Comunicado del equipo del proyecto

Valor Social de Altamira sintetizando sus resultados en relación con el régimen de acceso a la cueva». Santiago: INCIPIT, CSIC: http://digital.csic.es/bitstream/10261/112961/1/comunicado_resumen_valor_social_Altamira.pdf

Ballesta, J. y Rodríguez Gallardo, Á. 2008. «Camposancos: una "imprenta" de los presos del franquismo». *Complutum*, 19(2): 197-211.

Barreiro Martínez, D.; Téllez Delgado, V. y Ruiz Zapatero, G. 2014. «Altamira en la escuela. Programa de Investigación para la conservación preventiva y régimen de acceso de la cueva de Altamira (2012-2014)». Informe G5_Nº 10. Santiago: INCIPIT, CSIC: http://digital.csic.es/bitstream/10261/113189/1/altamira_escuela_Barreiro.pdf

Barreiro Martínez, D. 2015. «Altamira, Tercera Vida». In Proceedings of the 2nd International Conference on Best Practices in World Heritage: People and Communities (Menora, Spain, 29-30 April, 1-2 May 2015): http://www.congresopatrimoniomundialmenorca.cime.es/WebEditor/Pagines/file/Programa/Percepcion%20e%20interpretacion/13%20-%20David%20Barreiro.pdf

Barreiro Martínez, D. y Criado Boado, F. 2015. «Analizando el valor social de Altamira». *Revista del Instituto Andaluz del Patrimonio Histórico*, 87: 108-127.

Beltrán, A. (ed.). 1956. *Actas de la IV Sesión. Madrid 1954*. Congresos Internacionales de Ciencias prehistóricas y protohistóricas. Zaragoza: Librería General.

Bendala Galán, M. 1981. *La Arqueología: el pasado a nuestro alcance*. Barcelona: Salvat.

Bender, B. 2002. «Time and Landscape». *Current Anthropology*, 43: 103-112.

Bermejo Barrera, J. C. 1982. *Psicoanálise do coñecemento histórico*. Sada: Ediciós do Castro.

Boletín Oficial del Principado de Asturias. 2014. Nº 31 de 7-II-2014.

Breuil, H. y Obermaier, H. 1935. *La Cueva de Altamira en Santillana del Mar*. Madrid: Tipografía de Archivos.

Cabañas Bravo, M. y Barreiro López, P. 2013. «Introducción: La escuela de Altamira y Ricardo Gullón». *Revista de estudios astorganos*, 32: 17-19.

Calo Lourido, F. 2004. «A formación teórica de D. Xaquín Lorenzo». *Croa, Boletín da Asociación de Amigos do Museo de Viladonga*, 14: 27-39.

Carballo, P. 1931. "The American School of Prehistoric Research Visits the Cavern of El Pendo". *Bulletin of American School of Prehistoric Research*, 7: 24-27.

Carballo, J. 1950. *Antología de escritores y artistas montañeses, XIV. Marcelino S. De Sautuola*. Santander: Librería Moderna.

Cartailhac, E. 1902. "La grotte d'Altamira, Espagne. Mea culpa d'un sceptique". *L'Anthropologie*, 13: 348-354.

Caro Baroja, J. 1977. *Los pueblos del Norte*. Bilbao: Txertoa.

Chamoso Lamas, M. 1987. "El factor pasión en la arqueología". *Gallaecia*, 9/10: 311-320.

Comendador Rey, B. 2011. «El pasado como paradigma». En J. Almansa (ed.): *El futuro de la Arqueología en España*: 61-65. Madrid: JAS.

Comendador Rey, B. 2013. «Consumo y *Mass Media*. La imagen espectacular del pasado en la cultura popular». En J. Almansa (ed.): *Arqueología Pública en España*: 115-132. Madrid: JAS.

Corbí, J. F. 2009. "El franquismo en la Arqueología: el pasado prehistórico y antiguo para la España una, grande y libre". *Arqueoweb*, 11. http://pendientedemigracion.ucm.es/info/arqueoweb/pdf/11/corbi.pdf

Criado Boado, F. 1986. «Apéndice II. Serpientes galegas: madres contra rameras». En J. C. Bermejo Barrera: *Mitología y mitos de la Hispania prerromana*, II: 241-274. Madrid: Akal.

Criado Boado, F. 1993. «Límites y posibilidades de la arqueología del paisaje». *Spal*, 2: 9-55. Sevilla.

Criado Boado, F. 2001. «La memoria y su huella: Sobre arqueología, patrimonio e identidad». *Claves de razón práctica*, 115: 36-43.

Criado Boado, F. y Villoch Vázquez, V. 1998. «La monumentalización del paisaje: percepción y sentido original en el Megalitismo de la

Sierra de Barbanza». *Trabajos de Prehistoria*, 55(1): 63-80. Madrid: CSIC.

Davidian, I. 1996. "The Russian Soldier's Morale from the Evidence of Tsarist Military Censorship". En H. Cecil y P. H. Liddle (eds.): *Facing Armageddon. The First World War Experienced*: 425-433. London: leo Copper.

De las Heras, C. 2002. «El descubrimiento de la Cueva de Altamira». En J. A. Lasheras (ed.): *Redescubrir Altamira*: 17-28. Madrid: Editorial Turner.

Díaz García, F. 2014. «Preámbulo para audaces. Anejos de Nailos, 1». I Jornadas sobre Arqueología Española en el Exterior (Oviedo, MAA, 24-25 de mayo de 2013): 13-15.

Díaz-Andreu, M. 1997. «Prehistoria y franquismo». En G. Mora y M. Díaz-Andreu (Eds.): *La cristalización del pasado: génesis y desarrollo del marco institucional de la arqueología en España:* 547-552.

Díaz-Andreu, M. 2003. «Arqueología y dictaduras: Italia, Alemania y España». En Wulff Alonso y M. Álvarez Martí-Aguilar (Eds.): *Antigüedad y franquismo (1936-1975)*: 33-73. Málaga: CEDMA.

Díaz-Andreu, M. y Cortadella, J. 2006. "Succes and Failure: Alternatives in the Institutionalisation of Pre- and Proto-History in Spain (Hernández-Pacheco, Obermaier, Bosch Gimpera)". En J. Callmer *et al.* (eds.): *The Beginnings of Academic Pre- and Protohistoric Archaeology (1830-1930) in a European perspective*. Berliner Archäologische Forschungen, 2: 295-305. Berlin. Verlag Marie Leidorf.

Díaz López, J. 1995. «Sociedad, arte y cultura en Cantabria (1940-1995)». En A. Moure Romanillo y M. Suárez Cortina (eds.): *De la montaña a Cantabria: la construcción de una comunidad autónoma*: 371-401. Santander: Universidad de Cantabria.

Díaz Sánchez, J. 1998. *La oficialización de la vanguardia artística en la posguerra española*. Universidad de Castilla-La Mancha.

Díaz Santana, B. 2002. *Los celtas en Galicia. Arqueología y política en la creación de la identidad gallega*. Noia: Toxosoutos.

Drake, V. 2010. *Revilla: políticamente incorrecto*. Madrid: La Esfera de los Libros.

Echevarría, F. 2014. «La arqueología ante los derechos humanos: las fosas comunes». Ponencia presentada en el I Congreso Internacional de Arqueología de la Guerra Civil Española (Vitoria-Gasteiz, 9-13 de diciembre de 2014): http://ehutb.ehu.eus/es/video/index/uuid/54d109f2d07c8.html

Escacena, J. L. 2000. *La arqueología protohistórica del sur de la península ibérica. Historia de un río revuelto*. Madrid: Síntesis.

Estrada, Mª. T. 2009. *El Libro de Visitantes: Instrumento de evaluación para el Museo de Altamira*. Informe inédito depositado en el archivo del Museo Nacional de Altamira.

Falquina Aparicio, Á. 2011. «Identidad, hegemonía y cambio cultural en la Sierra de Gredos: una aproximación arqueológica a un proceso contemporáneo». En Actas de las II Jornadas de Jóvenes en Investigación Aarqueológica (Madrid, 6-8 de mayo de 2009, II: 759-66.)

Faulkner, N. 2000. "Archaeology from Below". *Public Archaeology*, 1: 21-33.

Fernández Fernández, A. 2013. *O comercio tardoantigo no noroeste peninsular. Unha análise da Gallaecia sueva e visigoda a través do rexistro arqueolóxico*. Serie Trivium, 48. Noia: Toxosoutos.

Fernández Götz, M. À. 2008. *La construcción arqueológica de la etnicidad*. Serie Keltia, 42. Noia: Toxosoutos.

Fernández-Posse, Mª. D. 1998. *La investigación protohistórica en la Meseta y Galicia*. Madrid: Síntesis.

Fraga Vázquez, X. A. 2009. «O darwinismo que percorreu Galicia no século XIX. Unha historia de confusións e resistencias». En F. Díaz-Fierros (Ed.): *O darwinismo e Galicia*: 15-54 Santiago: USC.

Fulbroock, M. y Rublack, U. 2010. "In Relation: The 'Social Self' and Ego-Documents". *German History*, 28(3): 263-72.

Fulgosio, Fernando. 1866. «Crónica de la provincia de La Coruña». En *Crónica general de España ilustrada*. Madrid: Editores Ronchi y Compañía [4ª ed.].

Gago, X. 2011. «A crise dos bancos». Entrada en el blog De Lorean de Bois. 9 de enero de 2011: http://deloreandebois.wordpress.com/2011/01/09/168/

Gago Mariño, M. 2014. «Consensos sobre a ausencia. O "destino Galicia" na publicidade audiovisual da Xunta de Galicia». *Anuário Internacional da Comunicaçao Lusófona*, 2014: 27-32.

Gago, M.; Cereijo, S. y Pereira, J. 2014. «Altamira en los medios y en la red». Colección Proyecto Valor Social de Altamira. Santiago: INCIPIT, CSIC: http://digital.csic.es/bitstream/10261/113173/1/altamira_medios_y_red_Gago.pdf

García Guinea, M. A. 1986-1988. «Jesús Carballo (1874-1961). XXXV Aniversario de su muerte». *Sautuola*, V: 11-17.

García Hernández, J. I. 2013. «A.(R.)E.A. Acción (R)Evolucionaria Arqueológica». Entrada en el blog www.arqueoart.blogspot.com 23 de octubre de 2013.

García Rodeja, C. y Pacheco, R. 2014. «Galicia: las particularidades de la investigación histórica y lós procesos de exhumación». Ponencia presentada en el I Congreso Internacional de Arqueología de la Guerra Civil Española (Vitoria-Gasteiz, 9-13 de diciembre de 2014): http://ehutb.ehu.eus/es/video/index/uuid/54da3a99c09ed.html

Garrido Pimentel, D. 2014. «Cuevas prehistóricas de Cantabria. Un modelo de gestión del patrimonio en el mundo rural». En J. Vives-Ferrándiz y C. Ferrer García (eds.): *El pasado en su lugar. Patrimonio arqueológico, desarrollo y turismo*. En III Jornadas de Debate del Museu de Prehistòria de València: 85-114. València: Museu de Prehistòria de València.

Garrido, D. y García-Díez, M. 2013. *Cuevas prehistóricas de Cantabria. Un Patrimonio para la Humanidad*. Santander: Gobierno de Cantabria.

Gimeno Perelló, J. 2010. «Esbozo de una utopía: las Misiones Pedagógicas de la II República española (1931-1939)». *Revista F@RO*, 13: http://web.upla.cl/revistafaro/n13/art15.htm

Gnecco, C. 2011. «De la arqueología del pasado a la Arqueología del futuro. Anotaciones sobre multiculturalismo y multivocalidad». *Jangwa Pana. Suplemento*: 26-42.

Gómez Tabanera J. M. 1985. «Sesenta años después: unas palabras de introducción a la reimpresión de *El hombre fósil* de Hugo Obermaier». En Obermaier, H.: *El Hombre Fósil*: 5-19. Gijón: Colegio Universitario de Ediciones Istmo.

González Álvarez, D. 2013. «Las "excavaciones de verano": forjando superarqueólogos fácilmente precarizables». *Revista Arkeogazte*, 3: 201-219.

González Echegaray, J. 1986. *Los cántabros*. Santander: Ediciones de librería Estudio. [2ª ed.]

González Echegaray, J. y Freeman, L. G. 1996. «Obermaier y Altamira. Las nuevas excavaciones». En Moure Romanillo, A.: *«El hombre fósil» 80 años después: volumen conmemorativo del 50 aniversario de la muerte de Hugo Obermaier*: 249-270.

González Echegaray, J. y Freeman, L. G. 2012. «Altamira como lugar habitado: las excavaciones»: 51-63: http://museodealtamira.mcu. es/web/docs/Lugar_habitado_Echegaray.pdf

González Marcén, P. 2000. «Mujeres, espacio y arqueología: una primera aproximación desde la investigación española». *Arqueología espacial*, 22: 11-22.

González Marcén, P. 2008. «Tiempos de mujeres. Escala de análisis y metodología arqueológica». En L. Prados y C. López (eds.): *Arqueología del género: primer encuentro internacional en la UAM*: 61-76.

González-Ruibal, A. 2003. *Etnoarqueología de la emigración: el fin del mundo preindustrial en Terra de Montes (Galicia)*. Pontevedra: Deputación de Pontevedra.

González-Ruibal, A. 2009. "Topography of Terror or Cultural Heritage? The Monument's of Franco's Spain". En N. Forbes, R. Page y G. Pérez(eds.): *Europe's Deadly Century: Perspectives on 20th Century Conflict Heritage*: 65-72. London: English Heritage.

González-Ruibal, A. (dir.). 2013. «Arqueología de la batalla olvidada. Informe de las excavaciones en los restos de la Guerra Civil en Abánades (Guadalajara)». Campaña de 2012. Santiago: INCIPIT: file:///D:/Documents%20and%20Settings/usuario/Mis%20 documentos/Downloads/Informe%20Ab%C3%A1nades%20 2012%20(6).pdf

González-Ruibal, A. 2014. *An Archaeology of Resistance: Materiality and Time in an African Borderland.* Plymouth: Rowman & Littlefield.

González-Ruibal, A.; Ayán Vila, X. M. y Falquina Aparicio, Á. 2009. "Deep-mapping the Gumuz House". En X. Ayán, R. Blanco and P. Mañana (eds.): *Archaeotecture: Second Floor.* BAR International Series, 1971: 79-97. Oxford: Archaeopress.

González Veiga, M.; Criado Boado, F., Otero Vilariño, C. y Ayán Vila, X. M 2007. «El futuro de la cultura científica: de la difusión a la recepción». Comunicación presentada en el IV Congreso de Comunicación Social de la Ciencia. Cultura Científica y Cultura democrática (CSIC. Madrid, 21-23 de noviembre).

Gracia Alonso, F. 2008. "Relations Between Spanish Archaeologists and Nazi Germany (1939-1945). A Preliminary Examination of the Influence of Das Ahnenerbe in Spain". *Bulletin of the History of Archaeology* 18-1, 4-274-24.

Gracia Alonso, F. 2009a. «Las investigaciones de Leo Frobenius y el Forschungdinstitut für Kulturmorphologie sobre el arte rupestre en España (1934-1936)». *Pyrenae*, 40(1): 175-221.

Gracia Alonso, F. 2009b. *La arqueología durante el primer franquismo (1939-1956).* Barcelona: Bellaterra.

Guerín Betts, P. 1967. «Centenario del descubrimiento de la cueva de Altamira». *Revista del Centro de Estudios Montañeses*, 1-3: 141-146.

Guha, R. 2002. *Las voces de la Historia y otros estudios subalternos.* Barcelona: Crítica.

Gullón, R. 1950. «Primera reunión de la "Escuela de Altamira"». *Cuadernos hispanoamericanos*, 13: 83-95.

Guy Straus, L. 1994. "The Abbé Henri Breuil. Pope of Paleolithic Prehistory". En Lasheras Corruchaga, J. A. (ed.). 1994. *Monografía de Altamira, 17. Homenaje al Dr. Joaquín González Echegaray*: 189-198. Madrid: Ministerio de Cultura.

Hale, Á. (coord.). 2015. "Graffiti Archaeologists". Sesión del 21st Annual meeting of the European Association of Archaeologists (Glasgow 2-5 de septiembre de 2015).

Heras Martín, C. de las y Lasheras Corruchaga, J. A. 1997. «La cueva de Altamira: historia de un monumento». En G. Mora y Díaz-Andreu, M. (eds.): *La cristalización del pasado: génesis y desarrollo del marco institucional de la arqueología en España*: 359-368. Málaga: Universidad de Málaga.

Hernando Gonzalo, A. 2000. «Factores estructurales asociados a la identidad de género femenina. La no inocencia de una construcción socio-cultural». En Hernando Gonzalo, A. (ed.): *La construcción de la subjetividad femenina*: 101-142. Madrid: Instituto de Investigaciones Feministas.

Hernando Gonzalo, A. 2007. Sexo, Género y Poder: breve reflexión sobre algunos conceptos manejados en la Arqueología del Género. *Complutum*, 18: 167-173.

Herrasti, L.; Martín, C. y Ferrándiz, F. 2014. «Escrito en la pared. Mensajes ocultos en los grafitis». En F. Etxeberria, K. Pla y E. Querejeta (eds.): *El Fuerte de San Cristóbal en la memoria: de prisión a sanatorio penitenciario*: 265-318. Pamplona: Aranzadi, Txinparta, Pamiela.

Herrero Menor, A. 2013. «Arqueología del nacionalismo en el Estado español». En J. Almansa (ed.): *Arqueología pública en España*: 133-150. Madrid: JAS.

Hidalgo Cuñarro, J. M. 2010. «Excavaciones arqueológicas en la villa romana de Toralla». Imágenes inéditas comentadas. Entrada del blog Arqueovigo, 3 de enero de 2010: http://arqueovigo.blogspot.com.es/2010/01/excavaciones-arqueologicas-en-la-villa.html

Hidalgo Cuñarro, J. M. y Costas Goberna, F. J. 1982. «La villa romana de Toralla». *El Museo de Pontevedra*, 36: 349-364.

Hochadel, O. 2013. *El Mito de Atapuerca. Orígenes, ciencia y divulgación*. Bellaterra: Edicions UAB.

Hodder, I. 2003. "Archaelogical Reflexivity and the 'Local' Voice". *Anthropological Quarterly* 76(1): 55-69.

Hodder, I. 2008. "Multivocality and Social Archaeology". En J. Hab; C. Fawcett y J. M. Matsunaga (eds.): *Evaluating Multiple Narratives Beyond Nationalist, Colonialist, Imperialist Archaeologies*: 196-200. New York: Springer

Iglesias Gil, J. M. 2002. (ed.). *Arqueología en Iuliobriga: Retortillo, Campo de en medio, Cantabria*. Santander: Universidad de Cantabria.

Iglesias Gil, J. M. y Muliz Castro, J. A. 1999. (eds.). *Regio Cantabrorum*. Santander: Caja Cantabria.

Ingold, T. 1993. "An archaeology of symbolism (review article)". *Semiotica*, 96: 309-314.

Jardón Giner, P. y Pérez Herrero, C. I. 2012. «Representación del pasado: ciencia y ficción». En B. Soler, P. Jardón y C. I. Pérez (coords.): *Prehistoria y cine*: 17-38.

Jardón Giner, P. y Soler Mayor, B. 2014. «Viure l'arqueologia i viure de l'arquelogia essent dones». *Saguntum*, extra 15: 91-98.

Jimeno Martínez, A. y Torre Echávarri, J. I. 2005. *Numancia, símbolo e historia*. Madrid: Akal.

Junquera, N. 2014. «La Pirenaica, altavoz de los vencidos». *El País*, 7 de abril de 2014.

Larrinaga, C. 2005. "A Century of Tourism in Northern Spain: The Development of High-quality Provision between 1815 and 1914". En Walton, J. K. (ed.): *Histories of Tourism: Representation, Identity and Conflict*: 88-103.

Lasheras Corruchaga, J. A. (ed.). 1994. *Monografía de Altamira, 17. Homenaje al Dr. Joaquín González Echegaray*. Madrid: Ministerio de Cultura.

López, J. F. 2012. «Arqueología emocional». laverdad.es 8/12/2012: http://ababol.laverdad.es/arte/4027-arqueologia-emocional

López Pérez, Mª. C. 2004. «El comercio de Terra Sigillata en la provincia de A Coruña». *Brigantium*, 16. A Coruña: Museo de San Antón.

Madariaga de la Campa, B. 1996. «Hugo Obermaier en el contexto de la Prehistoria cántabra: una valoración de Altamira». En A. Moure Romanillo: *«El hombre fósil» 80 años después: volumen conmemorativo del 50 aniversario de la muerte de Hugo Obermaier: 51-78.*

Maier Allende, J. 2003. «Los inicios de la prehistoria en España: ciencias versus religión». En Beltrán Fortes, J. y Belén Deamos, Mª (eds.). *El clero y la arqueología española (2ª Reunión Andaluza de Historiografía arqueológica).* Serie Monografía, IV: 99-112. Universidad de Sevilla, Fundación El Monte.

Mantecón, A. 2008. *La experiencia del turismo. Un estudio sociológico sobre el proceso turístico-residencial.* Barcelona: Icaria.

Marín Suárez, C. 2005. *Astures y asturianos. Historiografía de la Edad del Hierro en Asturias.* Serie Keltia, 27. Noia: Toxosoutos.

Martínez Díaz, B. 2002. «La Arqueología en el Estado de la Autonomías». En S. Querol y A. Pérez (coords.): *Historiografía de la arqueología española.* Las instituciones: 223-247. Serie Cursos y Conferencias, 3. Madrid: Museo de San Isidro.

Matthews, J. 2015. *Voces de la trinchera. Cartas de combatientes republicanos en la guerra civil española.* Madrid: Alianza Editorial.

Meléndez, B. 1964. «Teilhard de Chardin en España». *Col-Pa*, 2: 5.

Monforte, P. F. 2011. «Altamira, símbolo, identidad y marca». En Actas del Simposio Internacional El patrimonio cultural como símbolo: 161-186. Valladolid: Fundación del Patrimonio Histórico de Castilla y León.

Montero Gutiérrez, J. 2009. «La visibilidad arqueológica de un conflicto inconcluso: la exhumación de fosas comunes de la guerra civil española a debate». *Munibe*, 60: 289-308.

Montero Gutiérrez, J. 2010. «Exhumando el legado material de la represión franquista. De la percepción social a la encrucijada jurídica y patrimonial». En J. Almansa Sánchez (ed.): *Recorriendo la Memoria/ Touring Memory.* BAR IS, 2168: 67-82. Oxford: Archaeopress.

Montero Gutiérrez, J. 2011. «La Arqueología al servicio de la gestión de la Memoria Histórica: la exhumación de fosas comunes de la guerra civil española en la provincia de Burgos». En Actas de las II Jornadas de Jóvenes en Investigación Arqueológica (Madrid, 2009): 245-252. Zaragoza: Pórtico.

Montero Gutiérrez, J. 2014. «Arqueología, memoria y sociedad. Reflexiones a pie de fosa». Ponencia presentada en el I Congreso Internacional de Arqueología de la Guerra Civil Española (Vitoria-Gasteiz, 9-13 de diciembre de 2014): http://ehutb.ehu.eus/es/video/index/uuid/54da1c8d24f7a.html

Mora, G. y Díaz-Andreu, M. (Eds.). 1997. *La cristalización del pasado: génesis y desarrollo del marco institucional de la arqueología en España*. Málaga: Universidad de Málaga, CSIC.

Moro Abadía, Ó. 2007. *Arqueología prehistórica e historia de la ciencia. Hacia una historia crítica de la arqueología*. Barcelona: Bellaterra.

Moro Abadía, Ó. 2009. "Art caves as symbolic spaces: the case of Altamira". En Maríková-Kubková, J.; Schlanger, N. y Levin, S. (dir.): *Sites of Memory Between Scientific Research and Collective Representations*: 69-78. Praga: Archaeologicky ústav Akademie ved Ceske Republiky.

Moure Romanillo, A. (ed.). 1996. *«El hombre fósil» 80 años después: volumen conmemorativo del 50 aniversario de la muerte de Hugo Obermaier*. Gijón: Universidad de Cantabria.

Moure Romanillo, A. 1996. «Hugo Obermaier, la institucionalización de las investigaciones y la integración de los estudios de Prehistoria en la Universidad española». En A. Moure (ed.): *«El hombre fósil» 80 años después: volumen conmemorativo del 50 aniversario de la muerte de Hugo Obermaier*: 17-50.

Moure Romanillo, A. 2006. *Escritos sobre historiografía y patrimonio arqueológico*. Santander: Universidad de Cantabria.

Muñiz Álvarez, J. R. (ed.). 2012. *Ad Orientem. Del final del Paleolítico en el Norte de España a las primeras civilizaciones del Oriente Próximo: estudios en homenaje a Juan Antonio Fernández-Tresguerres Velasco*. Oviedo: Universidad de Oviedo.

Neitzel, S. y Welzer, H. 2012. *Soldaten. On Fighting, Killing and Dying*. London: Simon and Schuster.

Nora, P. 1993. «Entre memória e história. A problemática dos lugares». *Projeto História*, 10: 7-28.

Núñez Ruiz, D. 1977. *El darwinismo en España*. Madrid: Castalia.

Obermaier, H. 1928. *Las cuevas de Altamira. España*. Madrid: Patronato Nacional del Turismo.

Obermaier, H. 1985. *El hombre fósil*. Madrid: Ediciones Istmo. Colegio Universitario. [reed. facs. comentada] [ed. or. de 1925].

Obermaier, H. y Ortiz de la Torre, E, 1935. *A Guide to the Caves of Altamira and the Town of Santillana del Mar (Province of Santander, Spain)*. Madrid. [2ª edición]

Olabarri Fernández, E. y Quintana, M. Á. 2009. «Eficacia de las campañas publicitarias: el caso de las campañas de turismo del Gobierno vasco». *Questiones Publicitarias*, I (44): 1-19.

Olsen, B. 2003. "Material Culture After Text: re-Membering the Things". *Norwegian Archaeological Review*, 36(2): 87-104.

Olsen, B., 2006. "Scenes from a Troubled Engagement. Post-structuralism and Material Culture Studies". En C. Tilley, W. Keane, S. Kuechler, M. Rowlands y P. Spyer (eds): *Handbook of Material Culture*: 85-103. London.

Olsen, B. 2007. «Genealogías de la asimetría: ¿Por qué nos hemos olvidado de las cosas?» *Complutum*, 18: 287-291.

Otero Urtaza, E. (com.). 2006. *Catálogo de la exposición Las Misiones Pedagógicas 1931-1936*. Madrid: Ministerio de Cultura.

Palacios, C. J. 2012. «Regresan a España los caballos salvajes de Altamira». Blog La crónica verde. Entrada del 22 de octubre de 2012: http:// blogs.20minutos.es/cronicaverde/tag/altamira/

Peralta Labrador, E. 2003. *Los cántabros antes de Roma*. Biblioteca Archaeologica Hispana, 5. Madrid. Real Academia de la Historia. [2ª ed.].

Pereira González, F. 1998. «Dous exemplos de "Prehistoria imaxinaria" na Galicia decimonónica, Benito Vicetto e Leandro Saralegui y Medina». *Gallaecia*, 17: 447-469. Sada: Ediciós do Castro.

Pereiro, X. M. 2012. *Prestige. Tal como foi, tal como somos*. Ames: 2.0 Editora.

Pérez Reverte, A. 2013. *El francotirador paciente*. Madrid: Alfaguara.

Pericot, L. 1965. «El Abate Breuil y España: algunos recuerdos personales». En *Miscelánea en Homenaje al Abate H. Breuil*, II: 273-280. Barcelona: Instituto de Prehistoria y Arqueología.

Prieto Montt, M. y Ayán Vila, X. M. 2014. "'Although The Loneliness is Great, Greater Yet is the Love of my Country': Archaeology of a Military Outpost on the Topaín Hillock (Antofagasta Region, Chile)". *Journal of Contemporary Archaeology*, 1(2): 323-350.

Revilla, M. Á. 2014. *La jungla de los listos*. Barcelona: Planeta.

Ribeiro de Meneses, F. 2000. 'All of Us are Looking Forward to Leaving': The Censored Correspondence of The Portuguese Expeditionary Corps in France, 1917-18": *European History Quarterly*, 30 (3): 333-355.

Rodríguez de las Heras, A. 2014. «Nuevas formas de escritura y de lectura». Conferencia impartida en el Centro Cultural Ignacio Aldecoa de Vitoria-Gasteiz, el 7 de abril de 2014.

Rodríguez Mayorgas, A. 2010. *Arqueología de la palabra: la oralidad en el mundo antiguo*. Barcelona: Bellaterra.

Ruiz Mantilla, J. 2010. "Altamira reabrirá al público con restricciones tras ocho años". *El País*, 8 de junio de 2010. http://cultura.elpais.com/cultura/2010/06/08/actualidad/1275948003_850215.html

Ruiz Zapatero, G. 1997. «Héroes de piedra en papel: la prehistoria en el cómic». *Complutum*, 8: 285-310.

Ruiz Zapatero, G. 2003. «Historiografía y uso público de los celtas en la España franquista». En F. Wulff Alonso y M. Álvarez Martí-Aguilar (eds.): *Antigüedad y franquismo (1936-1975)*: 217-240. Málaga: Centro de Ediciones de la Diputación de Málaga.

Ruiz Zapatero, G. 2014. «Recensión de *El mito de Atapuerca*». *Nailos. Estudios Interdisciplinares en Arqueología*, 1: 226-230.

Ruiz Zapatero, G. y Álvarez-Sanchís, J. R. 1995. "Prehistory, Story-Telling and Illustrations: The Spanish Past in School Textbooks (1880-1994)". *Journal of European Archaeology*, 3(1): 212-231.

Ruiz Zapatero, G. y Álvarez-Sanchís, J. R. 1997. «La Prehistoria enseñada y los manuales escolares españoles». *Complutum*, 8: 265-284. Madrid.

Ruse, M. 2007. *¿Puede un darwinista ser cristiano? La relación entre ciencia y religión*. Madrid: Siglo XXI.

Sánchez Gómez, L. A. 2002. «Las exhibiciones etnológicas y coloniales decimonónicas y la Exposición de Filipinas de 1887». *Revista de Dialectología y Tradiciones Populares*, LVII (2): 79-104.

Sánchez Sánchez, X. M. 2004. «A xeración de Martín Bravo: anotacións notariais do século XVII en galego e castelán do Arquivo Catedralicio de Santiago». *Grial*, 161: 68-73.

Santos Estévez, M. 2014. «Altamira en la cultura material contemporánea». Programa de Investigación para la conservación preventiva y régimen de acceso de la cueva de Altamira (2012-2014). Informe G5_N° 08. Santiago: INCIPIT, CSIC: http://digital.csic.es/bitstream/10261/113181/1/altamira_cultura_material_Santos.pdf

Sanz Jiménez, C. *et al.* 2011. "Paleolithic Art in Peril: Policy and Science Collide at Altamira Cave". *Science*, 334: 42-43.

Sautuola, M. de. 1880. *Breves apuntes sobre algunos objetos prehistóricos de la provincia de Santander por Don Marcelino de Sautuola*. Madrid: Real Academia de la Historia.

Serna, M. L.; Martínez Velasco, A. Y Fernández Acebo, V. (coords.). 2010. *Castros y castra en Cantabria. Fortificaciones desde los orígenes de la Edad del Hierro a las guerras con Roma. Catálogo, revisión y puesta al día*. Santander: ACANTO.

Shanks, M. 2007. «Arqueología Simétrica». *Complutum*, 18: 292-295.

Silva Barrera, E. 2014. "La recuperación de la memoria histórica: un proceso desde abajo". Ponencia presentada en el *I Congreso Internacional de Arqueología de la Guerra Civil española* (Vitoria-Gasteiz, 9-13 de diciembre de 2014). https://ehutb.ehu.es/es/video/index/uuid/54d115692ba99.html

Sojo Gil, K. 2014. «El cine de Berlanga y su proyección internacional». *BROCAR*, 38: 241-254.

Solla Gutiérrez, M. Á. 2010. *La República sitiada. Trece meses de guerra civil en Cantabria (julio de 1936-agosto de 1937)*. Santander: Universidad de Cantabria.

Tarlow, S. 2012. "The Archaeology of Emotion and Affect". *Annual Review of Anthropology*, 41: 169-185.

Téllez, V. y Parga, E. 2015. «Altamira: hegemonía de élite y valor social en conflicto». In Proceedings of the 2nd International Conference on Best Practices in World Heritage: People and Communities (Menorca, Spain, 29-30 April, 1-2 May 2015): http://www.congresopatrimoniomundialmenorca.cime.es/WebEditor/Pagines/file/Programa/Resolucion%20de%20conflicos%20e%20implicacion%20social/63%20-%20Virtudes%20Tellez%20y%20Eva%20Parga.pdf

Thomas, J. 2001. "Archaeologies of Place and Landscape". En I. Hodder (ed.): *Archaeological theory Today*: 165-186. Bristol: Policy Press.

Valentín, V. J. 2008. "Archaeology of Graffiti: Relations of Power, Gender and Control". Comunicación presentada en la sesión Archaeology and the Failures of Modernity. 6 World Archaeological Congress (Dublin, 2008).

Vicetto, B. 1865. *Historia de Galicia*. Tomo I. Ferrol: Establecimiento Tipográfico de Taxonera.

Villa Álvarez, J. M. 2004. *La Sociedad Pro-Monte Santa Tecla: 1ª parte, 1912-1928*. A Guarda. Padroado Municipal do Monte Santa Trega.

Vives-Ferrándiz, J. y Ferrer García, C. (eds.): *El pasado en su lugar. Patrimonio arqueológico, desarrollo y turismo*. En III Jornadas de Debate del Museu de Prehistòria de València: 139-176. València: Museu de Prehistòria de València.

Vizcaíno Esteban, A. 2015. *Iberos, públicos y cultura de masas. El pasado ibérico en el imaginario colectivo valenciano*. Tesis Doctoral. València: Universitat de València.

VV.AA. 1983. *Estudos de Cultura Castrexa e de Historia Antiga de Galicia.* Santiago de Compostela:

USC, IEGPS.

VV.AA. 1986-1988. *Sautuola, V. Estudios en homenaje al padre Carballo.* Santander.

VV.AA. 1996. *La arqueología de los cántabros.* Actas de la Primera Reunión sobre la Edad del Hierro en Cantabria. Santander: Fundación Marcelino Botín.

VV.AA. 1999. *Los cántabros. La Génesis de un Pueblo.* Santander: Caja Cantabria.

Webmoor, T. 2007. «Un giro más tras el "giro social": el principio de la simetría en arqueología». *Complutum*, 18: 296-304.

Webmoor, T. y Witmore, C. L. 2005. *Symmetrical Archaeology.* Stanford: Metamedia.

Witmore, C. L. 2007. «Arqueología simétrica: un manifiesto breve». *Complutum*, 18: 305-312.

# A MODO DE APÉNDICE: *BONUS TRACKS*

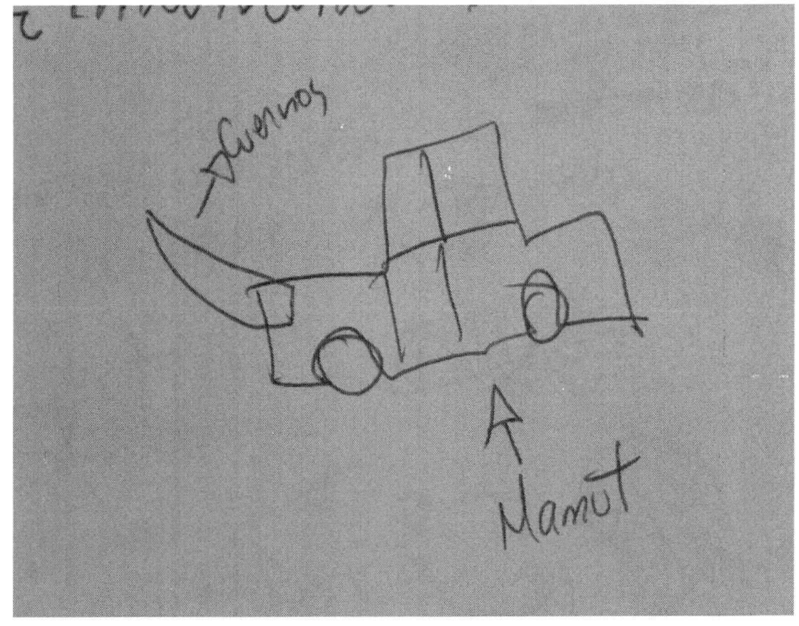



*Del grupo de especialidad, felis xolutrense y próspero magdaleniense. Vivan los de 50 (18-XII-2010).*

*Mi cuñado por una vez en la vida ha llegado puntual ¡Viva Altamira! 14/8/2011*

*Muchas piedras DEMASIADAS. 14/8/2011.*

*No hemos visto a hombres preistoricos verdaderos. Agosto de 2011.*

*Hola soy David Alvaro empieza a pegarme y mis padres qren que e enpezado llo. 22/8/2011.*

*Soy un Alcalde de un pueblo de Navarra estoy con mi familia Todo muy bonito Gracias Tenemos mucho que aprender. 23/8/2011.*

Me ha gustado mucho la neocueva y la tienda de regalos (pongan mas muñecas). 24/8/2011

Muy del pasado con mucha antiguedad. 24/8/2011.

Mis mejores amigos son mis viejos amigos con cariño D. 7 años 26/8/2011.

El animal prehistorico que falta es Mourinho por lo demas todo bien. Agosto de 2011.

Para cueva la que tiene mi hermano en su habitación!! Septiembre de 2011.

De encanto, un paseo por nuestro pasado ¿realmente es necesario un I-Phone? 7/10/2011.

P.D. visto el resultado, me alegro de que se haya construido la réplica, ejemplo de conservación, no como la estafa de Ribadesella, creación ad hoc para lucro de sinvergüenzas. Enero de 2012.

Hemos visto un eskorpion en la espera de los autobuses. 25/10/2011.

El pariente este de las pinturas se lo ha currado. Abril de 2013.

Tenían que tener bisontes en el exterior. 9/8/2012.

Nos gusta mucho el museo, la cueva clónica, las actividades. Estaría bien apretar las tuercas de los asientos. Agosto de 2012.

Hola les escribe una BELIEBER ok? Pues yo no me he enterado de nada porque me paso el día pensando en Justin. Ya sabéis, muy normal xD. 16/3/2012.

Me encanto venir al museo fui el que pregunto más y me dio bergüenza. R. 8 años. 4/1/2013

Saio de aquí un pouco máis novo e un pouco máis sabio. 27/10/2012.

He tenido que venir hasta aqui para desacerme de mis hijos. 3/11/2012.

Poner bancos y sucursales!! Mejor el telesilla. Junio de 2009.

Tienen que dejar usar mechero. 5/5/2009.

*Y un parque infantil, o mejor aun, parque jurasico III. Agosto de 2003.*

*El rubio del vídeo está como un queso, tiene que salir más tiempo. 8/7/2003.*

*¡¡Poner columpios!! Agosto de 2003.*

*Tendría que haber mas asientos y zona Wifi para los visitantes como yo que nos importa una mierda esto. 30/6/2013.*

*Tendria que haber mas jugetes y menos libros. 23/8/2013.*

*Quitar la tienda o las novias arruinan al novio. 26/10/2013.*

*Si esto es un museo de verdad debería haber un mamut de verdad. Abril de 2012.*

*Lo importante es lo que no se ve. 26/7/2007.*

*He llegado a la conclusion que, no somos nadie, lo mismo se muere un burro que un obispo. 29/6/2006.*

*Ya nos decian en el pasado que la mejor medicina para los odios del presente es la cultura. Julio de 2007.*

*Fa tant de temps que semble avui! 13/7/2006.*

*Lolo neandhertalus y lola neolítica. La visita a nuestro pasado más cercano. Una vuelta que necesitamos todos, para sentirnos más vivos y comprendernos más, en este mundo tan "desarrollado" y lejano a lo que somos en verdad. Julio de 2006.*

*Ao visitar Altamira sinto-me pequena e ao mesmo tempo parte da historia dos homens. 29/3/2007.*

*El hombre puede crear maravillas que, con esfuerzo de todos, pueden durar una eternidad como es esta cueva. 30/8/2006.*

*Aqui estubo el pasado. 30/7/2007.*

*Gracias por ayudarme a completar el puzzle que soy ¡Me ha emocionado! 29/7/2007.*

*De nuevo otra vez aqui, y aunque no es igual... al final es "casi lo mismo". 8/7/2007.*

*Todo el tiempo del mundo para avanzar otro poco. 3/4/2007.*

*A MI ME IMPORTA EL FUTURO NO EL PASADO. Agosto de 2007.*

*La serenidad de no pensarse sino de conferir como un elemento más de la naturaleza a la que aportar y de la que alimentarse, en unión con el grupo con que se comparte el mismo interés. Respetar y respetarse como un elemento cósmico en evolución biológica y espiritual. Para Cantabria, espíritu libre y afectuoso. 6/7/2007.*

*Tras visitar la cueva, uno piensa en cuán insignificante es nuestro paso por la tierra y en cómo todo es relativo, creencias, doctrinas y leyes. No merece la pena la guerra ni la rencilla, sólo hacernos felices en este breve momento. 13/7/2006.*

*El hombre desaparece pero consuela saber que el arte nunca perece. Diciembre de 2013.*

*Esta visita hace reflexionar: ¿Qué dejaremos dentro de miles de años: un ratón de ordenador, un semáforo...? Quizá deberiamos cuidar lo que hoy tenemos. Julio de 2006.*

*Todo tiene un comienzo en la vida, difícil de entender, pero tambien difícil de olvidar. 26/12/2006.*

*Todos los días son parte de la historia y nosotros tenemos la nuestra. 12/7/2007.*

*Que incultura la mia que no aprecio lo que veo. Agosto de 2007.*

*Hay que tener "alta(s) mira(s)" para que el mundo progrese de verdad, no como lo está haciendo ultimamente en algunos aspectos. 4/8/2007.*

*Todo el que niega la Historia está condenado a vivir. 11/8/2007.*

*¡Salimos encantados! Divertido, pedagógico, FÁCIL Hace pensar. 26/8/2006.*

*Hace 18.000 años que el ser humano sigue siendo lo mismo. No ha evolucionado nada más que en lo que se refiere a la ciencia y a la tecnología, pero sigue siendo un ser bastante retrasado y cavernícola en cuanto ser humano. En esencia, hoy el ser humano es muy parecido al de hace decenas de miles de años: muy instintivo, muy ignorante y nada evolucionado hacia el AMOR y la PAZ... ¡Lo siento! ¡sobra cultura y falta sabiduría! 26/8/2006.*

*Y los sueños sueños son al mirar y visitar este magnifico museo me he dado cuenta del poder que ha ejercido la imaginacion en la humanidad y como imaginar no cuesta dinero sino salud gracias por realizar mi sueño y magnificar mi imaginacion los sueños sueños son. Gracias T. 27/8/2006.*

*After reading "The Mind in the Cave" I culd not resist to visit such marvelous testimonies of the beginning of development of human consciousness and mind like Altamira. 29/8/2006.*

*... Algunos sigen creyendo en la grandeza... Todo está inventado, sin duda. 2007.*

*Muchos siglos nos retraen a la verdad del origen y destino del ser humano. Todo muy bello y que deja profunda huella en el Corazón. 17/10/2007.*

*Todo es tan simple y a la vez tan complicado: el hombre siempre luchando por su superviviencia. Cuiden la cueva y no la abran para que dure siempre. 28/10/2007.*

*La inteligencia cambia con el tiempo; antes con poco éramos felices y ahora aún con todos nuestros avances siempre ansiamos alcanzar la felicidad. 25/6/2006.*

*Esto no me ha gustado nada de cueva no tiene ni la cuanto mejor la de Santimamiñe eso si que es una cueva con todas las de la ley. Esto es todo Artificial. Noviembre de 2006.*

*Gracias por sumergirnos en un mundo increíble, he sentido como la llamada de la sangre de mis orígenes retumbaba en mi interior. Creo que hoy aqui, he encontrado un sentido, una esperanza a esta vida y que tenia perdida. Hasta siempre. 21/11/2006.*

*No es el Museo, ni las pinturas, es la sensación que causa verlas. Enhorabuena x el museo. Noviembre de 2006.*

*Es una ocasion unica de recordar al hombre Altamira hace 18.000 años. Mi fascinación y mi devoción por esos asentamientos que dan respuestas a mi presente. 26/11/2006.*

*Ha sido un acierto el hacer la reproduccion, yo en el año 1973 no pude ver el original por la masificacion que habia. Febrero de 2007.*

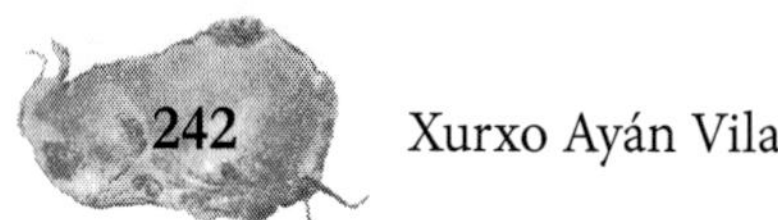

*Hace 30 años estuvo mi marido aquí viendo las cuevas originales con sus padres y hoy 9/7/2006 está con su mujer y sus hijos. 9/7/2006.*

*A pesar de recordar la primera visita a la cueva real, ésta me ha impresionado por la combinación de la prehistoria con la modernidad. 27/12/2006.*

*Mi padre visitó las verdaderas cuevas hace muchos años y me ha hablado de su magnificiencia, por eso mi deseo en visitarlas y me siento satisfecha. Lima-Perú. Diciembre de 2006.*

*Tuve el honor de visitarla en 1962 y he vuelto a emocionarme con su grandiosiddad. 17/7/2007.*

*Soy O. y vine en el 79 estaba cerrada la cueva con cadenas, por fin he visto algo parecido, gracias. 1/11/2007.*

*Vine en 1965 y vimos las autenticas cuevas. Hemos vuelto el 3/11/2007 y volvemos otra vez. 3/11/2007.*

*Creo que me impresionó más cuando visité la cueva en 1968, pero, aun así, es magnífica la reproduccion. 6/11/2007.*

*Por fin, hoy, 3 de mayo de 2006, he visto cumplida una de las más importantes ilusiones de mi vida. Mi mas profundo respeto y admiración por los artesanos y artistas de mis hermanos paleolíticos. Nosotros que nos creemos muy modernos sólo somos imitadores de aquellos primeros genios y gracias a ello hemos llegado a nuestros días. Con toda mi admiración. M. J.*

*I was here in 1968 and here I am again 2006 Regards from a Jamaican living in now in Texas visiting again en mi España. 27/5/2006.*

*To return to Altamira 18.500 years after I left, estupendo. Mayo de 2006.*

*La primera vez que vine estaba embarazada de mi primer hijo. Hoy vengo con mi hijo de 15 años, y mi hija de 11 años. Pero volvere mas veces, aunque sea con mis nietos. 6/9/2006.*

*Pues nunca había venido, parece mentira, siendo de museos. Bueno, me está encantando. Pronto traeré a mis hijos. Quizá este verano. Por fin la prehistoria me parece divertida. A ver qué tal el taller. 1/6/2006.*

*Conocí la cueva original en 1968, tenía 6 años. El recuerdo fue imborrable.
Actualmente he revivido esa experiencia casi 40 años más tarde casado felizmente,
y con hijas, que intentamos sigan el espíritu artístico y cultural de sus padres.
28/10/2007.*

*Yo vi esta cueva en 1968 y ahora veo el museo con mis hijos. Hagamos un esfuerzo
porque otras generaciones también lo vean. 24/8/2007.*

*Hace 30 años visite las cuevas originales con mis padres, gracias a esta reproduccion
hoy he podido enseñarsela a mis dos hijos ¡Gracias! Agosto de 2006.*

*Era eu um menino com 11 anos quando tive a grata felicidade de me espantar com
os "toros" de Altamira. Que pena a sua conservaçao nao permita vé-las de novo
agora com máis de 40 anos! Bon trabalho do musseo! 29/8/2006.*

*Es importante conocer nuestra HISTORIA como seres HUMANOS que somos...
Sinceramente, me hubiera gustado más conocer las ORIGINALES, pero por el
bien de su conservación, lo veo justo. ¡BUEN TRABAJO! Por parte de todos los
que han contribuido. Felicitaciones VIVA GRAN CANARIA. 9/8/2006.*

*De adolescente vi la autentica cueva, cuarenta años despues encuentro este museo
impresionante. Agosto 2006.*

*Yo he visto la cueva auténtica. Me considero una privilegiada. Agosto de 2006.*

*Somos de Santander mi hija ha sido una de las 5 personas afortunadas de este dia
tan especial de entrar a la cueva despues de 12 años estoy super contenta (muchas
gracias). 27/2/2014.*

*Vine a ver Altamira a los 6 años... hace 50 años y pienso regresar... Junio de 2007.*

*Es la segunda vez que vengo (obligao) y sigue sin gustarme, por lo menos ya no esta
el segurata facha que nos dijo: si no cantais el cara al sol no entran. Vais mejorando.
Animo chavales. 7/11/2007.*

*De pequeños tuvimos ocasión de entrar en la cueva original, pero este sistema nos
parece muy adecuado para preservarla y de paso poder enseñar al mundo como era.
Seguid así, adelante... Septiembre de 2006.*

*Espero que cuando sea mayor pueda contarle a mis nietos como son las cuevas ya que es la tercera vez que estoy en Altamira y sigo sin poder verlas. Saludos un cabreado. 12/8/2006.*

*En el año 1962 acompañada de mi marido, hoy fallecido, visitamos por primera vez las cuevas de Altamira, hoy he podido visitarlas de nuevo y compruebo que el gran descubrimiento sigue vivo para que nuevas generaciones puedan contemplar lo que puede hacer la curiosidad de una niña, me ha gustado mucho lo hecho en esta réplica. 14/6/2006.*

*Estuvimos anteriormente en la original y no nos acordabamos de nada (hace 30 años). 2/12/2006.*

*Estuve en la cueva original hace 32 años. A la reproduccion le falta algo (quizás demasiada luz y mucha gente). le falta misterio. 2/8/2006.*

*Soy del grupo del 79 que tuvo la suerte de visitar la cueva original hoy vuelvo con mis hijos y creo que la réplica y el museo es mucho más didáctico para ellos. Yo con mis 14 años no pude entender muchas de las cosas que alli se explicaban pero lo que jamás olvidaré (y que mis hijos no han podido sentir) es la sensación de encontrarse en un lugar que fue habitado tantos años atrás, y el olor que esa cueva desprendia en su original. 5/9/2006.*

*En nuestro aniversario de boda venimos a mirar un pisito que esta muy cara la vivienda. 9/7/2006.*

*Por aquí pasó una chica enamorada y lo que pensó es que ojala su amor perdurará tanto como el arte de las pinturas de la cueva dorada. Un besote pa mi bisonte. 12/8/2006.*

*Ojalá mi próxima visita sea tan interesante y apasionante como esta. Volveré con mi futuro marido y nuestra niña. 12/8/2006.*

*Primer viaje con J. A. Primeros dias juntos y encima en Altamira. Esperemos que perdure como las pinturas. 2/1/2007.*

*Aquí estuvimos J. y J en nuestra luna de miel ¡disfrutando del arte paleolítico! 25/8/2006.*

*7 dias de Matrimonio y hemos venido a ver las Cuevas de ALTAMIRA Para ver lo mas bonito de ESPAÑA. 24/6/2006.*

*En la bandera de la libertad grabé el amor mas grande de mi vida. 13/7/2006.*

*Ha sido emocionante volver al pasado e imaginar cómo vivian nuestros ancestros, y cómo hacían arte. P.D.: Ayer me prometí a mi novio, J. 11/11/2007.*

*Hemos venido en nuestro 20º aniversario de boda por muchos años más... 10/11/2013.*

*Después de tantos años juntos sólo 1 mes y 5 dias para compartir nuestras vidas. Que como poco dure tanto como los dibujos de nuestros antecesores. 5/8/2007.*

*De Sevilla para cumplir el deseo de mi padre El no pudo hacerlo, C. y yo hemos realizado su sueño. En su memoria. 12/9/2007.*

*Somos de Sevilla y es nuestra primera visita a Santander, tierra que quedará grabada en nuestra memoria porque aquí nos prometimos para casarnos!! 4/9/2007.*

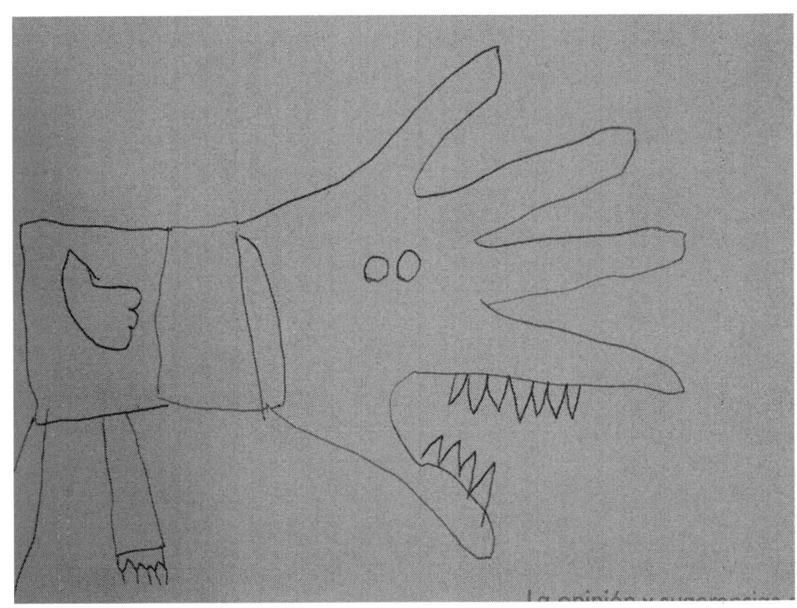

*C. Y A. Estuvieron aqui en su primer viaje de novios y prometen volver algun dia de casados. 26/7/2006.*

*Hoy visitamos Altamira en nuestro 5° aniversario de boda, y espero que sigamos juntos tantos años como la cueva. Con todo mi amor. 25/8/2006.*

*Gracias a Gloria por darme siempre todo, y por nuestras efusivas discusiones trascendentales sobre evolución, antropología y lo que le queda al ser humano por descubrir. 2/9/2006.*

*Estas cuevas es como ver los pechos de las famosas ya que son de plastico 11/4/2006.*

*Muy interesante pero me gustaría que fuera la "verídica". 12/7/2006.*

*No hay derecho que mis amigos los gallegos conocieran las cuevas auténticas, y a mi me apañéis con la RÉPLICA. 11/7/2006.*

*Somos visitantes del sur de España (Cadiz, los Barrios), Campo de Gibraltar "9ª Provincia" y CEUTA, que vinimos a estas cuevas con mucha ilusión y salimos encantados por los frescos de los techos de silicona y poliester. 22/8/2006.*

*Jamás nadie admiró las copias de la obra cumbre de ningún autor. Se admira el original, nunca la copia. ¡Decepcionante! Almería 07. 3/4/2007.*

*La gran mentira de Altamira es muy triste y penoso que la historia se vea reducida a corcho, madera y unos malos imitadores de arqueologos. Agosto de 2007.*

*Si se conoce la cueva de Altamira por el sobrenombre que le dan algunos de Capilla Sixtina del Paleolítico bien puede describir la neocueva como "la catedral de la Almudena" DEL MERCADO DEL ARTE ACTUAL Han logrado derrochar lo mejor de la tecnología actual para destruir el arte que hay en la obra de aquellos artistas. Este parque temático de cartón piedra silicona poliuretano y otros polímeros concebido con un criterio museologico que abruma al visitante con tanto estímulo sonoro debería avergonzar a sus pretendidos pergeñadores. Seria de agradecer que los responsables contemplen la posibilidad de respetar el legado recibido. 12/6/2007.*

*Queremos ver la viejocueva... 21/7/2007.*

*Demasiadas normas y exigencias para un sitio tan fraudulento. GRUPO DE VISITA COMERCIALES P.D. ASI NO SE ATIENDE A LOS CLIENTES. CONSEJO DE PROFESIONALES DE LA VENTA. 7/2/2007.*

*La cueva muy bien pero... la EXPO 2008 va a ser autentica (no como la cueva). Zaragoza, 19/9/2007.*

*Mi barco es autentico no como la Cueva. El Capitán Pescanova. 19/9/2007.*

*No se percibe la originalidad de la cueva en esta réplica. Preferiría tardar años en que me diesen cita en la original. Es patrimonio de todos y no para unos pocos. Visitantes de Sevilla. 27/9/2007.*

*La réplica de la Cueva de Altamira no está mal. Está muy lograda, pero es eso una réplica. El museo está muy bien. Me hubiera gustado ver la auténtica. Si esta cueva es la "Capilla Sixtina" de la PREHISTORIA, La Cueva de Nerja es "la Basílica de San Pablo", o mejor el Vaticano entero. Esta Cueva sí se puede visitar de verdad, y es muchisimo más grande que lo que se muestra al visitante. 29/6/2007.*

*La replica tiene mucho mérito, pero es como ver un cuadro falso de Picasso, si no lo sabes no pasa nada pero si lo sabes pierde todo, todo el encanto. 17/11/2007.*

*Gran idea para conservar la auténtica cueva, porque los turistas dejamos "horribles huellas" por donde pasamos. 5/8/2006.*

*Se debería dejar la cueva de Altamira como estudio y no para que los hombres la destrocen. 6/8/2006.*

*El museo tanto como la neocueva son muy interesantes pero qué pena que un lugar así no se haga asequible para todos: visitas que se siguen tan rápidas que no dejan tiempo de leer o preguntar, ni hablar de traducir para los que no conocen su idioma. Los guías no se toman el tiempo de comunicar sino que repiten su discursito y empujan a los visitantes hacia adelante. Este sitio parece más interesado en hacer dinero que en permitir a todos conocer una parte de patrimonio mundial. El*

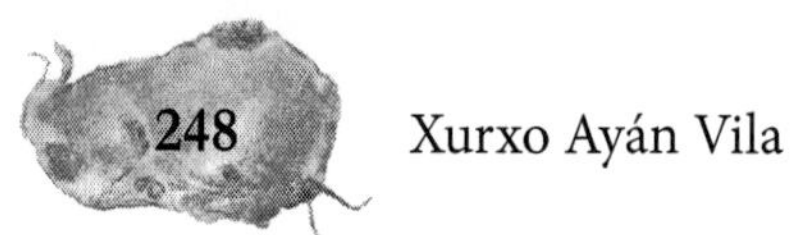

*Español y el inglés no son los únicos idiomas en el mundo y me parece que se podría hacer un esfuerzo en este sentido. Siendo profesores de colegio, tal actitud no nos ayuda a pensar mejor. 5/8/2006.*

*Trista per no veure l'Art original, però contenta per no contribuír a destruir-ho. 17/3/2007.*

*Instructivo, pero todo muy plastificado. Es una lástima que las nuevas generaciones como mi nieta solo puedan ver esto y tener que explicarle que esto no es Verdadero; que las verdaderas no se pueden visitar por que "nosotros" las estuvimos dañando. 17/3/2007.*

*No se para que esta la original no dejan entrar para que no se estropee pero si no se puede entrar es como si estuviera estropeada supongo que al pueblo llano no nos dejan entrar porque la estropeamos los pudientes e importantes si que podran entrar. Abril de 2007.*

*Mucha decepcion me siento ENGAÑADA!*
*No hemos podido sacar fotos.*
*No hay GUIAS.*
*Los supuestos "GUÍAS" solo hacen llamar la atención bordemente diciendo que no se pueden sacar fotos.*
*¿Porque algunhas personas reciben explicaciones y otras no?*
*Un recorrido muy corto.*
*Todo muy artificial.*
*Muy malos decorados (se nota el plastico)*
*No merece la pena.*
*CUEVAS FALSAS.*
*4/4/2007.*

*El peor museo de la historia para ver esto me lo bajo del emule no vuelvo ni de coña. Abril de 2007.*

*Altamira dejar de ser tan falsos. 15/7/2007*

*Me ha gustado mucho esta réplica de la cueva de Altamira. Es increíble lo que pueden hacer un pequeño grupo de hombres. 19/7/2007.*

*Espero volver a ver la cueva y no la neocueva... porque la cueva es auténtica, como El Sardinero, la neocueva es como los molinos que Fraga inauguró en el 67. Julio de 2007.*

*Visita muy interesante, pero... Abrid las de verdad por favor!! Prometo no tocar nada. Hasta pronto!! 10/10/2007.*

*Quiero expresar mi decepción más sincera una vez visitada la "cueva" (neocueva). El legado de la humanidad debería ser patrimonio de todos y no engañar con copias. Entiendo lo difícil de la conservación de la original, pero seguro que algo se puede hacer para visitarla, no ver una copia, pa eso están las fotos. Lo siento. 27/6/2006.*

*Hubiera sido genial ver las originales pero como la gente no respeta las normas, nos tenemos que aguantar el resto y conformarnos con la replica. 21/7/2006.*

*Nos encantaría ver la original aunque comprendemos que es difícil... si cambiais de idea llamarnos al Somos madrileños recien casados. 21/7/2006.*

*Me han gustado muchisimo. Creo que eran hombres muy inteligentes. Abril de 2006.*

*¡Y nos consideramos inteligentes! ¡El Arte moderno! Cada dia pienso que somos más prepotentes y descerebrados! 1/4/2006.*

*Me maravilla ver lo que hicieron los primeros y "primitivos" con lo peyorativo que ha supuesto ese nombre y con que rapidez los "evolucionados" "avanzados" e "inteligentes" nos vamos a cargar este maravilloso mundo. 11/4/2006.*

*Que listos eran los jodíos. 5/7/2006.*

*Gracias por pensar en los gays y poner a los monitos desnudos. Septiembre de 2006.*

*Puede ser que el cazador y artista que realizó esta obra fuese homosexual. 13/10/2007.*

*No somos más inteligentes ni más curiosos, sólo debemos de seguir aprendiendo. 7/7/2006.*

*No se como ni porque pero los sapiens hemos "descendido" varios escalones en la evolución. 8/7/2006.*

*La neocueva. La demostracion de que el progreso tiene algo de bueno. Julio de 2006.*

*Cada vez que veo e imagino lo que el hombre primitivo pudo hacer, mas me siento un gusano. 27/1/2008.*

*Gracias a ellos estamos aqui pero la evolucion del hombre y costumbres es mas positiva y placentera en este siglo XXI. 7/7/2007.*

*Es una maravilla ver que entre los hombres primitivos existían los genios. 7/8/2007.*

*Es gratificante saber que nuestros antepasados eran más listos que nuestra generación. 7/8/2007.*

*Estos neolíticos y paleolíticos se lo tenian muy currao. 13/7/2007.*

*Después de 15.000 años vemos lo que hicieron a ver si de nosotros queda algo. 7/12/2007.*

*Despues de ver la cueva pienso que no era tan triste la vida del hombre primitivo. 7/12/2007.*

*¡Vaya! Que listos y trabajadores que fueron esta "peña" tan arcaica. Julio de 2007.*

*No me ha gustado mucho xk los antepasados no me gustan y eran muy incultos y feos. 15/5/2006.*

*Propongo un cambio de nombre ¿No será mejor decir que la Capilla Sixtina es la Altamira del Renacimiento? 22/6/2011.*

*¡Qué pena! Debido al pésimo tiempo y a las malas infraestructuras no hemos podido ver bien el museo. La sillita de paseo estaba empapada al no poder acceder más cerca en coche para poder entrar. Mi bebé mojado y sin poder sentarse. La hemos visitado lo que hemos podido en estas condiciones y rezando para que el pequeño no enferme. Esto es lo que un Museo de esta envergadura nos ofrece. NINGUN ACCESO PARA DIAS DE LLUVIA CON BEBÉS. Y ahora a pasar el día con el carrito empapado sin poder sentarlo. Como profesora sin ninguna duda NO recomendaré esta visita. Es una pena. Firma y el pequeño Alfonso. 13/7/2011.*

*Me ha gustado mucho. Es increíble lo que podían hacer nuestros antepasados hace 20.000 años. Me ha sorprendido mucho que la esperanza de vida del neolítico no se recuperó hasta el siglo XV. Tengamos cuidado; los humanos podemos ser (y de hecho somos) nuestro mayor y único enemigo. Gracias por todo. 23/12/2012.*

*Las cuevas de Altamira son la ostia pero prefería las originales A x cierto las descubrio AUTOLA no su padre. Besitos a todos son geniales. 17/5/2003.*

*Son estupendas, pero hay poco espacio. Una revindicación: lo DESCUBRIÓ AUTOLA no el padre. Besos y abrazos. 17/5/2003.*

*¡Si estudiar es moderno! ¡Viva la Prehistoria! (Junio de 2003).*

*En la Edad Media no abia condons con la piel de xorizo foiaban los cabrones. 1/6/2003.*

*Estuvo aquí J. Profesor de la ESO Sagrado Corazón (Corazonistas) de Valladolid, profundo amante de los chihuahas y que sabe llevar con tranquilidad una clase de alcohólicos, porreros, predelincuentes y futuros drogadictos. 4/6/2003.*

*Hombre invisible busca a mujer transparente para hacer cosas nunca vistas. 15/6/2003.*

*Se nota que habéis repasado los dibujos. 17/6/2003.*

*Esto no me gusto nada. Las guias son muy feas y bordes queremos tías que enseñen las piernas. 19/6/2003.*

*¡Qué pena! Que Tapies no aprendiera. 24/6/2003.*

*No me ha gustado nada me gusto mas la cosa de bustamante y los dibujos son una orterada no sabian ni dibujar que tomen clases xq sino bamos que van a un concurso de tontos y los echan por abusones. Junio de 2003.*

*Soy Antón. Estuve aquí y me regañaron tres veces. Lo que me gustó más fue el caballo de la cueva. 29/7/2003.*

*El propulsor es la ostia en verso, sin él la especie humana y más la mujer estaría en peligro de extinción. 29/7/2003.*

*Moooolaan un güevo las cuevecicas de los prehistóricos estos. Qué apañaos que eran, oye. 2/8/2003.*

*Por favor que se repartan hielos porque he pillado un caleentón... 5/8/2003*

*Os pedimos perdón por todas las maldades que vamos a hacer dentro. 6/8/2003.*

*¡Quiero descubrir una cueva y no decirlo a nadie! S. 8/8/2003.*

*Me alegro de que los prehistoricos no tuvieron "tombola" ni chapapote. 12/8/2003.*

*¿Como aprendieron a dibujar los preistóricos? ¿fueron a clases particulares? 4/9/2003.*

*La cueva es tope guai sobre todo cuando estamos nosotros en la pantalla y como eramos hace tanto tiempo. Noviembre de 2003.*

*En positivo en negativo. Pintaban los paleoliticos justo para que lo viesemos nosotros. Se agradece el detalle. 1/11/2003.*

*Que nos den silex por favor, que nos den silex. 12/11/2003.*

*Los prehistóricos no sabían lo que eran fieras ¡No conocían a mis niños, D. y A.! 2003.*

*Esto es peor que el colegio. Octubre de 2003.*

*Queremos que llegue el verano!!! (Bueno, pero también que llegue el día de Reyes). 6/12/2013.*

*Los Neandertales están muy buenos! 7/12/2003.*

*Las pinturas rupestres son muy originales. 9/12/2003.*

*Lo pasamos de puta madre cazando al bicesonte. 10/12/2003.*

*Se vende Citroen Saxo llamar al tlf. Economico. 12/12/2003.*

*Yo tambien siento el olvido de los condones para sentir el sexo como los primitivos. 2/1/2004.*

*Tal día como hoy estuvimos aquí 22 neohombres. 5/6/2004.*

*Los dinosaurios vacilaron a Chuck Norris una vez, solo una vez. Febrero de 2009.*

*Chuck Norris murió hace millones y millones de años pero la muerte no se a atrevido a decirselo. Febrero de 2009.*

*Chuck norris puede matarte con 3.745.721.542.567 objetos de este museo incluido el museo. Febrero de 2009.*

*El mamut es muy mono. Junio de 2009.*

*Por fin conseguí la taza del búfalo. Vine desde Madrid expresamente a por la taza. 25/7/2009.*

*Aquí estuvieron las cuarentonas y nos hemos sentido muy jóvenes. 25/7/2009.*

*Además viene de Tomelloso un pueblo mu señalao hemos comio habichuelas revueltas con bacalao las hemos arrevolvio somos de Tomelloso un pueblo mu conocio (C. Real). 5/4/2009.*

*Papa son bueyes? No es tu abuela. De rojo. 28/2/2010*

*No toques las paredes de la cueva: me he hecho una paja y me he corrido en la cara de un bisonte ¡CUIDADO ES PEGAJOSO! Julio de 2011.*

*Vendo Ford ESCORT Pocos kilómetros 85cv DUERME EN GARAJE DIESEL. 2012.*

*Rumana madurita limpia y discreta 30 euros el completo. 2012.*

*¿A los pintores originales les estáis pagando los derechos de autor? 5/6/2012.*

*J'aime les peluches. Julio de 2012.*

*Te quiero, pintor de las cuevas. Julio de 2012.*

*Soy F. I., y tengo 13 años y vivo en Archena. Tengo un conductor que se llama Juan, que es la hostia. También voy con María Luisa y la he conocido en este viaje. Por ahora está todo bien, ya que hay buffet en el hotel. Y como hay buffet pues, me lo como todo. Mi habitacion es la 101 y resido en la 106. Todo muy bien. Septiembre de 2012.*

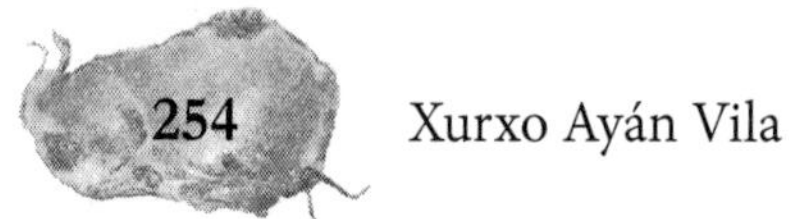

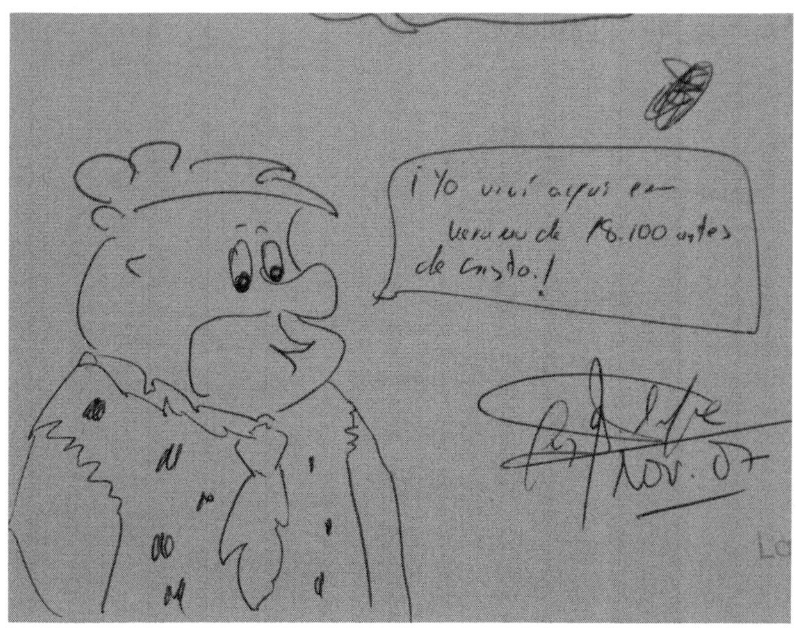


*Si la copia es impresionante, la realidad será....... como me la imagino. 8/8/2012.*

*¿Qué pasó con el cani que le pintó la cabeza del bisonte al caballo? ¡Indignante! 21/8/2012.*

*Está muy bien el museo, es entretenido, pero lo que no me ha gustado es la tienda de recuerdos, tiene unos precios poco razonables. Para eso me voy a Santander para coger algo de recuerdo de Altamira, los precios son mejores. 23/8/2012.*

*Quiero tirar a mi madre una flecha a la cabeza, porque es una bisonta. 23/8/2012.*

*He aprendido mucho asi que el 10 que saque en sociales os lo dedico. 23/8/2012.*

*Ma gustao (en parte) son imitaciones. Pero por lo demas mas bonito que Briny Espir (lo de la tienda era muy caro). 29/7/2012.*

*Dónde está el aberroncho? 1/8/2012.*

*La de puntales que habría puesto yo y una mano de cal hubiera quedado cojonudísima. (1/9/2012).*

*Me ha encantado el bisonte recostado, esto corrobora que la siesta ya se practicaba en la Prehistoria. 2/8/2012.*

*Lo he visto un billon de veces, en el taller donde hacia fuego me entoxique no podia respirar. La museoteca hay tantas cosas que me mareo es una mierda. Julio de 2012.*

*Hemos estado aqui desde Ciudad Real y he aprendido como vivian hace muchos años. Ahora si hace sol me voy a la playa. Julio de 2012.*

*Esto es una pasada, lo mejor lo del Neanderthal ¡el 9 de River! 10/7/2012.*

*Se busca moza con tierras (ingeniero) Bien parecido al paleolitico Tlf. Charly. Julio de 2012.*

*Es Como la Misa!! 20/6/2012.*

*GORA LA NEOCUEVA ASKATA. Junio de 2012.*

*Que me llevan pa lo oscuro. Junio de 2012.*

*El guía dijo "cagada". Junio de 2012.*

*Ha sido una mierda. Pornografia Prehistórica. Junio de 2012.*

*Viva Cantabria ¡¡pero odiamos las vacas!! 30/6/2012.*

*Estuvimos aquí para conocer a nuestros antepasados. Cuando lleguemos a casa pintaremos las paredes, a ver qué opinan nuestras madres. 4/7/2012.*

*Estoy cachondo perdido y dispuesto a todo. Agrégame al tuenti. 4/7/2012.*

*Vacaciones. Vivan los tirachinas! 16/5/2012.*

*Seguirme en twitter o el karma os perseguirá. P.D. Mi marido es Mario Casas y esperamos el cuarto hijo. Mayo de 2012.*

*Sin duda la prehistoria ha sido la etapa mas feliz de la humanidad. Una pena lo de la "civilización" 8/6/2012.*

*Pues yo he subido 4 km andando y no entro porque yo lo valgo. 12/6/2012.*

*Si venís aquí más os vale venir sin sueño. 20/4/2012.*

*Una pasada a ver si echo un polvo dentro de la cueva y me pierdo. Abril de 2012.*

*Las cuevas han estado bien pero lo que más me ha gustado ha sido encontrarme el balón de Sergio Ramos de la semifinal de la Champions. 28/4/2012.*

*Me lo he pasado chachi pero venimos de un campamento a tope de power por eso no lo hemos podido disfrutar 100%. 4/5/2012.*

*Me ha gustado un monton ver todas esas cosas de antes. Abril de 2012.*

*Me encantan las viejocuevas porque es muy cool. Mi hermana y me gustamos las pintas. From miG + Tig of Bury, UK. Abril de 2012.*

*Me ha gustado mucho el museo y la neocueba y los macarrones estan muy ricos. 12/10/2013.*

*Muy bonita la exposición; los trogloditas estarían orgullosos de nosotros. Octubre de 2013.*

*Me encanta el museo de Altamira. Personalmente creo que a todo el mundo le gusta. 27/8/2013.*

*Me ha encantado aunque el guía iba un poco a "Matabisonte". 5/9/2013.*

*La maté por medio bollo y al final estaba duro. Septiembre de 2012.*

*Me trae recuerdos de familia... Altamiro de la Cueva. Septiembre de 2013.*

*Qué pena que hayamos retrocedido tanto. Viva la prehistoria. Entonces no contaban mentiras. Muy bonito. 16/8/2013*

*El que pintó la cueva, ese, un campeón. 16/8/2013.*

*Ha sido un poco aburrido porque soy pequeña. Agosto de 2013.*

*Me llamo P. no me gusta currar y antes de entrar me han hecho un control antidoping. El olor a timo corre por el aire. Agosto de 2013.*

*Muy chulo pero lo que más me ha gustado ha sido el murcielago. Agosto de 2013.*

*Es interesante y prehistórico. Agosto de 2013.*

*He dejado mi pintura rupestre en el WC. Gracias por dejarme hacer historia. 30/7/2013.*

*Volvere dentro de unos años si puedo porque vivo en galicia. 17/8/2013.*

*Estaba muy divertida pero le falta un dinosaurio. 10/8/2013.*

*Poned una replica de un hueso partido en dos. Agosto de 2013.*

*Me ha encantado la cueva y sus instalaciones. Recordad a nuestros antepasados y sus actos nobles ¡Viva Cantabria! P.D. Tenéis que bajar los precios. Agosto de 2013.*

*Huyendo a la prehistoria del calor sevillano! VIVA ER BETII!! Julio de 2013.*

*Los bisontes tienen cinco patas por el clima. Julio de 2013.*

*Me llamo Carmen y odio a todo el mundo, soy un ejemplo de monstruosidad. C. Julio de 2013.*

*Esfuérzate en conseguir todo lo que quieres. Eva. Aplícate el cuento (su madre). Nuria. 2/8/2013.*

*Desaparición cuerpo de los Mossos de Escuadra. PD. Un enemigo. agosto de 2013.*

*Siempre es un placer visitar a los "abuelos". Julio de 2013.*

*Es divino de la muerte, te lo recomiendo Pepe. 9/5/2013.*

*Ha estado bien, de una gallega del monte. Mayo 2013.*

*Viendo a Mourinho y a Ronaldo me doy cuenta de que el ser humano no ha cambiado tanto. Mayo de 2013.*

*Sabes lo que me pone los pelos de punta...¡LA GOMINA! Mayo de 2013.*

*Me ha ido atrayendo la prehistoria. Me siento neanderthal. 1/6/2013.*

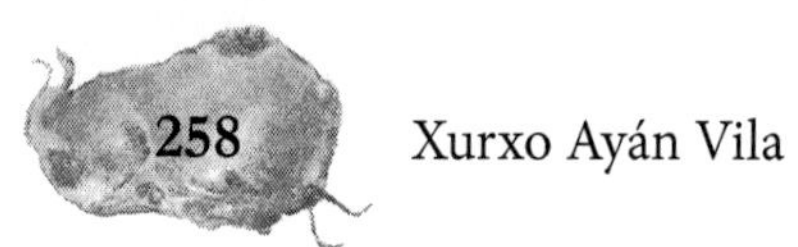

*Somos de La Rioja, somos del Norte, somos la hostia en todos los deportes!! Junio de 2013.*

*La humanidad tiene estas cosas unos disfrutan y otros se joden... no he podido ver las cuevas... Con suerte!! 14/8/2003.*

*Me ha gustado lo otro de los huesos, las peliculillas de las personas antiguas que estaban desnudas y haber si arreglais los chismes de escuchar que hay algunos que no funcionan. 27/10/2003.*

*Me ha gustado el extintor de la entrada. 2/7/2003.*

*Los muertos del lápiz de la punta redonda, que con el no se puede hacer un puto rayón en la mierda piedra esa. Las pinturas son un rollo, y las azafatas ya las podiais mandar lejos, y traer unas con trajes de epoca, ya sean trapitos o en bolas. Un saludo al segurata, y a mi amigo el melena, que ese si que representa al cromagnon. 8/7/2003.*

*Los neandertal eran mas inteligentes, menos belicosos, menos territoriales, pacificos... pacientes.... y se extinguieron...? 23/9/2003.*

*Mis sobrinas se parecen a los primates. Diciembre de 2008.*

*Como gallega enhorabuena por este museo. 28/12/2008.*

*Mi regalo de Reyes venir a estas cuevas vengo de Valencia ¡Vacaciones Santillana! 11/1/2009.*

*......en ocasiones veo muertos...... AUPA REAL. 21/3/2004.*

*La cueva es muy interesante y bonita pero el sofa de casa calentito y el video con una peli... eso si que es un hogar 21/3/2004.*

*Los Reyes Magos y Papá Noel no existen. Fdo. El Ratoncito Pérez. 30/4/2004.*

*Volveremos con nuestras novias dentro de algún tiempo. FOREVER YOUNG I WANT TO BE. Abril de 2004.*

*Pse no ha sido pa tanto en el patio del caserío del richard hay mas neoliticos de esos. Broma. 7/5/2009.*

*El hombre de Altamira era blaugrana. 7/7/2010.*

*Las casas colgadas. Visita Cuenca Es felicidad. Mayo de 2011.*

*Las cosas que compro en la tienda son una mierda, usé una vez un tirachinas y se jodió. Tiene que ser más barato y de mas calidad. Los de los chinos aguantan más y son más baratos. Ejemplo, un vaso del real Madrid en los chinos cuesta 1 Euro y aquí uno de Altamira cuesta 8.30 euros. Mayo de 2011.*

*En mi pueblo hay unas cuevas parecidas a estas. Id a buscarlas. Agosto de 2012.*

*Desde el Sur de España en la maravillosa Andalucia con su encanto árabe descubrimos nuestro pasado del norte de la Peninsula Iberica en Altamira. Agosto de 2012.*

*Desde Tenerife al principio de la humanidad. 12/8/2012.*

*Donde encontramos raíces primitivas que nos hacen humanos. 18/3/2012.*

*Recordando el año 1974 con las cuevas de verdad. 7/7/2010.*

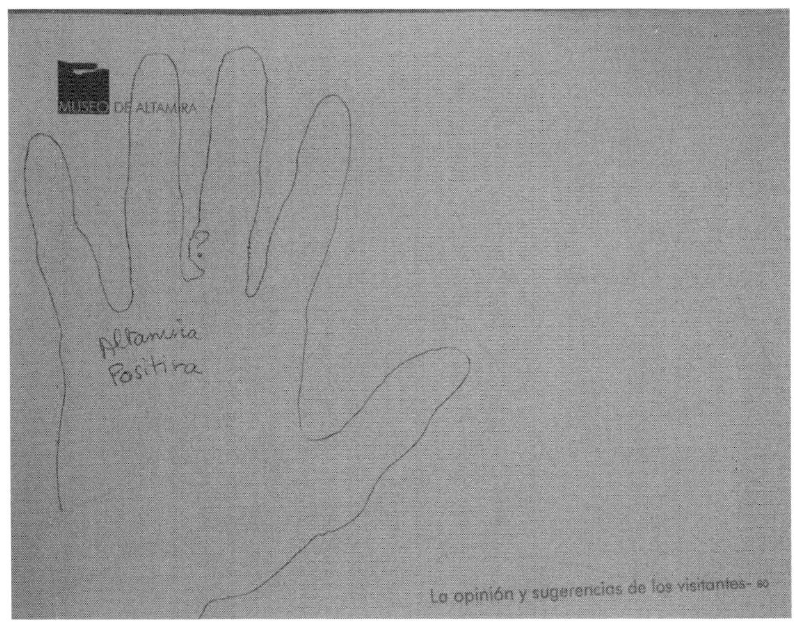

*Mi marido no ha avanzado mucho. Sigue emitiendo los mismos sonidos que los de Altamira. Marzo de 2012.*

*¡Me ha encantado! Sobre todo porque ahora entiendo por qué mi marido es como es. 29/7/2012.*

*Esta cueva de 18.000 años no está mal, pero esta noche me gustaría descubrir una de 20. Noviembre de 2009.*

*Me ha gustado mucho Es precioso! Y muy real, toda la exposicion está genial. Los chicos de mi clase se parecen muchisimo a los Neandertales (En serio). 11 años. Valladolid. Julio de 2011.*

*7 personas de Tenerife. Llevados por nuestra inquietud por el origen de nuestra propia humanidad hemos llegado a este recóndito lugar, no solo rico en pinturas paleoliticas, sino con una diversidad paisajistica y rural que no esta presente en cualquier lugar de nuestro pais ¡nos gustan las vacas! Y ¡los burros! 22/7/2010.*

*Me impresiona la evolución. Alex (8 años). 27/7/2010.*

*Aqui estubo Carmen y le encanto lo fresquito que se estaba en la neocueva. 6/8/2010.*

*Me gusta mucho pero me da un poco de miedo. 7/8/2010.*

*Ha sido muy chachi piruli!! 7/12/2010.*

*L. y M. han estado aquí obligadas. Me quiero ir a mi casa. Que lo disfrutéis y que os sea leve. Besos. 10/12/2010.*

*Me ha gustado mucho. Lo que me ha gustado mas ha sido la tienda y me he comprado una goma ¡rosa! 10/12/2010).*

*Celia dice que le ha gustado mucho (pero no se atreve a escribirlo) (su padre). 23/8/2011.*

*Soy una anciana con mucha ansia de cultura no sea que cuando vaya a la otra vida me hagan examen y no me dejen entrar. 27/8/2003.*

*En las navas de tolosa hay un medico frances que cura a los idiotas que leen este papel. Octubre de 2003.*

*Me esperaba algo mas grande pero lo poco que hay es inmenso. Sevilla 30/10/2011.*

*Yo también pinto en mis ratos libres. Enero de 2010.*

*Siempre crei que descendia del mono y ahora entiendo por que... todo esta muy MONO Precioso diría yo. Enhorabuena. 21/6/2012.*

*Desde antaño el hombre como el oso como mas peludo mas hermoso. Dedicado a nuestro amigo fan de la naturaleza Félix Rodríguez de la Fuente. 12/9/2003).*

*Ay si las piedras hablaran... Todo genial. 7/5/2011.*

*Al Sr don Ángel esto le parece la tontería más grande del mundo.*

*El señor don Angel no sabe apreciar la auténtica cultura ibérica. IMPRESIONANTE!! Desde Valencia 20/11/2010).*

*Espectacular nuestra historia. 14711/2010.*

*Enigmático... 14/11/2010).*

*Me ha gustado mucho el Museo, me habría gustado saber algo del lenguaje del hombre primitivo (21/11/2010).*

*Lo eterno visitado por lo efímero. 3/6/2012.*

*¡Quien fuera tan civilizado como en el paleolitico! Visitando desde Puerto Rico. Octubre de 2012.*

*No ha costado mucho llegar hasta estos tiempos, a ver si ahora, por necios la vamos a "cagar". 31/10/09.*

*Desde Mallorca con calor Altamira nos ha dado el perfecto contraste a las impurezas cerebrales que transportamos en nuestro incosciente. 4/4/2010.*

*Dentro de un tiempo también seremos restos... ¿Alguien nos visitará? 10/6/2010*

*Todo sigue igual Galicia 5000 anos e ó mesmo 7/9/2010.*

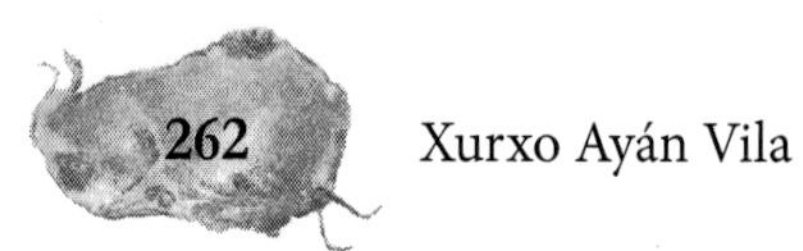

*Espero que el hombre exista 18.500 años más. 10/8/2010.*

*Imagínate si yo naci en el 2002 cuantas cosas an pasao antes de que yo naciera 4/8/2010.*

*Revivir la historia es hacer renacer el pasado. 12/1/2011.*

*Hoy 12-XI-2010 Juan y Choni, después de visitar las cuevas les ha impresionado y opinan que no hemos inventado nada.*

*Ellos nos dejaron las cuevas ¿y nosotros qué dejaremos a las generaciones posteriores? 23/11/2010.*

*Ha cambiado mi manera de ver el mundo (xD) Mayo de 2011.*

*Santander eres precioso*
*el visitante te admira*
*visitando sobre todo*
*las Cuevas de Altamira.*
*5/5/2004*

*Quisiera pedir hora y dia para poder venir y visitar la cueva original, ya que la neocueva me ha impresionado. Por lo tanto la original me desmayaría. Por favor. Cuando la abran (NO HAY PRISA) mi número es. 30/9/2011.*

*Ya me conozco a los bisontes por su nombre. Pero sigue siendo interesante. 17/8/2003.*

*Han estado muy graciosos los bisontes ahí con sus jibas incorporás y tó, lo que no me ha gustado es que había una corriente por la zona de los pies que me ha dejado helá, pero por lo demás muy interesante. 3/8/2011.*

*En er restaurante farta carne de bisonte. Junio de 2011.*

*La Réplica es muy interesánte y muy real pero las funcionarias encargadas del cuidado y guía de la sala son desagradables y su trato propio de una cuadra (será que se han acostumbrado a vivir ccon bisontes?).*
*La gente que trabaja aqui no tiene corazón permiten que un perro se quede en la calle aguantando el sol, antes de dejarlo entrar dentro de un bolso especial para*

*mascotas, cuando si pueden entrar niños que no respetan nada y rompen cosas un visitante desilusionado hay que querer a los animales ellos no lo harian por ti (agosto de 2003).*

*Una visita enriquecedora, pero pondría más detalles en los comportamientos que habia entre generaciones. Ejemplo ¿se respetaban las tradiciones, arte, etc entre etapas? Gracias!! 4/9/2003.*

*¡Hola! Me ha gustado un monton lo que más me ha gustado ha sido.... la escabacion. Abril de 2009.*

*Me llamo Eugenia de mayor voy a ser pintora aunque no creo que nunca llegue a pintar tan bien 25/4/2009.*

*Tengo 9 años me ha gustado mucho las piedras y como investigaron todo esto bueno tambien la fuerza que tenian para partir las piedras. 25/6/2009.*

*La sole me esta poniendo muy cachondo y como no pare me voy llendo a la sala de proyecciones... 25/8/2009.*

*Bravo por los artistas que han copiado a los artistas. Apuntaros un 10 (Septiembre de 2009).*

*Nosotros en Jaen tenemos tambien neanderthales. 11/9/2009.*

*La grandeza de la ciencia es que nos abre las puertas a menos misterios. 15/9/2009.*

*Se me ha subido la Prehistoria a la cabeza. 17/6/2011.*

*La réplica es exacta excepto las paredes están huecas. 25/8/2010.*

*El museo es demasiado basico y los vídeos son desagradables con demasiada carne cruda. agosto de 2010.*

*Viva la Museoteca (tiene 6 años) Ángeles 10/9/2010*

*Somos de C. Real (Porzuna e Hinojosas de Calatrava) es interesante, espero que mis hijos lo recuerden cuando sean mayores.*

*Todo muy bien pero cuando vuelva quisiera ver un mamut vivo. 18/9/2010.*

*Me ha gustado mucho pero con tanto bisonte me ha entrado el hambre.*
*18/9/2010.*

*Si la publicación de Science sobre la nueva datación ha salido ahora ya en 2012*
*¿por qué no se indica este superdescubrimieno de que quizás no eran hechas las*
*pinturas por el H. Sapiens sino por el Neandertalensis? Julio de 2012.*

*Lo de que el H. Antecessor sea el origen del H rodolfienseis es cuestionable. Julio de*
*2012.*

*Aquí ha estado una chica a la que le gustaba la Arqueología pero decidió ser*
*médico. Julio 2011.*

*Más bonita que la Capilla Sixtina! El que dibujo los bisontes... más artista que*
*M. Ángel! Ah! El símbolo que no sabeis que és: es su firma! Mallorca. Diciembre*
*de 2009.*

*Me ha gustado mucho la restauracion, aunque se me ha roto. 21/10/2009.*

*A mi me da que los simbolos raros, rojos y negros son:*
*-Negro. Dios de la proteccion*
*-Rojo: dios de la guerra y suerte en la caza.*
*Por lo demas, bien. 11 años. 27/10/2010.*

*Desearia que los dinosaurios existiesen. 29/06/2010.*

*WAO! Que maravilla de trabajo, definitivamente el Hombre es ilimitado.*
*Venezuela. Mayo de 2011.*

*El museo es precioso y se aprecian las pinturas del neolítico os gustara os lo aseguro.*
*Junio 2011.*

*Estuve en el 79 viendo la cueva. Ahora me gustó visitar la Neo (año 2010).*

*Me gustaron más las originales en 1966. 7/9/2010.*

*Visite la cueva original en el año 1956 y vuelvo a hacerlo hoy 54 años despues.*
*7/09/2010.*

*En el año 1976 pude entrar en la cueva. Me ha gustado el conjunto más de lo que esperaba. 4/8/2010.*

*Aquí estuvo Enrique er de la Manoli, motero Cartagenero de renombre mundial. 6/8/2010.*

*Uno de Beluso estuvo aqui con una de Guillarei. 28/10/2010.*

*Hace 46 años estuve aqui me encantaron pero vi las auténticas. 26/10/2010.*

*Soy de Corea No China I don´t like the word China Entonces, ALTAMIRA esta bien. Muchas gracias. 20/20/2010).*

*Hola dentro de 20.000 años yo también seré unos huesitos monísimos, espero que disfruten viendo mis pequeños traumatismos y mis caries. Desde aquí besos para mis descendientes y antepasados. 8/11/2003.*

*Muy interesante sobre todo averiguar que el tuetano servía de luz. Junio de 2010.*

*El primer día de clase tengo examen de geografia (la historia y la prehistoria) y con esto seguro que apruebo. Abril de 2010.*

*Agan un juego pa la play. Abril 2010.*

*4 días 1 objetivo ponerse como un bisonte de altamira. 23/3/2010.*

*Gracias por preservar estas cabernas para todos los que vienen y vendran en el futuro. 2/4/2010.*

*Hay que seguir conservando la naturaleza y todo lo paleolitico. 22/10/2009.*

*Tener tiendas con collares de perlas. Octubre de 2009.*

*Aquí he estado yo del Magdaleniense y su mujer paleolitica, pero del Superior. 24/9/2010.*

*Muy buena reproduccion. Tengo 40 años y vine en el 74-75 antes del cierre. 19/10/2010.*

*Dentro de 18.500 años ¿tendrán el mismo interes por nuestro arte? Noviembre de 2009.*

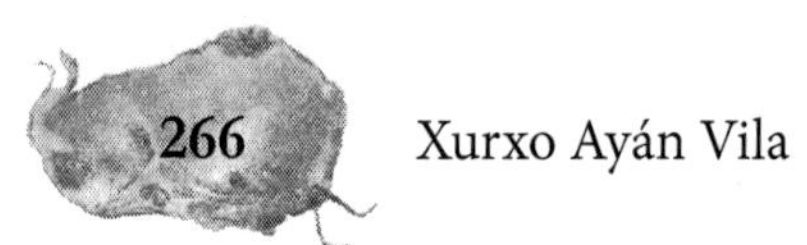

*Vivan los huesos de mi novia. 16/10/2010.*

*Después de haber celebrado el cumple de nuestra amiguina nos pasamos por este museo. 2/11/2010).*

*Solo el compromiso de los seres humanos con el futuro es capaz de hacer posible que este sea plenamente mañana. Gracias por hacer posible que mis nietos, mañana, puedan ver y sentir esta maravilla. 7/4/2004.*

*Ay bisonte de Altamira te tragó el león de España y el leon ahora suspira... abril de 2012.*

*Muy bonito todo mi primer viaje sola. 8/6/2012.*

*Yo también sé dibujar manos y pintar con pintura de dedos mi hermana no. A. 14/7/11.*

*Yo sé dibujar mejor un bisonte que los anteriores pobladores de esta cueva. 13/7/2011.*

*Me llamo Carlos y lo que más me ha gustado son esos auriculares y los bisontes y a los hombres preistóricos dibujan muy bien yo les pondria un excelente. 30/10/2011.*

*Me he aburrido mucho aunque la cueva no estaba mal, las pinturas estaban muy mal hechas y la monitora nos decía que eran artistas, no entiendo por qué nos mienten. El museo ha sido un aburrimiento, aunque los aparatos electronicos molaban. Todo el museo estaba con piedras. No me ha gustado nada el museo. Yo cambiaría todo menos los aparatos electronicos y cambiaría las pinturas por grafitis. Mayo de 2012.*

*Me encanta el video porque muestra lo mucho que los hombres de la prehistoria se preocupaban por su pelo (siempre limpio y lacio). A. Burgos. Julio de 2011.*

*Impresionante pensar que así vivieron hasta llegar a hoy. Qué imaginación ver un caballo en un pequeño agujero. 22/1/2011.*

*Para vacas y toros los de mi pueblo. 22/7/2009.*

*Una cueva muy conseguida y bastante interesante e innovadora. Un saludo y les recomiendo que conserven esta firma proque dentro de unos años valdrá millones. 10/9/2010.*

*Viva el Homo Erectus, qué gran descubrimiento. 2/2/2010.*

*Lo más maravilloso y admirable es que, con tan poco, hayan podido hacer tanto, nuestros antepasados. 2/2/2010.*

*Vaya fin de semanita mas guay. Lo mejor las ecrituras paleolíticas de las puertas del baño. "broma" 13/2/2010.*

*18.000 años después, estuvimos aquí. 20/2/2010.*

*La cuevas de Tito Bustillo son mejores. Junio de 2010.*

*Que bien dibujaban estos hombres tan antiguos. Julio de 2010.*

*A mi me parece que visto lo visto somos mas cavernicolas aora que en la prehistoria ¡Ja! 17/7/2010.*

*Me acabo de dar cuenta que mi novia es una neandertal por el parecido físico, asín que gracias por sacarme de dudas. ELCHE Firmado LA DAMA agosto de 2010.*

*Curiosos parientes. 8/8/2010.*

*Un museo muy bien organizado aunque yo aprendi en el colegio que el tiempo se contaba A. de C. y D de Cristo, lo he echado en falta. 8/8/2010.*

*Que quede por escrito que ha estado SANDRA. 10/8/2010.*

*Hola. Vamos a ver un poco de prehistoria para comprender mejor el presente y como lo hicieron los antepasados también nosotras queremos dejar la huella de hemos estado aquí! Z. y A. 11/8/2010.*

*¡Una auténtica pasada! Un aplauso para el Miguel Angel del Paleolítico. 14/8/2010.*

*Con todo lo que tenían que hacer ¿cómo se les ocurrió pintar? 15/8/2010.*

*Fue en 1974 la primera vez que vine y visité la cueva original. Ahora, junto a mi familia, la existencia del ser humano en su evolución natural del concepto familiar. 24/8/2010.*

*Despues de 37 años vuelvo a pasar por aqui entonces pise las autenticas hoy las copias. 8/9/2010.*

*Desde Cartagena, a 800 Km de aqui; a Altamira donde comenzó una explosión de arte de nuestros hermanos del paleolitico. Todo nuestro cariño es para ellos. 10/9/2010.*

*Antiguos moradores. 10/10/2010).*

*Estupendo, genial, impresionante ¿¡No hay adjetivo! Aunque los pobres que hicieran la original sufrirían de la espalda 16/10/2010.*

*Un recuerdo para Matilde Múzquiz, pintora de la Neocueva y profesora mía en la UCM Madrid fallecida este año 2010.*

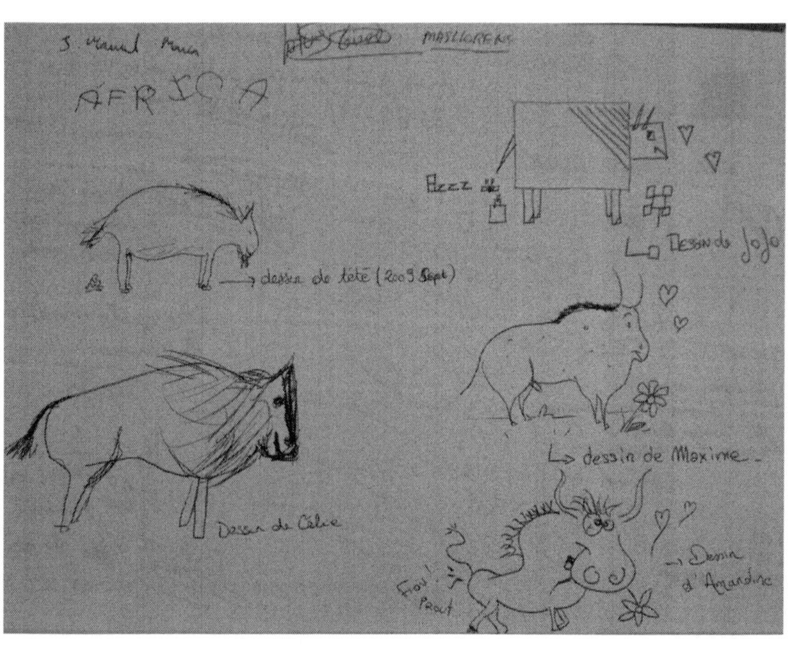

*Sugerencia: el WC debería ser imitación al Paleolítico. 15/7/2012*

*Lástima no dejen entrar armas de fuego. 24/8/2012.*

*Solo os falta algo de dragones. Febrero de 2011.*

*La cueva ha estado genial por no poner algo mas fuerte solo una cosa... que pongan una tienda de pistolas de balines. Firmado: J. Mayo de 2011.*

*En el día de San Fermín sólo faltaban los mozos delante de los bisontes. 7/7/2011.*

*Creemos que es un poco aburrido y cansado y que deberían poner un trenecito que fuese por la cueva. Muchas gracias. Julio de 2011.*

*Parte I de las observaciones:*
*Gracias a ustedes por haber edificado este maravilloso museo de "Altamira" ha sido una experiencia inolvidable y unos momentos pasionantes contemplando las pinturas rupestres de esta cueva. Tiene varios aspectos positivos y permite conocer y aprender de las antiguas civilizaciones prehistóricas. Salgo con un vocabulario muy enriquecido sobre lo que eran, hacían, vivían y se caminivalean entre ellos. Creo que tiene mucho mérito venir a apreciar las pinturas magníficas y fabulosas del mismo sitio. Admiro el sitio histórico que forma parte del patrimonio de la humanidad a nivel nacional e internacional. Ademas, pues se puede decir que al fin y al cabo de todo la peripecia cometida por el viaje me parece muy ingeniosa e ingenuo el hecho de poder venir en este sitio lleno de historia. Desde mi punto de vista ha sido una visita muy interesante, y que conlleva a que la sabiduría infantil y juvenil nos lleva en un monde un pelín peculiar ya que con ello puedo enseñar a todo visitante de este museo nos hace de nosotros unos hombres y unas mujeres muy competentes y atraedoras. Pensando en ellos quiero dedicar este texto y opinión a todas las personas y con mucho interés en aprender. Sale sempre muy bien y creo que tendrá un futuro prometedor. Con el hecho de continuar así y de contreaprender las riquezas mundiales. Hace tanto tiempo que deseo visitar este museo con mucha ansia y felicidad. Además aprendí y me enseñaron muchas pinturas rupestres con detalles muy bien acabados y las reproducciones de las reales han sido muy bien. Espero volver de nuevo y conocer a este parque y ante todo muchas gracias!! 11/5/2011.*

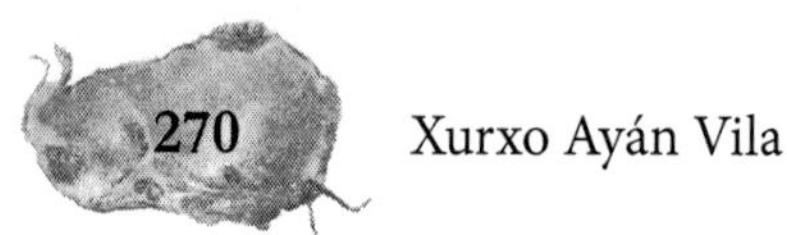

*Los hombres primitivos no vestían como los indios de las películas del oeste.*
*24/8/2012.*

*Yo vi la cueva auténtica cuando tenía 12 años; vinimos con las monjitas de La*
*Asuncion de Pamplona y lo recuerdo con mucha ilusión ¡Que suerte tuvimos!*
*1/6/2013.*

*Yo estuve en las cuevas originales cuando era una niña, al dia de hoy con 57 años he*
*vuelto, y todavía me acuerdo de ellas. Eran una obra de arte. 2/7/2013.*

*Eli, cariño: "perdóname por olvidarme de nuestro aniversario". Ya no me volverá a*
*pasar,...¡hasta el año que viene...! (je, je, je) 29/8/2013.*

*Aquí encontre el hombre de mi vida el Homo Sapiens Sapiens. Con camiseta blanca*
*y pantalones vaqueros desgastados. 28/10/2003.*

*La primera vez que vengo fue en 1955. Hoy día yo discubre uno de mas*
*importantes sitios de humanidad para la segunda vez pero 58 años atrás.*
*24/9/2013. Bernard.*

*Demasiado moderno para ser una cosa tan ancestral. Familia García. 9/8/2003.*

*Querida amiga Altamira: Todo lo que hemos visto a sido precioso y quiero que*
*recuerdes que los Garcia estuvimos aqui. Un beso. 19/7/2003.*

*Aquí estuvo Torrente "VIVA EL FARI". Octubre de 2003.*

*Hola somos de un pueblo de la sierra de Segovia y nos ha gustado mucho pero no*
*dejen de visitar las cuevas del Ranchón. Un saludo. Octubre de 2011.*

*Me ha gustado bastante. Es bastante original por parte de los prehistóricos.*
*31/3/2006.*

*Muy bonita, habrá que traer a los aitas!!! 2/4/2006.*

*El makina estuvo en altamira. Abril de 2006.*

*Me lo he pasado bien pero me he aburrido mucho. Tienen que poner más juegos de*
*la prehistorias. Abril de 2006.*

*Me lo he pasado muy bien aunque tenían que ser más específicos con las especies. Abril de 2006.*

*Está muy bien museo de altamira porque el guido es muy guapo. VIVA FRANCIA. Abril de 2006.*

*Buen Museo, dulce, agradable, pero muchas simias. Lástima q no se puedan visitar las verdaderas cuebas. Abril de 2006.*

*AKI PEPE ENCONTRO SU PADRE DISECAO. Abril de 2006.*

*Antes muerta que sin sidra!! Abril de 2006.*

*This is the vest pa'que escribo en inglé esto ta mu xulo. Abril de 2006.*

*Después de muchos años regreso a Altamira es mi 3ª visita en mi vida a la catedral del Paleolítico. 9/4/2006.*

*M'ha agradat molt 18.000 antes de Cristo. 12/4/2006.*

*Estoy enamorada del homo sapiens. Abril de 2006.*

*Soy Manuel y me ha gustado mucho y la tonta que ha puesto vizca catalunlla que se calle. 11/4/ 2006.*

*Que bonito me lo he pasado bien me gusta el suelo y el techo hay ratones Si no cambiais no vengo más. 12/4/2006.*

*Me llamo Clara tengo 15 años y me gusto muxo el museo, y me comí un desayuno exquisito. 14/4/2006.*

*Observación. Así pintaban mis hijos cuando eran pequeños en las paredes. Detrás de las puertas. Abril de 2006.*

*Me siento muy mayor! Abril de 2006.*

*¡Y luego dicen que el tamaño no importa! Yo me los imaginaba más pequeños. Me han encantado. 16/4/2006.*

*Los Ramones. Rock Art Primo! Abril de 2006.*

*Venimos desde Nerja. Nos hemos confundido de carretera. Merece la pena. 18/4/2006.*

*Que quiten al calvo de informacion que parece parte de la exposicion. 19/4/2006.*

*¿Quien ha dixo que no se puede mangar el boli? Abril de 2006.*

*Tengo un pequeño problema la neocueva es guapa pero el director de Altamira es muy tacaño porque no nos deja entrar a la cueva. Abril de 2006.*

*Tus pechos son cántaros de miel!!! Abril de 2006.*

*Quiero ver la verdad. 29/4/2006.*

*La cueva es fascinante, todo fenomenal, la visita estupenda, el personal maravilloso. Pero no me creo que lo hayáis pintado a mano. 7/7/2006.*

*Viva los bisontes y los gatos. Abril de 2006.*

*Impresionantemente antiguo. Julio de 2006.*

*El museo está muy bien pero la cola de caballo de la Neocueva me parece incompleta. 14/7/2006.*

*La Vida es maravillosa, que las futuras generaciones lo libren de todo mal, violencia y opresión y la disfruten plenamente. L. Trotsky. 15/7/2007.*

*Vine, vi y me fui. Cesar. 15/7/2006.*

*Muy bonito todo, sobre todo los talleres. Para el museo mejor traer unos buenos tenis ¡Ay mis pies! Julio de 2006.*

*Esto es lo más aburrio y amargante que he visto en mi vida, abe si la derrumban. 15/7/2006.*

*Los rinocerontes o lo que sean, los mejores. Mayo de 2006.*

*Nos encontramos ante un proyecto expositivo que aviva y despierta el intelecto. ¡¡Por siglos!! 6/5/2006.*

*Quremos felicitar al creador de los vídeos de los indios-chinos y esquimales. Me moló un niño gordo que se comió media jirafa. 9/5/2006.*

*El museo apesta! Poner colonia normal!! Mayo de 2006.*

*He traído a mi marido a sus orígenes. 9/7/2006.*

*La belleza natural de este paraje con el encanto del hombre prehistórico ha causado en mi tal sensación de cautivación que me piro a la tienda de souvenirs. Siempre ahí. Junio de 2006.*

*Me gustó mucho pero haber si poneis un suelo mas blando. de una niña de Oviedo. Junio de 2006.*

*El frío que hace es considerable. Hay que traer chaqueta. 2/8/2006.*

*El museo "chachi" pero queremos ver el original, aunque sea con mascarilla. 2/8/2006.*

*Sé que la cueva es falsa pero con lo falsa es como si entrases en la original muchas gracias. Agosto de 2006.*

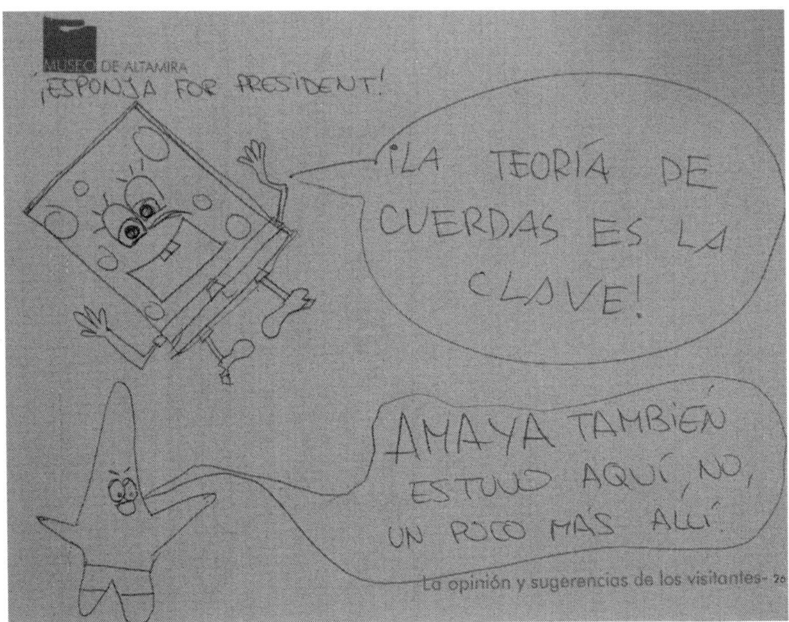

*La gente de Cantabria es muy agradable pero comen muchas pipas (cáscaras por el suelo). Agosto de 2006.*

*Gracias por copiar los dibujos sino se hubiesen roto con tanta gente y gracias por contar la historia del ser humano; me ayudo mucho. Agosto de 2006.*

*Hola, que bonito es Santillana, y que gran goleador. 4/8/2006.*

*Hemos venido con pili que tiene más años que las cuevas de Altamira. De cuando el Mar Muerto estaba enfermo. 6/8/2006.*

*¿Porque no se puede ver lo original a través de un espejo? Pasaos de copias. Agosto de 2006.*

*VIVA ESPAÑA Y ESTE MUSEO!! Brad Pitt ta mu weno. Altamira la pera!! Agosto de 2006.*

*Yo ya me he traído fuego, gracias!!! Agosto de 2006.*

*Me lo he pasado muy bien con los bisontes que habia en el techo. 12/8/2006.*

*Aqui estuvo Neil Morris y se tiro a la dependienta. 1962. 13/8/2006.*

*Cuando se creó el Universo sólo habia dos personas, Dios y Chuk Norris. Ves a Dios por algún lado? Julio de 2006.*

*Dios es mi personaje de ficción favorito. Homer Simpson. 20/7/2006.*

*A ver si limpiais la cueva está llena de huesos y restos de comida. Julio de 2006.*

*¡Qué maravilla! Como dirían los bisontes: MUUUUUUUUU! 26/7/2006.*

*Curiosisima nuestra existencia. Julio de 2006.*

*Si fuese más breve, no habría cueva. Septiembre de 2006.*

*Vendo Opel Corsa, ITV recién pasada. Llamar al. Septiembre de 2006.*

*¿Si tuviéramos que volver a empezar? 14/9/2006.*

*Por culpa de las manos destructoras ahora no podemos ver las cuevas reales cerdos asesinos. 14/5/2006.*

*Hay mas Cuervos y Borregos en Madrid que en Altamira y ¡¡VIVOS!! Agosto de 2006.*

*Estoy muy contenta porque he podido ver como decoraban sus "casas" mis tatatarabuelos. 6/8/2006.*

*No hay quien se lo crea pero a estado bien. 9/9/2006.*

*Pa'pintura la de mi pasillo y no tengo q andar. ¡viva Batman que entraba en coche! By Virus. Septiembre de 2006.*

*Colega a ver si me llamas pronto que hace 18500 años que no me llamas a ver si recargas el móvil, y no me digas que no tienes cobertura. Homo Sapiens Setiembre de 2006.*

*Si hemos evolucionado es para cagarla de formas diferentes. Crea historia y échate a dormir. 2/8/2006.*

*Yo soy un hominido confundido... la evolución no espera. 2/8/2006.*

*Al final lo jodemos todo. 2/8/2006.*

*Esto es un engaña bobos pero es barato, y tambien se pierde el tiempo. 2/8/2006.*

*Para ver cavernícolas venís a mi instituto. 7/11/2007.*

*Un maravilloso viaje a los orígenes ¿jugaban ya al fúbol? 7/8/2007.*

*Yo soy sincero no como los otros niños. La replica de cartón de las cuebas es una mierda con maiusculas. Me han hechado la bronca por tocar el cartón. Adiós. 7/8/2007.*

*Lo que mola son los vigilantes se creen los hombres de Harrinson. Soy Rambo III. 2/5/2007*

*Por qué cojones no hay ni una sola hembra en condiciones? Coño VIVA LOS BOCADILLOS DE SURRAPA CON WEBO. 2/5/2007.*

*Gracias a papá que ha matado al ciervo clavándole la lanza en la cabeza, comeremos toda la tribu. 2/8/2007.*

*Como dijo el hombre de Altamira desde la prehistoria. ¡Musho Betis! Agosto de 2007.*

*Yo pense que era de OVNIS. Que decepción!!! 5/4/2007.*

*Ya escampó y podemos ver donde estamos. 5/4/2007.*

*Dan asco ni fotos dejan tirar que pasa esto es secreto? Abril de 2007*

*Supercalifragilísticespiralidoso. 28/8/2007.*

*Lo que mas me ha gustado ha sido los señores trasparentes de la cueva. 6 años. 24/2/2007.*

*E tocado todo que frio chino cudeiro. 29/12/2007.*

*Vengo del pasado, las obras que pinté, son obra de un dia lluvioso, que no podíamos ir a cazar cabras locas. 12/4/2014.*

*Queremos los peluches mas barato os pasais de la raya. 12/4/2014.*

*Me ha gustado bastante, y ha sido muy original todo lo que estaba representado en la cueva. Los dibujos se entienden muy mal. 29/12/2006.*

*"La cueva" me ha parecido very well fandango. Noviembre de 2007.*

*Hemos venio desde cadiz. Esto está to wapo pisha. "de categoría". 20/9/2007.*

*Personalekoak dira unas bordes unas tikismikis y unas marimandis. 29/3/2007.*

*En Santillana por la noche no hay tabaco. Mayo de 2007.*

*Que vuelvan los tiempos antiguos. Me quedo con las 3 mascaras. 16/5/2007.*

*Me ha encantado la cueva, parecia que los bisontes iban a empezar a dar cornadas. 7 años. Mayo de 2007.*

*La historia interesante y antiestress de una época importante. 1/11/2007.*

*Me ha gustado mucho el taller de fuego. Supongo que el de grafitis me gusta mucho tambien. Noviembre de 2007.*

*Por aqui pasao P y su amigo S con respectivas que no sabemos lo que nos duraran, quiza cambiemos. 3/11/2007.*

*Vivan los Habilis. Abril de 2007.*

*Afortunadamente el Español piensa bien, esperemos no halla sido demasiado tarde. Fabulosa la recreacion de la cueva de Altamira. Julio de 2007.*

*Un espectacular recorrido, y me alegro de que no viéramos demasiados restos humanos con todo mi cariño. 8/7/2007.*

*Tengo 13 años y esto me a gustado mucho. Vengo de lejos. Julio de 2007.*

*Soy J J tengo 9 años y quiero visitarla para enseñarsela a mis hijos y nietos, por favor sigan conservandola tan bien como hasta hoy. 13/7/2007.*

*Ciudad en pleno proceso evolutivo. Feria de Albacete! 5/2/2008.*

*Me han gustado mucho las cosas de tocar del Neolitico. Febrero de 2008.*

*Por aquí pasaron 10 carceleros con inquietudes culturales y gastronómicas. Saludos desde Santoña-Dueso. 19/12/2007.*

*La July en el 3er bar de San Vicente de la Varquera consigue sacar tabaco sin necesidad del carnet. 22/6/2007.*

*Por este Museo también pasó un Gardia Civil retirado. P. F. Julio de 2007.*

*Las paredes están huecas, hay hombres desnudos, la representación de la cueva es muy artificial. Debería ser más entretenido. Julio de 2007.*

*Los vídeos están bien pero es que son muy asquerosos matando a los animales y son unos guarros, sobre todo los aborígenes xúpate esa! Julio de 2007.*

*Ha estado muy bien pero teniais que poner más cosas para enredar y poder tocar, pero ha estado genial. 5/6/2007.*

*Lo que más me ha gustado son los dientes y los collares. Espero que sigáis así. Junio de 2007.*

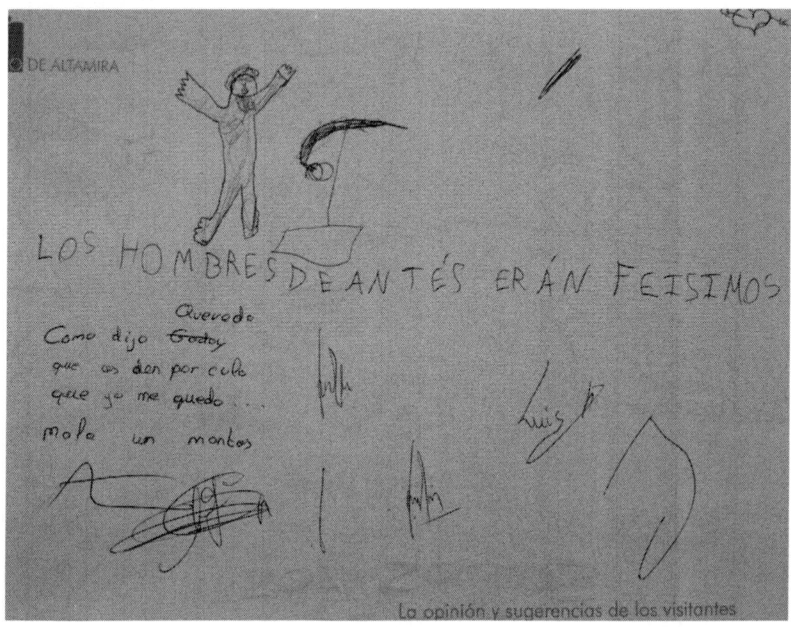


*Los chuletones a la piedra tienen muy buena pinta. Junio de 2007.*

*Me gustó la película en la que salieron tetas. Decir perdón a la señora de limpieza. Junio de 2007.*

*En el museo falta algo erótico. Marzo de 2007.*

*Las cocacolas son caras y dan cagaleras. Marzo de 2007.*

*Quiero agradecer la honestidad de la persona que encontró en la cafetería la maquina de fotos de gran valor que deje olvidada y a la Sra. Rosa de la cafeteria que la guardo hasta su evolucion. Muchas gracias a gente tan honrada. S. Israel. 2/7/2006.*

*Nos han gustado mucho las cuevas somos de Las Palmas de Gran Canaria y tenemos una casa cueva en nuestra tierra en el campo, y hemos comprado unos cuadros muy chulos para la casa. 2/7/2006.*

*Cómo hacían el amor? 11/9/2007.*

*En esa época no debia existir el colesterol, porque con toda la carne que se zampaban y la salud que tenian!!! 12/9/2007.*

*Precioso!!! Y excelente recreación de la neocuveva. Por cierto me llevo el boli, que no tengo en casa!!! 7/12/2007.*

*Desde Galicia llego un gallego de Lugo aunque vive en La Palma Son de Lugo veño de Lugo y traigo una gaita espetada en el culo. 8/12/2007.*

*Me han gustado pero te acaba doliendo todo. Agosto de 2006.*

*Las cuevas son bonitas, pero me ha parecido muy doloroso eso de estar mirando al techo todo el rato. Agosto de 2006.*

*Este museo es una vase de mocos y como eres mi amigo te doy unos pocos. Agosto de 2006.*

*¿Los "magdalenienses" inventaron las magdalenas? 25/8/2006.*

*Nos llevamos unos posavasos monísimos de la muerte que me ha regalado MI PRINCESA para el loft. 7/8/2007.*

*Mucho "lirili" y poco "lerele". Agosto de 2007.*

*Me han gustado mucho las piedras viejas. Tambien los neandertales eran muy majos. 10/8/2007.*

*Soy Catedrático jubilado Esto es estupendo. Agosto de 2007.*

*No está mal pero vamos a buscar la buena. 11/8/2007.*

*Si el hombre que lo pintó hubiera sabido la movida que provocó, se lo hubiera pensado. 12/8/2007.*

*Esta firma no quedará reflejada en un gran panel pero si a menor escala. Inolvidable y precioso. 12/8/2007.*

*Siempre me gusto la Prehistoria. (Burt Simpson). 5/5/2007.*

*Para la "capilla" cantábrica de un fan de los uros y de U2. 10/5/2007.*

*Tiene ma año que lo rodapie de la cueva de altamira ¡te dac cuen! 12/5/2007.*

*Soy un fucking monkey, os espero in my house de Badalona simios. 7/9/2006.*

*Me ha gustado mucho porque he encendido fuego ademas me he manchado mucho. 26/1/2008.*

*A Polmakoy no le dejaron entrar con la cámara y esta triste... pobriño él... le tendré que comprar un kilo de gominolas para que vuelva a sonreír después de lo que le habeis hecho. 26/1/2008.*

*Me gustaria ver las de verdad y mi suegro se ha dormido. 24/7/2007.*

*Estamos aquí, Santillana de Mar y vimos un murcielago. La cueva es grande y lo mejor son las pinturas, vengo de Zaragoza y quiero entrar en la verdadera cueva y verla, así que hacerlo. 28/7/2007.*

*Aqui hay un brasileño cochino y pequeño. 8/9/2006.*

*Nos hemos sentido dentro de la cueva como en casa (por lo de las grietas). 25/8/2006.*

*Que vivan las piedras y olé. Mayo de 2007.*

*Los hombres iban detras de los animales ahora van detras de las tetas. Evolucion es la masturbacion. 2/2/2007.*

*Falta una montaña rusa para ver la cueva ¡¡¡adios!!! 17/2/2007.*

*Me ha gustado mucho la exposición, pero qué larga, y si en la tienda de recuerdos hubiera agujas preistoricas me gustaria mucho. Agosto de 2007.*

*Aqui unas ruinas arqueológicas visitando a otras. Agosto de 2007.*

*Me he aburrido mazo... k sueño... y el cuello... una tarde muy aburrida P.D. tengo sueño!! 22/8/2007.*

*Cuevas son las que hay en mi pueblo, pá guardar las tinajas pá que fermente el vino. Fdo. 5 Tomelloseros. 23/8/2007.*

*Es precioso pero no tiene ninguna importancia histórica. 23/8/2007.*

*Esto se lo dedico a todos y en especial...a TODAS De la proxima estrella del mundo. Octubre de 2007.*

*El Brigada Conservador del Museo de la Guardia Civil en Madrid, os da las gracias por la visita. 10/10/2007.*

*Por favor poner efectos especiales que esto aburre que te cagas, a y a mi amiga le dan panico los esqueletos... poner mas! 17/5/2007.*

*Aunque somos rumanas nos ha gustado vuestra exposicion. 17/5/2007.*

*Vengo a ver a mis "suegros" uff... qué mal rato. Enero de 2014.*

*Tenian que poner una pley con juegos educativos de Altamira. 11/10/2007.*

*Hoy he escuchado cantar al pintor de la capilla. 13/10/2007.*

*Dentro de 18.500 os daremos las clases de matemáticas en inglés y además las entenderemos. Viva Logroño. 13/10/2007.*

*Somos de Sort el pueblo famoso en la loteria nos gusta mucho 8/9/2006.*

*Me ha parecido muy bonito e interesante me ha encantado todo y me va ha servir para cuando estudie en ciencias. 8/9/2006.*

*El museo esta bien y hay muchas cosas pero no es verdadero. 8/9/2006.*

*Excavaciones Eugenio. Demoliciones, zanjas y derribos. Teléfono. 1/3/2007.*

*Mi hermano no ha visto el caballo. Junio de 2006.*

*Ha sido impresionante. Me he quedado a dos velas. Junio de 2006.*

*Me ha parecido interesante pero a veces me he quedado dormido (los recuerdos bastante caros). Junio de 2006.*

*Sabeis que cuando nacisteis cayo una gran nevada por eso teneis cara de merluza congelada. 25/6/2006.*

*Me enamorado del hombre paleolítico quiero un hijo suyo. Noviembre de 2006.*

*El personal es un poco RANCIO, y raro, menos el hombre del fuego, que es lo mejor. 29/11/2006.*

*Dabuten. 29/11/2006.*

*¿Y estar muerto es motivo para no tener gracia? F. Un bisonte. 29/11/2006.*

*Hemos estado en las cuevas y en las cosas raras... 6/7/2007.*

*Era moi precioso o home mono. 8/7/2007.*

*La cueva esta muy bien aunque algunos caballos estan un poco mal dibujados 5/7/2006.*

*Muchas vacas y pocos toros. Agosto de 2006.*

*Vuestro museo es genial me ha encantado la oficina de los arqueologos. En general todo maravilloso. 11/11/2007.*

*Te prometo que me encantaron y no miento que muchas veces miento ¡Mola mucho! 10 años 2/8/2007.*

*Un mamut muerto habría explicado mejor. Ya podrían dar de merendar. Marzo de 2014.*

*Chicos guiris moreno y rubio, con camisa gris y negra, respectivamente, menamoran. Abril de 2014.*

*VIVE LES GIRAFES! Abril de 2014.*

*Si supieras como se ha puesto la vivienda para rato dejabais las cuevas. Agosto de 2007.*

*Esto es muy interesante, sobre la Prehistoria y es muy cultural saber sobre eso. 5/8/2007*

*Soy de Valencia es decir del Cabanyal y como dicen en mi pueblo "esto es una caguerá" Parece una falla. 4/8/2007.*

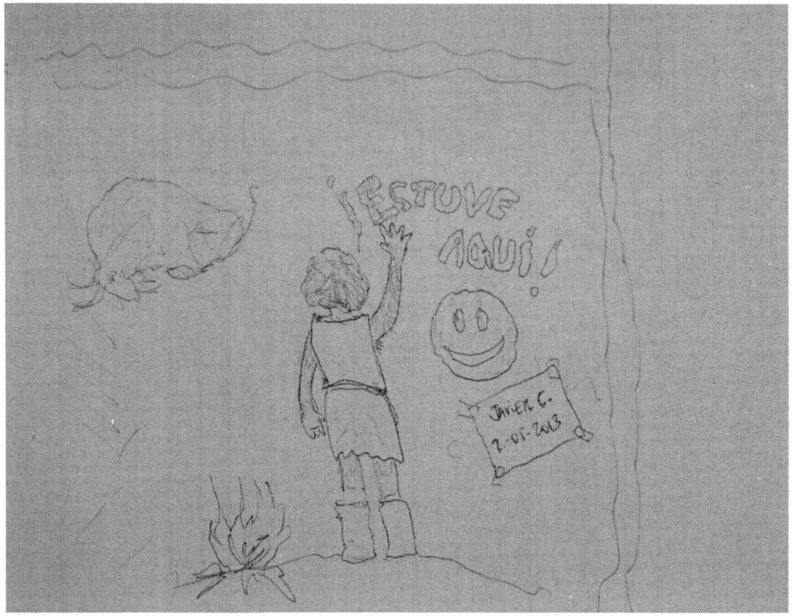


*Somos 4 que estamos y nos ha gustado mucho los búfalos y bisontes. Agosto de 2006.*

*Al troglodito que volvio a su casa de vacaciones y se la encontro llena de invitados. 19/8/2006.*

*Nos vamos con mal sabor de boca. Esto es como beber COLA en vez de COCA-COLA. Agosto de 2007.*

*Aún no entiendo como María pudo confundir un buey con un bisonte. PD.: Pero la visita me ha encantado. Agosto de 2007.*

*Lo que no entiendo es como los arqueologos no rompen los huesos. 18/8/2007.*

*Me ha parecido normal, lo que más me ha gustado a sido cazar, y lo que menos, que Jose me ha cortado el pelo, aunque luego me ha regalado una lasca. Mayo de 2007.*

*Antiguamente no había caries. 6/4/2007.*

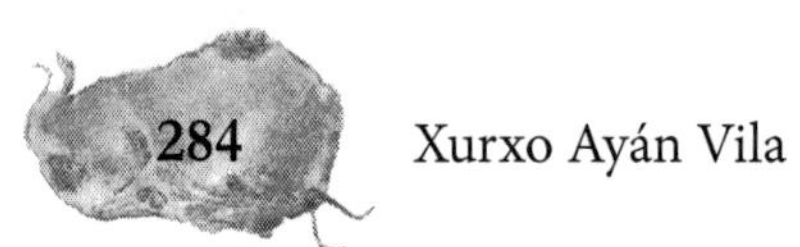

*Aquí estamos sin euros pero esperamos la furgoneta. 31/10/2006.*

*Soy Alejandro tengo siete años y me ha gustado Santillana la Colegiata y el museo. 1/11/2006.*

*Estuvimos la mini-pandi viendo el homo-ereptus. Noviembre de 2006.*

*Un poquito de por favor cuando vine la primera vez todavia no estaban las cuevas. Noviembre de 2006.*

*HOMO DEMENS! Noviembre de 2006.*

*Me gustaría haberlo descubierto yo para así haberme sacado unos dineros extras y haberme ayudado a pagar la hipoteca que tengo. La visita me ha gustado. Si vendeis acciones avisadme. Estoy interesada. 4/11/2006.*

*Esto es del IMSERSO. 8/11/2006.*

*Me han gustado mucho las estatuas. Y la cueva, Habia una especie de toro. Noviembre de 2006.*

*Un bisonte+otro bisonte+muchos bisontes Altamira. A ver cuando abrimos la buena. 5/8/2006.*

*Me ha gustado mucho este museo. Seguramente de mayor tenga recuerdos de la cueva y del museo muy bonito. Saludos. P.D. Me llevo un boli superchulo de recuerdo. Agosto de 2006.*

*EL ESCORIAL!! 7/12/2006.*

*Soi Superman vengo del planeta Cripton teneis 2 horas para desalojar el planeta Anonimo. 7/12/2006.*

*Soy el compañero de Superman y me llamo Ramón ha pasado 1 hora.*

*¿en que se parece un fosil del 1800 AC a uno del 100000 AC? En que ninguno de los 2 comía croquetas. 8/9/2007.*

*Papá son buelles:.. No... es la vaca que rie. 20/4/2007*

*Putas curvas, he hechado una pota para dar de comer a Etiopia y despues pa rekuperar me he comido un bollicao. Pd. Sé que soy askerosa. 19/4/2007.*

*Me sorprende de que se puedan conservar cosas asin, me parece imposible. Abril de 2007.*

*Me gusta porque me enquanta. 15/10/2006.*

*Esto es mejor que los originales ya que los originales huelen a Pis. Por fin me voy del museo! Octubre de 2006.*

*Opino que es muy chulo aunque para grabar el nombre en la roca hay que sacar la punta al boli pero muy bonito. Me a gustado mucho. Un beso. 15/10/2006.*

*4 mallorquinos que hemos disfrutado muchisimo con esta visita. Uno de ellos se está poniendo morado de chocolates con forma de Bisonte! Merece la pena volver. 15/10/2006.*

*Nos encanta el feldespato. 18/10/2006.*

*Yo creo que los símbolos sin significado son palominos que no sabían pintar o estaban probando pintura. 24/10/2006.*

*¿Por qué a los tíos les gustan las tetas grandes? Tiene que ver con la Prehistoria. 25/10/2006.*

*Hemos perdido al Moya si alguien lo encuentra llamar al va de verde (Portugal) y parece un poco cromañón, por favor no le den de comer. Septiembre de 2006.*

*Somos Cordobeses y estamos aqui esperando al probe Miguel. 1/8/2006.*

*Este museo es muy bonito lastima que este tan lleno de rocas. 14/10/2006.*

*En las Cuevas de Altamira*
*Pedro Sarmiento entró*
*Dijo Conchi sin ira*
*"Buen trabajo nos costo"*
*Encarna ve, recuerda y mira.*
*10/10/2006.*

*Estos de Altamira eran unos pijos. Antecessor. 11/8/2007.*

*Recuerdo de la peña cultural sevillista Manolo leonardo de Benacazón, en su visita a Cantabria, con motivo del partido de futbol Racing de Santander y Sevilla fc. En este fin de semana, el cual nuestro club viaja por España como lider de la liga Española y número uno del mundo. Santillana del mar, 11/11/2006.*

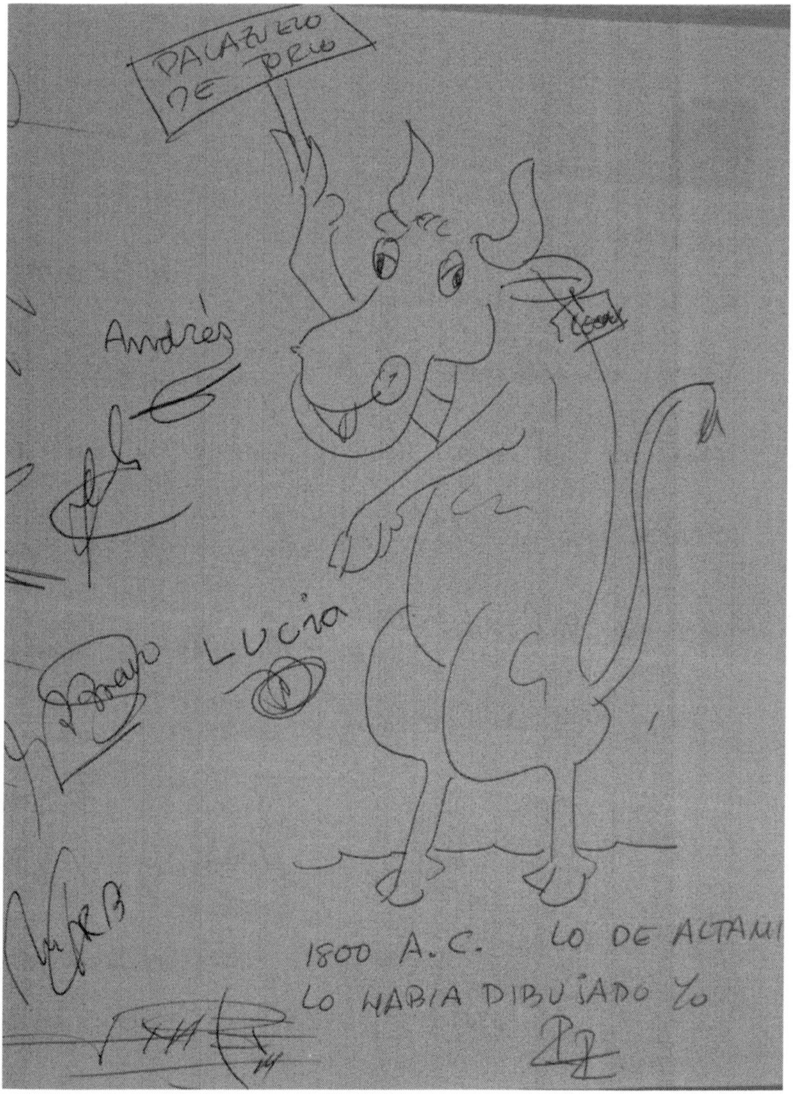

*Mi más sincero pésame porque esto es patético. Noviembre de 2006.*

*Esta cueva tiene mas plastico que las tetas de Ana Obregon. Diciembre de 2006.*

*El día 21 de julio de 2006 visitamos la replica de la cueva y me voy con la sensacion de que los signos extraños que nadie conoce en la Capilla Sixtina son unas gaviotas. Es maravillosa*

*Sugerencia: venta de láminas del cuadro de la explosión de los continentes. Noviembre de 2007.*

*Esto es un tongo, tongo, todo es de cartón piedra. Las fallas son mejores. 11/8/2007.*

*Ma gustao mucho es para anunciarlo en la televisión. Es asombroso. 29/12/2007.*

*Unos alcazareños celebrando que no nos llevó el agua. 31/5/2007.*

*Ha estado muy interesante pero...¡Mu cara la tienda! ¡Los catalanes vendemos + barato!*
*Se nota que no es real (es broma). Abril de 2007.*

*Mola muxo pero le faltan zombis y muertos vivientes. Abril de 2007.*

*El Museo está bien pero para ver cavernicolas solo hace falta ver nuestra sociedad. 28/4/2007.*

*Buen plan para pasar 2 horas con amigos. Muy DIDAZTICO y CURIOSO, lástima que no sea la real, pero... Abril de 2007.*

*Vale. Pero la niña no lo entendio. 7/9/2006.*

*Me ha gustado, pero esto no lo ha hecho el hombre. 31/8/2006.*

*Soy de Guadalajara y me han gustado las cosas de hacer. Agosto de 2006.*

*Aki no podran ver un bisonte, era hembra, estaba preñada, podeis observar las pezuñas y sus bellos ojos verdes. Lo pintaron con una barra de labios de loreal. 17/12/2006.*

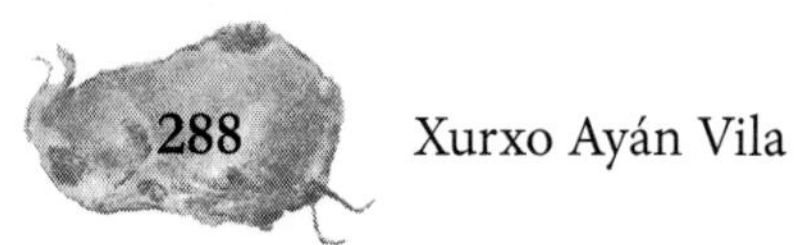

*Lo que viene siendo el museo esta muy bien, pero que nos expliquen como se hace o a que huele una colonia de Altamira? Huele a cabernícola? A bueso rancio? O a piel de buey? Me parece muuy bonito. Agosto de 2006.*

*La Gula del Norte. Vuelta Ciclista a España 2006. Montadores de vallas, camiones y todo (menos meta). 5/9/2006.*

*Un 10 a todos los ciclistas. Se lo merecen. 5/9/2006.*

*Esta excursion es muy interesante cada dia se va uno a la cama con conosimientos debajo el braso. 14/6/2006.*

*Que sepan que la figura que no saben lo que es, es un bisonte. Está de frente Soy bueno eh? El amo. 15/7/2007.*

*Me han gustado mucho sobre todo los bisontes y la cierva PREÑÁ. 20/7/2007.*

*Soy PIJA ¿y qué? Me gustan estas cosas del pasado. De mayor quiero ser Multimillonaria. Sujiero que adorneis mas este sitio, que pongais mas flores y eso. 19/8/2006.*

*¡Qué bello el museo! Me gusta mucho esta muy bien presentado: ¡¡VIVA!!*

*Me a encantado el museo aunque ya sabia eso de los monos porque habia visto un reportaje en la tele en el canal 2 y los reportajes que hay aqui tambien. 8/7/2007.*

*En la Costa da Morte tenemos un dolmen que hubo que conservar dentro de un entorno para su conservación; está claro que el ser humano es el destructor de la historia, jamás cuando estudié las cuevas de Altamira pensé llegar a estar tan cerca, bravo por enseñarnos el pasado. Chelo, Muxía, A Coruña. Octubre de 2011.*

*Nos han gustado las exposiciones y vídeos, pero sobre todo, lo citado sobre la cueva de Ekaio, ya que somos tres chicas euskaldunas. octubre de 2011.*

*¡Mucho bisonte pero faltan elefantes! Junio de 2013.*

*Compren el disco de la banda sinfonica de Sahagún Por un módico precio de 12 euros en la tienda de Cesar frente Casa España o calzados Toñi. 30/10/2003.*

*La reproducion está conseguida. Que jartá de bisontes! ¿El fuego nunca se apaga? ¿El del silex no se cansa todo el día igual? Mucho Cadiz de 1ª. 30/9/2003.*

*Lo mejor de las cuevas los bocatas de atún. 3/10/2003.*

*Voy a matar a un guía de museo cada mes inspirandome en el asesino de SEMEN mi peli favorita Morid bastardos!! 8/7/2003.*

*I Encuentro astur-cántabro de vehiculos clásicos. Los coches que traemos son casi tan viejos como las cuevas. 27/7/2003.*

*Soy de Bilbao y es raro pero no tenemos cuevas como estas. 18/7/2003.*

*Pues falta os hacía una para meter a todos los hijos de puta que alli ahi y luego tirar la llave a la ria.*

*¡Por favor curad de bacterias la cueva original! (Queremos visitarla). 19/7/2003.*

*Me han gustado mucho las cuevas, pero no hay nada como el cocido madrileño! 22/7/2003.*

*Yo iba al centro comercial Altamira pero ya que estoy aqui entrare a ver la cueva. Julio de 2003.*

*En la cola de caballo hay pasatiempos pintados. 23/7/2003.*

*Me marcho a comer que ya es hora. A ver si encuentro uno de esos bisontes con patatas. Ciao. Agosto de 2003.*

*Es mas complicado entrar en estas cuevas que en el Dolce Vita con zapatillas. 16/8/2003.*

*Aquí visitó el museo una de pueblo pueblo!! 19/8/2003.*

*Putas nubes bajas que nublan las altas que están despejadas! Iria (chica gallega). 13/5/2004.*

*Buenas somos de Logroño y venimos a liarla. Mayo de 2004.*

*¡Viva el Punk y las cuevas de Altamira! Manolo. Mayo de 2004.*

*No está mal para la edad que tiene. Abril de 2004.*

*Las cantavras estan to buenorras. Abril de 2004.*

*Esta visita a altamira prestoume a esgalla. Abril de 2004.*

*Me ha gustado mucho pero creo que el guía debía de cortarse el pelo. Marzo de 2009.*

*Por vuestra culpa no me van a subir nota en sociales. Marzo de 2009.*

*Que viva el tío la vara. Abril de 2009.*

*Creo que una máscara es una áliga. Y me ha gustado mucho. Abril de 2009.*

*La visita nos ha parecido corta y poco realista de réplicas nada, y los trabajadores están más quemados que la pipa de un indio, especialmente la de la tienda. Abril de 2009.*

*Y la sala de la nintendo ¿para cuándo? Abril de 2009.*

*Paz y amor y el plus pal salón. Abril de 2009.*

*Mola mucho pero vaya cuello que tenian. 16/7/2009.*

*B.P. ? "British Petroleum" A.C. Antes Cristo D.C. Despues Cristo. 17/7/2009.*

*Mi piso también es una cueva y no lo enseño. Agosto de 2009.*

*Somos de Madrid todo es precioso pero un consejo primero ir a ver todo y luego a comer ya que el cocido montañés destroza todo. Besos. Agosto de 2009.*

*Me encantó la segunda parte de Ice Age... muy logrado. Agosto de 2009.*

*Hola soy una chica de 18 años, llena de ansias por conocer por aumentar mis conocimientos. Decir que estas baratas imitaciones y no de mucha calidad no terminan de saciar mi sed de conocimientos. Ademas el hecho de que el personal sea tan grotesco me es más que suficiente para afirmar rotundamente que no volveré a estos ladrillos del s. XXI. Agosto de 2009.*

*Cuatriplete: Copa, Liga, Champions y Gorra Cutre de la tienda. Agosto de 2009.*

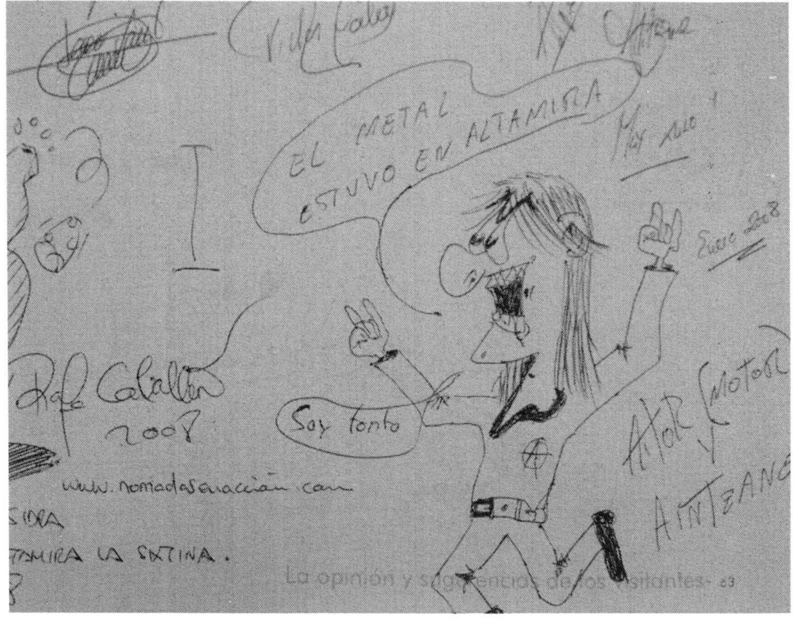


LARGA VIDA AL ROCK MUERTE AL REGGATON. 17/8/2009.

VIP. ¡No acercaros al punto de información! Agosto de 2009.

Qué buenas estaban las "neandertalas" PA FOLLARSELAS. 16/5/2009.

Los caramelos de Altamira están revenidos. 22/5/2009.

Y por último, aunque no menos importante, si nuestros huesos aparecen en una cueva quiero que nos estudien ustedes. Un saludo con enorme AMOR. 28/5/2009.

¡Neandertales somos todos! Junio de 2009.

Es un plaer escoltar el "bable" i reconèixer els orígens que ens donen identitat. IES AIELO (València). 21/6/2009.

Las preistóricas tienen mas bigote que mi padre. Anonimo. Agosto de 2009.

A ver si toca la primi hoy. 26/9/2009.

*Cristina no deja propina porque no hay nivel. Abril de 2004.*

*Nos hemos puesto de quesada hasta arriba, a ver que tal los cromañones. Marzo de 2004.*

*Me ha encantado ha sido muy interesante. ESOS HOMBRES PREHISTORICOS SON MARAVILLOSOS. Les voy a contar a mis amigos que vengan aqui porque la gente buena se lo merece y como es maravilloso merece la pena, porque no es una perdida de tiempo. 20/3/2004.*

*Las Cuevas muy bien pero por favor que quiten la tiendas. Mis amigas no salen. 21/3/2004.*

*Para Beatriz, que es super empollona: por su habilidad con el laser. 6/4/2004.*

*No vale ni pa cagar en el suelo. P.D. Es una mierda. Me aburrido mas que en la iglesia. Junio de 2004.*

*Agarraos las cabezas por si los animales pintados deciden caer. Un saludo de Villafranca. Junio de 2004.*

*Un familiar mio pinto la cueva y ahora no me quieren dar ni un duro del dinero que estan ganando. 18/7/2003.*

*Es la 2ª vez que visito la necoueva, pero esta vez con muxas mas ganas e ilusion y como estudiante de Turismo. Puede que en un futuro yo sea guía de aquí... 22/10/2003.*

*Hay otra cara en las caras. 9/11/2010.*

*Es impresionante la cueva de Altamira! Me ha encantado esta expedición arqueológica. 4/12/2010.*

*Me parece bonito, pero en el museo deberían decir las cosas que se pueden tocar o no, porque a los niños nos regañan y no tenemos la culpa Maria (una niña). 21/8/2010.*

*Hola. El Museo de Altamira y la cueva son super chulos, en la cueva hay muchos dibujos de bisontes, caballos, cierbos y cabras. Hay un signo que dicen que es desconocido yo pienso que un pájaro. Bueno Adios merece la pena conocer el museo de Altamira. (19/8/2011).*

*Soy M. G. I. creo que el símbolo del techo raro hay un hombre con alas y cola y a su alrededor hay peces y pajaros y significa que el hombre quiere volar y nadar. Intentad descubrirlo ADIOS. Agosto de 2011.*

*Hoy yo he venido a visitar mi casa despues de 12.500 millones de años y me lo habeis cambiado todo de sitio MI CASA. 20/8/2003.*

*Está bien pero que nos enseñen las buenas. 10/5/2004.*

*Bustamante bien pero se notan que son falsas. Mayo de 2004.*

*La verdad es que nos ha defraudado un poco, pero bueno, lo compensa los paisajes de Cantabria en general Ah y la sidra que nos vamos a beber. 1/7/2009.*

*Está bastante bien solo que no es la de verda. Mayo de 2010.*

*La cueva es de mentira. Noviembre de 2010.*

*La cueva de mentirijillas pero la exposicion muy buena. 6/11/2010.*

*Qué hartazgo de huesos. 6/11/2010.*

*Pero los huesos, son de verdad o una réplica? 5/I/2011.*

*La neocueva mola. 28/12/2010.*

*En 1953 vi el original, seguramente ya no tendré ocasión de verlo otra vez. 30/11/2010.*

*Está muy bien representado todo pero me uviera gustado más verlo al natural. 12/11/2010.*

*Espero que se pueda tocar. Es casi igual que el original. 17/11/2010.*

*Hola soy J. y tengo 6 años. Me he comprado una taza con un dibujo de los preistoricos original. 2/5/2013.*

*Alegra observar como "alguien" se ha preocupado para que "todos" participemos de esta belleza. 13/5/2006.*

*Aqui estamos celebrando nuestro cumpleaños. Ya somos tan viejas como las pinturas rupestres. 20/5/2006.*

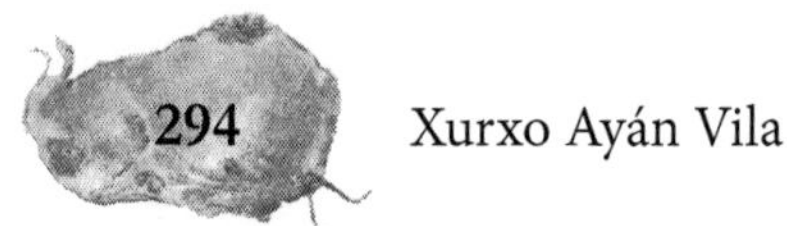

*Algún día mis vestigios serán descubiertos por algun lugareño del futuro... ¿quién sabe? Un cigarro... un chicle... la pena es que no me forraré y haré que ganen pasta otros...snifff! 12/9/2006.*

*La familia Hurtado ha asistido a este grande vento. 7/12/2006.*

*Recuerdo de un bonito día y de algo que nunca pense conocer. 11/4/2006.*

*Por favor, en el desayuno tomen un poquito de simpatía y buen humor. Coordinación nula, organizacion nula, atención al cliente pésima. El único que se salva es Jose, del taller del fuego, un abrazo para él. Esperemos que el día de hoy haya sido un lapsus temporal y que los fondos de la Unión Europea permitan contratar a personal más cualificado. Atentamente clientes insatisfechos. Rogamos contestación. Julio de 2006.*

*Un museo muy didáctico y estimulante... Te hace reflexionar sobre la evolución del ser humano y de cómo, en lo más profundo, no hemos cambiado tanto: el grupo social, el vestir, el Arte... La neo-cueva me ha acercado mucho a la mujer y al hombre de Altamira. Gracias a los investigadores y trabajadores del museo por transmitirnos este saber. Un beso. 4/8/2006.*

*Me parece vergonzoso el buscarme la vida para encontrar la entrada original y no poder hacercarme a – de 30 m. 15/8/2006.*

*Mi teoría sobre la finalidad del arte rupestre. El hombre siempre ha vivido con miedo, necesitaba darse animos, y para eso hacia como terapia de choque, se enfrentaba en solitario al bisonte o puede que lo utilizara para aterrorizar en plan controlar a la gente. Julio de 2006.*

*Gracias por seguir conservando nuestro PATRIMONIO. Nuestros nietos lo agradecerán. Ánimo. 9/9/2006.*

*SIAMO STATI INGNNATI!!! QUESTA É UNA COPIA D QUELLA ORIGINALE... CHE PECCCATO. Septiembre de 2006.*

*Hoy he venido con mis hijas mañana me gustaria venir con mis nietos. ¡Esto es muy bonito! 30/9/2006.*

*I think the mysterious symbols are related to UFOS's... it's the most plausible theory! P.S. After all extraterrestral have been here since the beginning. 27/7/2006.*

*Lo que mas he visto reflejado de la diferencia de epocas, es que antes la gente plasmaba sus ideas en formas naturales y, hoy en día, todo se basa en que no somos autosuficientes con nosotros mismos. VIVA EL PASADO NEOLÍTICO O PALEOLITICO. 2/10/2006.*

*Descubrir el pasado es una Aventura. Mantenerlo es una obligacion. Comportarnos como antaño... una locura por un mundo mas civilizado. 8/10/2006.*

*Volveremos a estos parajes verdes aunque los bisontes solo estén en las piedras. 8/10/2006.*

*Como celebración de nuestro 25 aniversario, no está nada mal! 13/10/2006.*

*El que pinta no caza, no sabe ni ná! 13/10/2006.*

*Cuanto mejor viviamos sin tantas preocupaciones vanas, aunque la esencia violenta y la envidia ya era presente en el hombre. 14/10/2006.*

*D (1981) y D (1983) estuvieron aqui y este año comenzaremos a vivir en nuestra cueva. Un besazo a todos. 18/10/2006.*

*Un mundo que representa nuestros antepasados, pero que en el fondo, no se diferencia mucho del nuestro, ya que pervive la lucha por la superviviencia de la humanidad. 21/10/2006.*

*Estoy muy orgullosa de ser cantabra y tener en mi tierra toda esta riqueza cultural y natural. Octubre de 2006.*

*Enhorabuena. Todo precioso y muy cultural. Octubre de 2006.*

*He visitado varias instalaciones francesas y les puedo asegurar que este las supera ampliamente. Muy bien montada y explicada. Enhorabuena. 9/12/2006.*

*No importa si estuve aqui, ni el idioma, ni la condición, lo importante es la "Permanencia". 9/12/2006.*

*Aquí estuvimos E. E I y compramos un libro sobre el sexo en las pinturas. 9/12/2006.*

*Con esta visita he visto lo más salvaje de mi ser. 9/12/2006.*

*Casi me muero en la neocueva y os voy a denunciar ¡Malditos imbéciles!
9/12/2006.*

*Desde Palma de mallorca con las maravillosas cuevas del Drach venimos hasta aqui
para comparar. Nos ha gustado mucho!! Y encima nos encontramos con el primo de
Huelva y su mujer. ESPAÑA ES UN PAÑUELO!! 9/12/2006.*

*Hola!! Soy el primo de Huelva. Pues eso, desde allí, con las estupendas cuevas y
grutas de las Maravillas tb comparamos haber que tal estan. Nos hemos calado pero
han merecido la pena. PD;: ESPAÑA ES UN CLINEX. 9/12/2006.*

*Me llamo J y soy de Palamós, mi abuelo nos ha llevado a Santander. Y hoy
aprovechamos para visitar a nuestros primos (los cavernícolas). 9/12/2006.*

*Es un orgullo ser cántabros. 16/8/2006.*

*No importa que no sean las auténticas, cuando entras en ellas, con ayuda de tu
imaginación, es como si estuvieses en las reales. Ha sido una visita muy bonita y
didáctica. 16/8/2006.*

*Esto es Historia lo demás son tonterías. 16/8/2006.*

*Al museo más carismático y con pundonor de esta parte del planeta. Agosto de
2006.*

*Todo un emocionante paseo por la vida de nuestros ancestros. Nos ha hecho
reconocer lo pequeño y grandioso de la naturaleza humana, que nos hace sentirnos
cada vez más hombres y dispuestos a superarnos y a ayudar a superar a nuestros
congéneres. Un canto a la vida. 16/8/2006.*

*Hace treinta y tres años visité la cueva original. Hoy he vuelto a sentir una gran
emoción. 18/8/2006.*

*Es una pena no poder ver la original, pero así se conservará para el futuro y que la
puedan estropear dentro de 1000 años. 18/8/2006.*

*Me ha encantado, sólo que tanto tiempo viendo fotos en libro y en el Instituto y la
verdad es que al ser artificiales no impresiona tanto. Agosto de 2006.*

*Muy bien pero mejor original que pena no poder ver. En Avila (cueva del Aguila) de estalacmitas y estalagtitas. –preciosa. Una abulense. Agosto de 2006.*

*Ya prometíamos en arte... 19/8/2006.*

*Todo esta bien para conservar el patrimonio de la humanidad, pero porqué no se hace referencia al pastor que la encontró? 20/8/2006.*

*Un bonito lugar para enseñar a mis hijas y trasladarme al pasado. Agosto de 2006.*

*El museo no me ha gustado mucho. No me creo que fuera verdad. 20/8/2006.*

*Esperem que per molt anys puguem gaudir d'un viatge en el temps com el que acabem de viure! 22/8/2006.*

*Estuve surfeando con los de las pinturas. 22/8/2006.*

*Esta visita me ha hecho sentirme dentro de la Humanidad, sin casi límite de tiempo y espacio. 23/8/2006.*

*Un túnel en el tiempo en el que nuestros antepasados nos siguen enseñando mas cosas sobre nosotros mismos ¡maravilloso! 23/8/2006.*

*Cerrar la cueva, me parece una buena opción pero también creo que se tiene que dar otra opción al que realmente esta interesado en el tema! Creo que hay mucho turista dominguero! Un experto en el tema! 24/8/2006.*

*Recuerdo la anterior visita a la cueva original. La réplica está muy bien, pero no tiene las mismas sensaciones. Se deberia poder pasar a la autentica con visitas programadas. 24/8/2006.*

*Tienen mucho merito nuestros antepasados. Agosto de 2006.*

*Quizás mi firma es una más; pero mi descubrimiento es único, pues las manos impresas en la Cueva de Clarillo las hace únicas y hermanadas con las demás pinturas halladas en este entorno. Las hecho de menos. Agosto de 2006.*

*Me ha encantado el Museo y su interpretación: estoy de acuerdo con mi esposo, no se hace referencia a tan hallazgo importante. Manos en positivo (únicas en Europa) Quesada Jaén. Agosto de 2006.*

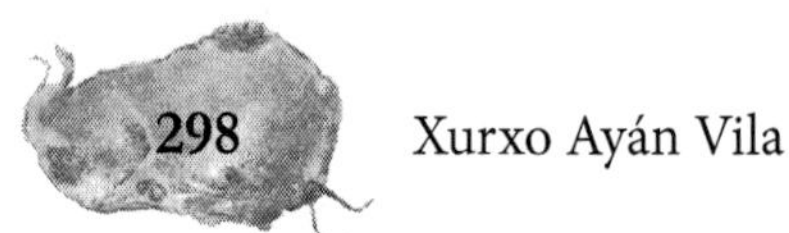

*Nos hemos quedado con las ganas de ver la original. PD.D Pagamos justos por pecadores (el tiempo es el tiempo). 29/8/2006.*

*Todos los descubrimientos históricos son patrimonio público. Felicitaciones por el cuidado!¡por las demás generaciones! 30/8/2006.*

*El museo de Altamira me ha impresionado de manera magnifica a mí, mi esposa e hija. Esperando de ella el amor por el pasado prehistorico. 1/9/2006.*

*Soy Noa he visto todo Altamira y lo recordare toda la vida. 1/9/2006.*

*Ni la sed, el hambre , el calor o el frío son obstáculos que nuestros antepasados han podido superar, gracias a ellos debemos nuestra subsistencia, el conocimiento es nuestra gran arma, no te rindas, morir o vencer. 5/9/2006.*

*Cueva muy interesante. La reconstrucción está muy conseguida. Así se va haciendo "país". 6/9/2006.*

*Empezamos con bien poco. Y seguimos igual. No hemos cambiado en casi nada... Solo el amor nos hace hermanos. 7/9/2006.*

*Que esto sirva de aliciente para acabar con el turismo masivo que destruye nuestro patrimonio y los origenes de nuestra cultura. 7/9/2006*

*Espero que se conserve por muchos años, para que nuestra descendencia pueda disfrutarla. 13/6/2006.*

*I'm sorry not to see the original but thank you for preserving it. The museum is amazing and I've waited 30 years for this experience. We had a great guide, too. Charlottesville, Virginia, USA. 20/6/2006.*

*Indudablemente eran mas listos q nosotros, q todo nos lo han dado hecho, seriamos incapaces de sobrevivir, con nuestro agotamiento y estamos sin saber muy bien q queremos. 25 de junio de 2006. 25/6/2006.*

*La tierra es un solo país y la humanidad sus ciudadanos. Tan potente es la luz de la unidad que puede iluminar toda la tierra. Bahäullah. 30/6/2006.*

*Algún día nos volveremos como ellos. Dios no lo quiera. 1/7/2006.*

*Estoy muy feliz de que mi hija vea lo que yo vi con mis padres hace muchos años pero no es lo mismo. Julio de 2006.*

*Regresar al encuentro con el pasado es la mejor invitación que he recibido en mi vida. 22/4/2007.*

*Cuanto haya que seguir evolucionando hoy, para volver a ser quien fuimos. Mayo de 2007.*

*Los visitantes solicitan un grano de arroz, otro de mijo, otro de babas de caracol y un gran proyecto donde todos los androides caminen en pos de la derrota definitiva en China (Asia). Mayo de 2007.*

*Mucho tenemos que recordar del como se hacen las cosas. M. de C. Profesor de tecnoloxía. 18/5/2007.*

*A la luz de los tuetanos llameantes, hemos revivido lo que nuestros ancestros habitantes de la Santa Indiana venida del mar" "El bisonte y la luna". 19/5/2007.*

*Memoria del hombre y su universo paisajista una gran oportunidad para saber expresar lo que supimos ser. 19/5/2007.*

*Hablan las piedras su lenguaje de siglos. Escuchan los hombres su palabra en silencio y aprenden la verdad del tiempo. 17/6/2007.*

*Lo que ha escrito la otra persona es verdad. Todo esto es muy antiguo y estoy segura de que no hay pruebas de todo. primeramente no habian maquinas de fotografiar. Junio de 2007.*

*Realment fascinant tot i el dolor al coll. 29/6/2007.*

*Gracies por conservar la cultura de les xentes de los nuesos antepasaos. 21/12/2007.*

*Hoy por fin, de inocente volví a ser niña, sin cultura y prejuicios, se vive en el arte. Gracias. 28/12/2007.*

*Es una réplica magnífica. No se puede esperar otra cosa que gratitud por el esfuerzo, la pasión, el rigor, el amor y el conocimiento científico puesto en este trabajo que*

*nos permite emocionarnos ante una obra de esta magnitud y al mismo tiempo permite conservar el original. Gracias por los esfuerzos de los ejecutores y de los que lo mandaron ejecutar. Yo he visto las dos —la original y la réplica: tengo 69 años— no se cuantas veces he venido y seguire viniendo, siempre sin perder la emoción del primer día.*
*5/4/2007.*

*Yo, don Marcelino de Sautuola, alias José R. Bustamante, que honra haberlo representado en genio y figura, en las pocas escenas de nuestro film "Hands in the cave", en estos hermosos días en la patria Cantábrica. 29/6-3/7/2007.*

*Es impresionante comprobar cómo en este espacio tan pequeño de terreno existe una parte tan grande del recuerdo. Vemos cómo antes los habitantes de la tierra sobrevivían, y ahora que esto se garantiza algunos piensan sólo en someter a los que precisamente quieren eso, sobrevivir. Me ha encantado haber "perdido" mi tiempo viendo tanto arte y tanta cultura. Julio de 2007.*

*Volveremos en el 2014 para poder ver las originales. 6/6/2007.*

*Todos formamos parte del mismo Plan (o deseo decir "CLAN") Existe 1 misteriosa cadena que nos une... Altamira es uno de esos eslabones maravillosos.*
*29/9/2007.*

*Soy andaluz. He visitado Bilbao y luego Cantabria. Las hierbas, las flores, las piedras, las hormigas... en todas las partes son iguales. Los únicos que los hacemos diferentes somos los hombres. 11/11/2007.*

*Un edificio muy chulo, una exposición preciosa, pero ¿por qué son Vds. tan desagradables?, ¿por qué no se puede hacer ni una foto del edificio? Por favor sueltense el pelo un poco, que estamos en Europa. 2/2/2007.*

*Mucho sectarismo en la prehistoria ¿Qué pasa con todas las cuevas del Asón? ¿Enfrentamientos entre catedráticos?... y no dejen entrar borrokas... 16/2/2007.*

*Me ha gustado mucho la hija del arqueologo, ha contado cosas muy interesantes y canta muy bien. 22/3/2014.*

*La historia es falsa, a las cuevas de Altamira entra el padre y la hija porque el perro de ella se mete dentro de la cueva lo que hace que ellos dos en su busqueda entren dentro de la cueva y no asi por así. Marzo de 2014.*

*Desde València, hemos venido a Cantabria para "viajar" de nuevo hacia nuestros ancestros nosotros mismos. 10/8/2006.*

*Aparte de usar colonia, no hay diferencias entre el hombre primitivo y nosotros. 4/8/2006.*

*Los Meléndez y los Sánchez estubieron aqui y dejaron su Huella en la Historia. 11/8/2006.*

*Desde Tolosa (Guipuzcoa) La familia opina; (niños y mayores) que ha sido fantástico y precioso. "Nunca se ha visto una cosa así"- dice María. 18/4/2006.*

*Hoy es un dia muy especial para mi y mi familia, hemos podido ver la replica de Altamira. Les felicitamos, han hecho de esta visita un recuerdo inolvidable. Hasta siempre. 9/8/2006.*

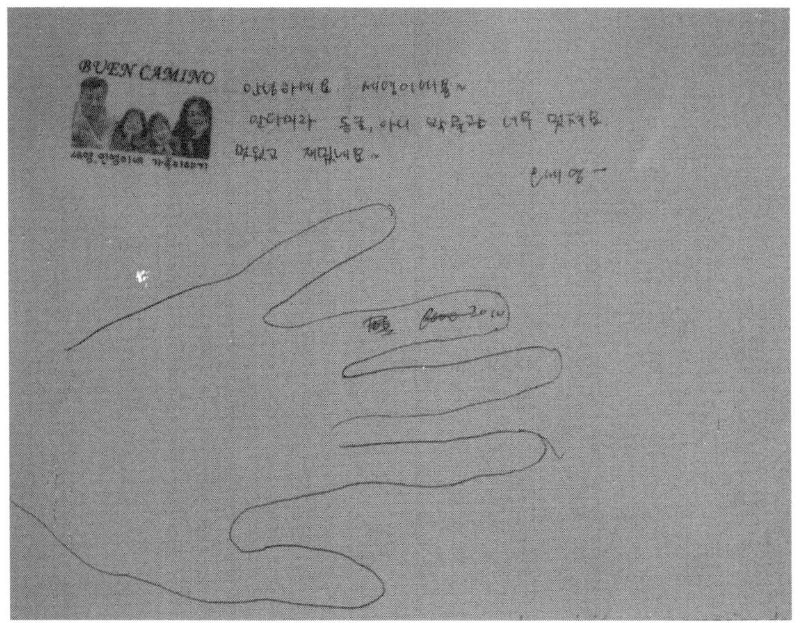